기억되지 않은 독립운동가,
기록되지 않은 독립운동사

비겁한 근대, 깨어나는 역사

기억되지 않은 독립운동가,
기록되지 않은 독립운동사
비겁한 근대, 깨어나는 역사

초판 1쇄 발행일 2023년 2월 22일

지은이 김진섭
펴낸이 이원중

펴낸곳 지성사 **출판등록일** 1993년 12월 9일 **등록번호** 제10-916호
주소 (03458) 서울시 은평구 진흥로 68, 2층
전화 (02) 335-5494 **팩스** (02) 335-5496
홈페이지 www.jisungsa.co.kr **이메일** jisungsa@hanmail.net

ISBN 978-89-7889-527-9 (03910)

비겁한 근대, 깨어나는 역사

기억되지 않은 독립운동가, 기록되지 않은 독립운동사

김진섭 지음

차례

책머리에_

"요즘은 무슨 책을 쓰나요?" 주변 사람들에게 가장 자주 받는 질문이다. 책 쓰는 일을 하니 당연한 질문이지만, '재미있는 역사 이야기를 기대'한다는 눈에 보이지 않는 압력(?)이 느껴진다. 하지만 질문의 의도가 어디에 있든 나름의 답변을 하다 보면 생각하지 못했던 점들을 챙기는 기회도 된다.

그러나 이번 원고는 좀 달랐다. "대중에게 잘 알려지지 않은 일제강점기 독립운동가들의 역동적인 활동에 관한 이야기를 쓰고 있다"고 하면 독립운동가들에 대해서 이미 알 만큼 알고 있다고 생각하는 사람도 많은 듯하고, 누군가는 "아! 국뽕이구나"라고 말하기도 한다. 그리고 거두절미하고 독립운동 하면 친일 잔재 청산을 떠올리는 사람도 있다. 어떤 사람에게는 '지금, 왜?'라는 반응이 느껴지기도 한다. 이러한 까닭에 우리가 결론을 내릴 만큼 '일제강점기 독립운동을 잘 알고 있는 것일까?'라고 끊임없이 자문해보았다.

19세기 말부터 시작된 '의병'에서 1910년 독립군이라는 말이 생겨났다. 하지만 근대화와 애국계몽운동에서 무장의혈투쟁 등에 이르는 다양한 활동에 비하면 이제까지 우리가 접한 독립운동은 극히 일부분에 지나지 않는다. 또 독립운동가들은 일제와 치열한 전투를 벌이는 과정에서 너무나 많은 적을 상대해야 했다. 기본적으로 추위와 배고픔, 자기 자신과의 끝없는 싸움을 하며 현실을 이겨내야 했다.

그들이 살았던 근대는 문명과 야만으로 또는 능력과 무능력 등 이분법을 적용하여 식민지 침탈을 정당화했다. 예를 들면 근대의 이성과 합리성은 나라와 국민의 등급을 매기는 수단이 되었고, 식민 통치에 활용되거나 독립군을 소탕하는 첨단 무기가 되었다. 그리고 친일파·배신자·밀정 등 다양한 부류가 세상의 주인처럼 행세했다.

반면 독립운동가 대부분은 스스로 기록을 남기지 않았고, 관련 자료도 많지 않아 우리가 접할 수 있는 내용이 대단히 제한적이다. 당시 신문 보도나 일제의 재판 기록을 비롯해 관련자 등의 증언이 전하지만, 구체적인 내용에 차이가 있거나 심지어 같은 신문 보도도 시간에 따라 내용이 다를 정도로 일제에 의해 독립운동이 지워지거나 축소 또는 왜곡되었다.

이와 같은 연유로 독립운동가의 활동은 제한적으로 전해졌을 뿐이었고, 그에 관한 연구는 미진하다. 어쩌면 근대의 역사는 아직 잠들어 있는 듯하다. 그런 점에서 이 책이 잠들어 있는 역사를 깨우는 기회가 되었으면 하는 바람이다.

책을 쓰면서 당시의 신문 기사와 함께 연구 논문 등 관련 자료들을 참고했다. 신문 기사는 시점을 고려해 본문에서 밝혀놓았지만, 참고 논문 등 관련 자료는 맨 뒤에 참고 목록으로 정리해놓았다.

끝으로 이 책이 발간되기까지 관심을 기울여주신 도서출판 지성사의 이원중 대표와 여러분에게 감사의 인사를 전한다.

김 진 섭

일러두기

1. 본문에 실린 신문 자료는 '한국역사정보통합시스템(https://www.koreanhistory.or.kr)'과 국사편찬위원회의 '한국데이터베이스(https://db.history.go.kr)'에서 제공하는 이미지를 내려받아 소개했다.
2. 본문에 실린 신문 기사의 발췌 내용은 현재의 맞춤법에 따라 표기했다.
3. 본문의 중국 지명과 인명, 일본 인명은 원음에 따라 표기했다.
4. 책 이름은 『 』로, 노래와 시, 영화 제목, 논문과 보고서 법령 등은 「 」로, 신신문과 잡지 이름은 〈 〉로 구분했다.
5. 외래어는 주로 국립국어원의 외래어 표기법에 따라 표기했다.

1부

영화보다 더 영화 같은 일이 벌어지다

의병에서 독립군으로, 산천이 동하고 바다가 끓는다

_이진룡

무장한 장정들이 압록강을 건너다

1916년 가을, 무장한 장정들이 압록강을 건너 국내로 잠입했다. 이진룡李鎭龍, 1879~1918, 조맹선趙孟善, ?~1922, 황봉운黃鳳雲, 1890~1918, 황봉신黃鳳信, ?~1918, 김원섭金元燮, 김효선金孝善, 한치현韓致賢 등으로, 이들은 대한광복회大韓光復會 소속 독립군으로 평안북도 운산군 북진읍 운산 금광 동양합동금광주식회사에서 '마차로 현금 7만 원을 운송한다'라는 정보를 입수하고 국경을 넘은 것이다.

근대에는 각종 개발을 명목으로 약소국들을 기웃거리고 있던 강대국들이 약소국에서 외국인의 금광업이 허가되자 눈독을 들이고 있던 광산 등의 이권 획득을 위해 적극적으로 뛰어들었다. 특히 대유동과 광양의 금광과 함께 우리나라 3대 금광으로 꼽히는 운산 금광은 1896년 미국에 헐값으로 팔린 곳이었다. 따라서 독립군은 운산 금광의 이익금을 환수하는 것은 빼앗긴 재산을 되찾는 정당한 행동이라고 판단했고, 장정들은 현금 운송 마차를 습격하여 군자금을 마련할 계획이었다.

이진룡의 지휘로 국경을 넘은 장정들은 운산 금광을 향해 이동하다가 영변군 팔원면 용성동의 밀림에 잠복했다. 평양에서 금광으로 가는 송금 마차를 기다렸다가 습격할 계획이었다. 일반적으로 운송 마차는 세 대가 한 조로 움직였다. 첫 번째와 세 번째는 호송 마차였고 두 번째 마차에 현금이 실려 있었다. 따라서 이진룡 일행은 두 번째 마차를 노렸다.

10월 5일 오후 3시경 세 대의 마차가 용성동 숲속을 지나가자 이진룡 일행은 두 번째 마차를 습격했다. 그런데 두 번째 마차에는 현금이 없었다. 금광회사에서 괴한의 습격에 대비하여 운송 마차를 변칙적으로 운용한 것이었다. 당시 첫 번째 마차에 현금이 실려 있었고 두 번째와 세 번째 마차에는 호송 병력이 타고 있었다. 따라서 현금을 실은 마차는 이미 숲을 빠져나갔고 호송대와 이진룡 일행 사이에 격렬한 총격전이 벌어졌다. 이 과정에서 호송대는 일본 순사 한 명을 포함해 여섯 명이 죽거나 부상을 당했으나 이진룡 일행은 그들의 추격을 따돌리고 교묘하게 경계망을 벗어나 전원이 만주 기지로 돌아왔다.

'서부극의 황금마차 습격'이 연상되는 이 사건을 '운산 사건'이라고 한다. 운산 사건은 비록 현금 탈취에는 실패했지만, 일제의 간담을 서늘하게 만들었고 "애국 투사의 의기를 만천하에 과시했다"는 평가를 받는다. 더구나 독립군의 마차 습격 사건은 이때가 처음이 아니었고, 장정들을 이끌었던 이진룡은 이전부터 일제가 추적하고 있던 요주의 인물이었다.

이진룡은 황해도 평산 출신으로, 1885년 여섯 살의 나이에 의암 유인석柳麟錫, 1842~1915의 문하생으로 수학했고, 1895년 열여섯 살 때 유인석의 문인 우병렬禹炳烈, 1856~1929의 장녀와 혼인했다. 따라서 이진룡은 일찍부터 위정척사衛正斥邪 사상을 바탕으로 한 항일 민족의식에 고취되어 있었고 1905년부터 의병부대에서 적극적으로 활동했다.

1905년은 일제가 강제로 을사늑약乙巳勒約을 체결하고 경성에 통감부가 설치되어 국권이 유린당한 해였다. 당시 〈황성신문皇城新聞〉 주필 장지연張志淵, 1864~1921은 '이날을 목 놓아 통곡한다'라는 뜻의 「시일야방성대곡是日也放聲大哭」이라는 제목의 논설에서 "저 개돼지 새끼만도 못한 우리 정부의 대신들이 자신들의 이익에 눈이 어두워, 위협에 못 이겨 놀랍게도 나라를 파는 도적이 되었다. ……을사오적乙巳五賊을 처단하고 암살단을 조직하여 친일파의 집합소인 일진회一進會를 습격해야 한다"라고 울분을 토하는 등 격렬한 논조를 쏟아냈고, 전국 곳곳에서 의병이 봉기했다.

그때 이진룡은 황해도에서 의병을 일으켰으며, 이후 이석대李錫大라는 이름을 사용하며 독립군으로 활동을 이어갔다. 대한광복회 만주 사령관을 지낸 그는 일제가 "가장 무서운 이진룡"이라며 치를 떨 정도로 일본군과 치열하게 항쟁을 벌였다.

황해도를 대표하는 의병에서 독립군으로

이진룡은 대중에게 이름이 널리 알려진 인물은 아니지만, 의병으로 시작해서 끝까지 일제에 항거한 대표적인 독립군이다. 특히 황해도와 경상북도 북부 일월산 주변을 중심으로 한 의병은 끝까지 일제에 치열하게 저항하여 항일투쟁의 2대 중심지로 꼽힌다. 그중에서 한반도 중서부의 황해도는 전략적 요충지로 역사적인 전란이 발생할 때마다 심각한 피해를 입었다. 그러나 지역 주민은 그때마다 민족자존 의식을 드높이며 적극적으로 저항운동을 벌였다.

황해도에는 구한말 이후 근대 문물과 함께 제국주의가 동시에 밀어닥

치며 나라가 혼란에 빠지자 일어난 반제국주의 사상으로 무장한 동학농민전쟁을 경험한 농민과 포수가 많았고, 동학혁명 이후 흩어져 있는 총이 수만 정이 넘을 정도였다고 한다. 이러한 지역적 특징은 일제의 침략 야욕이 노골적으로 드러나면서 항일 의병으로 이어졌다.

특히 1907년 9월 정미칠늑약丁未七勒約이 체결되고 군대가 해산되는 등 국가가 위기에 처하자 이진룡은 박기섭을 의병대장으로 추대하고 황해도 평산에서 평산 의병부대를 조직했다. 그는 「정미격문」을 곳곳에 돌렸고 4,000~5,000명 청년이 모여들어 대규모의 의병부대가 편성되었다.

이진룡은 처음에 유인석 등 대표적인 의병부대장들의 지휘를 받으며, 농민과 포수 그리고 강화 진위대鎭衛隊(1895년 지방의 질서 유지와 변경 수비를 목적으로 설치된 최초의 근대적 지방 군대)의 해산 군인들까지 참가한 수천 명의 의병부대에 소속되어 활동했다. 당시 의병부대는 도평산을 근거지로 삼고 장수산과 멸악산 등 깊은 산속을 배경으로 활동했다. 그들은 황해도 각지에 분산·파병되어 일본군 수비대·헌병대·토벌대를 습격하고 열차 등 일제 침략의 기반 시설을 파괴했으며, 친일파 응징에 나서는 등 치열하게 항일 의병투쟁을 전개했다.

특히 이진룡은 현실적 여건을 감안하여 다양한 전술과 전략으로 무장투쟁을 벌이며 수많은 무공을 세웠다. 1907년 10월 평산 반일의병대 유격장 유달수柳達樹, 1869~1907와 함께 평산군 온정리, 고지면 대룡리, 세곡면 등지에서 의병부대와 연합·분산 작전을 펼치며 신출귀몰神出鬼沒한 게릴라전을 전개한 항일투쟁은 대표적 예로 꼽힌다.

이처럼 이진룡 등의 활약으로 황해도 지역을 의병부대가 장악하자 일제는 1907년 11월 4일부터 13일까지 특별히 토벌대를 편성하여 적극적인 공세를 펼쳤다. 그로 인해 1907년 9월에서 1908년 3월 사이에 무려 287

회의 교전이 있을 정도로 양측 사이에 치열한 공방전이 벌어졌다. 그러나 1,148명의 의병이 사망할 정도로 의병부대의 피해가 속출하여 의병 사이에 동요가 일어나는 등 불리한 국면에 접어들게 되자 의병부대는 분위기를 반전시키기 위해 이진룡을 유격대장으로 추대하여 반격을 시도했다. 이후 황해도 지역은 물론 경기·강원 접경과 황해도 연안 도서 지역에서 광범하게 일제 침략군과 치열한 항일전이 벌어졌고, 이진룡 부대는 일본군 토벌대의 소탕에 나서서 대승을 거두는 등 일본군에게 커다란 타격을 입혔다.

이진룡 부대의 활약은 황해도 지역 의병의 사기를 북돋아주었을 뿐만 아니라, 그들이 노획한 일본군의 근대식 무기로 의병의 무장이 더욱 강화되어 한때 관서 지역 일대를 의병부대가 장악할 정도로 용맹을 떨쳤다. 그러나 중일전쟁과 러일전쟁에서 승리한 일제는 군사력을 앞세워 1910년 8월 29일 강제 병합으로 조선을 완전한 식민지로 만들어버렸고, 이후 의병부대를 더욱 압박했다. 하지만 국권이 침탈되었음에도 군사조직들은 국내외에서 지속적으로 항일무장투쟁을 전개했고, 그 과정에서 독립군이라는 새로운 조직이 생겨났다.

다양한 전술과 전략을 구사하다

이진룡 역시 의병에서 독립군으로 항일투쟁을 이어갔고, 1910년부터 여러 신문에서 그의 이름이 보일 정도로 주목받았다. 〈신한민보〉에는 1910년 3월 23일 "황해도 의병장 이진룡"이라는 기사를 비롯해 1911년 7월 12일 이진룡이 해삼위로 건너간 동정이 실렸고, 1911년 7월 4일 〈매

「의병 소식」
3월 3일 새벽에 황해도 의병장 이진룡 씨는 부하 80명을 영솔하고 일본 토벌대와 격렬히 충돌하다가…
(《신한민보》, 1910. 03. 23.)

일신보〉에는 "황해도 평산 이진룡의 부하 김경선이 재판에서 징역 3년형을 선고 받았다"라는 이진룡 부대원의 재판 결과도 보도되었다.

일제는 이진룡을 체포하기 위해 주변 사람들까지 압박했다. 이진룡의 부하 김경선이 재판에서 받은 3년 형은 당시에는 상당히 무거운 중형이었다. 또한 이진룡 부대의 중대장 한정만韓貞萬, 1865~1914의 재판을 보면 일제가 이진룡과 그의 부대를 어떻게 생각하고 있었는지 충분히 짐작할 수 있다.

황해도 평산 출신인 한정만은 1910년 이후 황해도와 평안남도를 거점으로 항일무장투쟁을 벌였던 의병으로, 이진룡 부대의 중대장으로 활동했다. 그는 부하 수백 명을 거느리고 각지의 일본 헌병대와 경찰서를 습격했고, 일본군의 연락과 보급을 차단하기 위해 경의선 선로에 큰 돌을 쌓아 기차를 탈선시키는 등 다양한 방식으로 항일투쟁을 벌였다.

그러다 1914년 황해도 금천군 외산면의 한 음식점에서 일제 헌병과 이들을 지원 나온 수색대에 포위되어 혼자서 여섯 시간 동안 총격전을 벌였다. 그 과정에서 헌병 보조원 한 명에게 관통상을 입혔으나 결국 체포되고 말았고 재판에서 사형선고를 받았다. 한정만은 이에 불복하고 재심을

滅惡山에 捕惡魁

黃海道加幕山이라ᄒᆞᄂᆞᆫ山은滅惡山과相對ᄒᆞ야該道內의屈指ᄒᆞᄂᆞᆫ大山인ᄃᆡ該山에四五年前브터占據ᄒᆞ야黃海道及平安南道로出沒ᄒᆞ면셔暴行을逞ᄒᆞ던一團의賊徒가有ᄒᆞᆫᄃᆡ其首魁ᄂᆞᆫ李鎭龍이라非常히討代隊를困却케ᄒᆞᆫ元兇으로至今은行衛가不明ᄒᆞ고其賊徒의部下에屬ᄒᆞ야中隊長의資格으로暴行을恣行ᄒᆞ던韓丁万은旣히搜索人物이되얏더니何時丁萬이가黃海道地方에潛入ᄒᆞ얏다云ᄒᆞᄂᆞᆫ事를探知ᄒᆞᆫ新幕憲兵分隊長高田大尉ᄂᆞᆫ各其部下에게密偵을命ᄒᆞ야丁万의潛伏地를極力搜索ᄒᆞᄂᆞᆫ中高田大尉以下ᄂᆞᆫ各樣變裝으로黃海道山深人稀ᄒᆞᆫ草間으로橫行探索ᄒᆞᆫ지實로百餘日에眠食이定時가無ᄒᆞ더니先月廿四日密偵의一行이進一進金川郡山外面助浦의西方三里되ᄂᆞᆫ新造里에至ᄒᆞ얏슬時同地酒幕에一怪異ᄒᆞᆫ朝鮮人이潛伏ᄒᆞ얏슴을探聞ᄒᆞ고漸次進探ᄒᆞ야其者가韓丁万됨이分明ᄒᆞᆫ지라玆에一同은大히喜躍ᄒᆞ야一名으로行動을監視케ᄒᆞ고其夜午前一時에秘密히襲擊코ᄌᆞ愼重ᄒᆞᆫ態度로徐々히酒幕에至ᄒᆞ야內舍를窺視ᄒᆞᆫ즉黑暗ᄒᆞᆫ夜에燈火도無ᄒᆞ더라其家에在ᄒᆞᆫ一人의朝鮮女를捉ᄒᆞ야嚴問ᄒᆞᆫ즉韓丁萬은旣히自己捕縛에着手ᄒᆞ얏슴을豫知ᄒᆞ고充分武裝ᄒᆞᆫ後三十年式村田步兵銃에五ᄀᆡ의彈丸을填入ᄒᆞ야窓口로其山을向ᄒᆞ고若一人이라도入來ᄒᆞ면一發之下에射殺ᄒᆞ랴고苦待ᄒᆞᆫ다云ᄒᆞᄂᆞᆫᄃᆡ其時襲擊ᄒᆞ랴던者ᄂᆞᆫ憲兵上等兵一名補助員一名合僅二名이라進退를躊躇ᄒᆞᆯ際에二三搜索隊가來集協議ᄒᆞᆫ結果天明을待ᄒᆞ야一時襲擊ᄒᆞ기로決定ᄒᆞ고一同은監視에徹宵ᄒᆞᆫ後二十五日午前六時에酒幕의前後左右를包圍ᄒᆞ며突然賊魁의兇猛ᄒᆞᆫ强賊도不意에當ᄒᆞᆫ事인故로逃走ᄒᆞᆷ을不得ᄒᆞ야直時逮捕ᄒᆞ얏ᄂᆞᆫᄃᆡ互相格鬪ᄒᆞᆯ際에一補助員은足部에通銃傷을受ᄒᆞ고其他ᄂᆞᆫ負傷이別無ᄒᆞ얏더라

「멸악산에 포악괴」
…그 수괴는 이진룡이라. 비상히 토벌대를 곤각케 하는 원흉으로 지금은 행위가 불명하고 그 적도의 부하에 속하여 중대장의 자격으로 폭행을 자행하던 한정만은…
(《매일신보》, 1913. 10. 08.)

요구하여 평양복심법원平壤覆審法院에서 재판이 열렸다. 1914년 11월 17일 재판장은 한정만에게 재심을 신청한 이유를 묻자 "나는 전후 7년간 의병으로 각지에서 활동했는데 강도죄로 사형에 처함은 인정할 수 없다"라고 항의했다. 그러나 재판부는 이를 기각했고 사형이 집행되었다.

일제는 이진룡의 부인도 협박했다. 평산경찰서 형사들이 부인을 연행하여 온갖 고문 도구를 갖다 놓고 협박하며 남편의 행방을 물었지만, 그녀는 조금도 동요하지 않고 정색하며 거절하여 형사들이 "그녀의 냉정하고 정연한 논리에 아무 말도 대꾸하지 못하고 석방했다"라는 이야기도 전한다. 심지어 밀정까지 동원되었다. 일본 헌병 밀정이 이진룡의 부인을 찾아와 "남편 이진룡을 설득하여 귀순하게 하면 후하게 상을 주겠다"라고 감언이설甘言利說로 회유하려 하자 그녀는 "문을 걸어 잠그고 얼굴을 가린 채 준열峻烈하게 꾸짖었다"라는 일화도 전한다.

그뿐만 아니라 일제는 토벌군을 파견하여 의병에 대한 공세를 강화하면서 한편으로는 각 지역 헌병 분견소와 수비대 등의 병력을 증설하고 순사의 파견을 늘려 무장과 경비를 더욱 강화했다. 그러자 이진룡은 토벌대

의 공세에 효과적으로 대응하기 위해 부대원을 유격전에 적합한 10명에서 50명의 소규모 병력으로 편성했다. 그리고 접근이 어려운 산간 지역에 근거지를 두고 민첩한 기동력을 발휘하며 유격전을 벌이는 등 현실적 여건을 최대한 고려하여 부대를 운영하며 작전을 수행했다.

이진룡은 의병부대의 화력 보강에도 적극적인 관심을 기울였다. 이진룡 유격대는 50여 명의 중대원 대부분이 소총이나 권총으로 무장했고, 화약이나 신형 무기를 중국이나 연해주에서 들여오거나 경성 또는 강화도 등지에서 외국인에게 구입하여 무장했다.

일제 관헌도 근절할 수 없음을 시인하다

이진룡은 지역 주민에게도 각별한 신경을 썼다. 그는 주민에게 의병의 취지를 설명하며 의병 활동에 대한 이해와 협조를 구했고, 군수품을 징발할 때도 대가를 반드시 지불하는 등 필요한 군자금이나 군수품 조달에 세심하게 신경 썼다. 덕분에 이진룡 부대와 주민은 친밀한 관계를 유지할 수 있었고, 주민의 적극적인 호응과 협력으로 갹출醵出도 이루어졌다.

일제는 순사와 헌병을 동원하여 독립군 부대의 군자금과 군수품 모금을 적극적으로 방해했지만, 주민의 지지와 자발적인 지원을 막기에는 한계가 있었다. 심지어 주민은 의병이 출몰하면 즉시 보고하라는 일제의 명령에도 응하지 않았고, 오히려 허위로 보고하여 일제의 수색과 토벌 작전을 방해할 정도로 이진룡과 의병부대에 대한 신뢰는 절대적이었다. 일제가 1909년 5월 18일에 작성한 「황해도 평산 지방의 폭도(의병) 대민 불법 행동에 관한 보고」에 다음과 같은 내용이 있다.

황해도 평산군 내 마산군과 용산면은 사람들의 기개氣槪가 두드러지게 불량해서 음으로 폭도(의병)의 세력을 돕고 또 세금 등은 폭도 봉기 이래 2년이라는 오랜 기간 전혀 납세하지 않고 도리어 군자금으로 폭도에게 공급한다는 소문이 있음. 또한 항상 폭도가 잠복하고 있어서 정황이 불온하므로 그 내부 사정을 탐색하려고 고심한 결과 마산의 신일가新日家라는 김봉우를 불러 인민 간에 숨기는 내부 사정을 탐색하게 했더니 다음과 같았음.

1. 용산면과 마산면은 평산군 내에서도 특히 양반 및 부자가 많고 배일정신排日精神은 일반적으로 강함.

 ……

3. 인민은 적도賊徒(의병)가 다시 세력을 얻게 된다면 이에 세력을 도우려는 의향을 여전히 품고 있으며 평산 폭도의 기원도 이 마산면에서 시작되었다고 함.

4. 인민은 폭도 봉기 이래 전혀 납세하지 않고 오늘까지 경과한 것은 폭도의 덕분이며 항상 폭도가 배회하는 것을 희망하고 있음. 또 폭도는 동면내 인민에 대해서는 결코 침해하지 않고 친하게 지내고 있다고 함.

이상의 정황에 대해 동 지방은 장래, 특히 출동을 엄중히 할 필요가 있음. 게다가 세금 내는 것을 게을리하는 것은 지방의 치안에 관한 것에도 적지 않은 영향이 있음을 인식하고 이번에 연합 수색의 기회를 이용하여 이 두 개 면은 각 수색대로 하여금 행동하게 해서 위력을 확실하게 인식시키고 동시에 한편으로는 각 촌별로 인민을 소집해서 말로 타이르고 또 주요한 동장들을 평산 분견소에 호출해서 특별히 이해관계를 설명하고 장래 적(의병)과 내통하거나 혹은 고의로 세금을 태납怠納하는 등의 일이 없기를 경계하게 하였음. 이상.

이진룡의 의병부대는 "전국 각처의 의병이 기세가 꺾이고 오직 황해도의 이진룡 평산 의병부대만이 홀로 활약했다"라고 평가받을 정도로 장기간에 걸쳐 일제에 타격을 입히며 끝까지 활동했다.

1908년의 일제 기록에는 "황해도에 있는 폭도(의병)는 4월 이후 점차 그 세력을 키워 주로 철도선 이서 지역 일대에서 발호했는데…… 비교적 짜임새 있게 배치된 수비대·헌병·경찰이 누차 준열한 토벌과 검거를 실시한 결과 그 집단은 대개 흩어졌다. 하지만 황해도 고유의 초적草賊(의병) 등은 관헌官憲을 피하여 도처에 숨어 있다가 나타나 약탈을 자행하므로 그것을 영구히 근절시키지 못했다"라며 "이진룡이 활동했던 황해도 지역의 의병부대를 근절시키기 어렵다"는 사실을 스스로 인정할 정도로 이진룡 부대는 신출귀몰하게 활동했다.

의병전쟁의 고조기를 맞이하다

이진룡이 활동한 시기를 의병전쟁의 고조기高潮期라고도 하고, "일제가 원래 목표했던 완전한 식민지로 만들려는 계획을 4~5년이나 지연시켰다"라고 할 정도로 이진룡 의병부대는 치열하면서도 효과적인 작전을 수행했다. 그렇지만 대부분의 의병부대는 추위와 배고픔과 싸워야 했고, 군진軍陣을 전개하고 전쟁터에서 명령을 주고받는 것에 익숙하지 않았으며, 무기도 제대로 갖추지 못한 채 일제에 맞서 싸웠다. 반면 일제는 우월한 근대식 무기로 무장하고 훈련된 군사들을 앞세워 밀어붙였다. 결국 의병들은 싸우다 죽기도 했지만, 산속에 고립되어 굶어 죽거나 자살하는 등 상황이 점차 악화되었다.

황해도 의병의 선구적 존재로 평가받는 김창수(훗날 김구로 개명)는 『백범일지白凡逸志』에서 "을사신조약이 체결되어서 대한의 독립권이 깨어지고 일본의 보호국이 되었다. 이에 사방에서 지사와 산림학자들이 일어나서…… 허위, 이강년, 최익현, 민긍호, 유인석, 이진룡, 우동선 들은 다 의병대장으로…… 그들은 오직 하늘을 찌르는 의분이 있을 뿐이요, 군사의 지식이 없기 때문에 도처에서 패전했다"라고 당시의 상황을 기억했다.

이처럼 의병의 기세가 점차 꺾이게 되자 더 이상 국내에서 활동이 어렵다고 판단한 의병부대는 전열을 정비하고 새로운 활로를 모색하기 위해 해외로 눈을 돌리게 된다.

이진룡 역시 1908년 8월경 연해주로 망명했다. 당시 이진룡은 나이 드신 어머니와 부인 그리고 아들과 처남 등 가족을 경성으로 보내 제천 의병 출신으로 유인석의 참모장으로 활동한 이정규李正奎, 1864~1945에게 은신隱身을 부탁하고, 스승이자 의병장인 유인석과 장인이자 의병장인 우병렬과 함께 의병을 이끌고 국경을 넘었다. 이를 이진룡의 1차 망명이라고 한다. 그러나 이후에도 그는 국내를 왕래하며 의병을 이끌고 항일무장투쟁을 벌였다. 따라서 그것은 단순한 망명이 아니라 그의 활동 범위가 그만큼 넓어졌음을 의미했다.

이진룡은 같은 해 음력 12월 어머니가 사망했다는 소식을 듣고 일제의 삼엄한 경계를 피해 경성으로 잠입해 비밀리에 어머니 장례를 치르고 남산 기슭에 임시로 산소를 조성했다. 그리고 해를 넘긴 1909년 3월 고향에 모셨는데 당시 이진룡의 마음고생이 얼마나 심했던지 머리가 하얗게 세었다는 이야기가 전한다.

1909년 말 일제는 의병부대를 완전히 소탕하기 위해 총력을 기울였음에도 이진룡의 평산 의병부대는 항일무장투쟁을 지속했다. 특히 평산 의병부대는 1909년 12월경 신무기와 군자금을 조달해 좀 더 강화된 무장 의병부대를 편성했고, 1910년에는 감악산 등 깊고 험한 산악에 거점을 두고 출몰을 자제하면서 적절한 기회를 틈타 소부대 단위의 유격전을 펼쳤다. 그 때문에 일본군은 번번이 많은 사상자가 발생하는 등의 타격을 입었고 이진룡 부대를 가장 두려워했다.

일본 수색대가 나타나면 이진룡 부대원들은 흩어져서 지역 주민의 집에 묵었고, 이진룡은 부하들과 함께 농민 복장으로 갈아입고 종적을 감추어버렸다. 이진룡은 때때로 농민과 섞여 기차를 타고 경성을 왕래하며 적의 동정을 살피기도 했다. 따라서 일제는 이진룡 부대를 상대하는 데 애를 먹었다.

일본은 1909년 12월 "완전히 평정을 못 볼 것"이라고 보고했을 뿐만 아니라, "황해도는 1910년에 이르러서도 아직 폭도의 횡포가 적지 않았다. 물론 그 세력이 왕년같이 크지는 못했으나 수비대와 경무기관의 눈을 피하여 양민에게 해독을 끼치는 자가 있었다. 그 수괴(의병장)의 주된 자로서는 이진룡·김정안·한정만으로, 그들은 근거지를 인적이 없는 깊은 산중에 두고 때때로 평지로 나와 흉악하고 포악한 행동을 자행했다"라는 일본측의 기록도 보인다.

국내에서 항일 의병투쟁의 막이 내리다

일제의 『조선폭도토벌지』에 "그들(의병)의 행동은 연월年月이 경과함에 따라 더욱더 교묘함이 극에 달했다. 또한 그들의 첩보 근무 및 경계법 등은 놀랄 만큼 진보되고 그 행동도 더욱더 민첩하며, 때로는 우리 토벌대를 우롱하는 듯한 태도로 나올 때도 있어, 그 세력이 감소하거나 성장함과 관계없이 결코 경시할 수 없으니 과연 어느 때 완전 평정이 되느냐 하는 점에 대하여 우려하게 되었다"라고 기록할 정도로 이진룡 부대는 일제의 정보망을 무력화시키고 그들의 집요한 추격을 따돌리며 끈질기게 유격전을 벌였다.

이에 일제는 국내 의병의 뿌리를 뽑기 위해 1910년 3월 1~14일과 3월 22~31일 두 차례 대규모 토벌 작전을 벌였다. 그로 인해 국내에서의 의병 활동은 크게 위축되었으나 황해도 지역에서 독자적으로 항일투쟁을 벌였던 이진룡 부대는 유일하게 활동을 지속했다. 초조해진 일제는 1910년 10월 하순부터 1911년 4월 중순 그리고 1911년 9월 하순부터 11월 초순까지 '연합토벌대'를 편성하여 대대적인 공격을 벌였다. 일제의 수색대는 마치 빗질하듯 마을을 쓸고 다녔고, 의병에게 먹을 것과 옷가지를 준 주민을 처형하는 등 의병 활동과 관련 있는 지역을 초토화하는 악랄한 만행을 저질렀다.

일제의 '황해도 대토벌'로 500여 명의 의병과 지역 주민이 희생되는 등 막대한 피해를 입은 데다가 조직적인 활동에 제약받게 된 이진룡은 1911년 10월 부대의 지휘권을 중대장 한정만에게 위임하고 스승 유인석의 뜻에 따라 가족까지 데리고 다시 압록강을 건너 만주 서간도로 망명했다. 이후 이진룡에 이어 평산 의병부대 중대장이 된 한정만은 일제와 치열한 항쟁을 벌이다 1912년 4월 체포되어 사형이 집행되었고, 김정안金貞安, ?~1914 중대장은 1914년 5월 21일 황해도 대율리에서 전 부대원과 함께 탄환이 다 떨어질 때까지 일본 헌병대와 교전을 벌이다 장렬하게 전사하여 황해도 지역 의병의 항일무장투쟁은 안타깝게도 막을 내리게 된다.

한편 이진룡은 가족과 함께 서간도 랴오닝성遼寧省 콴뎬현寬甸縣 칭산거우진青山溝鎭의 인광찌춘銀鑛子村 자루골에 근거지를 마련하고 이후 의병 가족들을 이주시켜 농지를 개간하고 사냥 등으로 군대 운영에 필요한 식량을 조달했다. 그리고 한편으로는 교민사회 예절과 풍속을 권장하면서 광복사상 고취와 계몽운동에 적극적인 관심을 기울이면서 무장항일투쟁도 멈추지 않았다.

이진룡은 칭산거우에 정착하여 뿌리를 내리고 살면서 10여 년 동안 국내에 진입하여 일제의 헌병대·수비대·경찰서 등을 습격했고, 때로는 정규 일본군과도 전투를 벌였다. 당시 이진룡은 변복하고 무장한 부대원을 인솔하여 압록강을 건너 국내로 진입하여 게릴라전을 펼쳤고, 일본인 상점이나 은행을 습격하고 일진회 등 친일파를 응징하는 등 일제의 기세를 꺾어놓은 뒤 감쪽같이 비밀 근거지로 돌아오곤 했다.

이런 이진룡을 일제는 '비적匪賊의 두목' 또는 '괴수魁首'로 지목하여 그에게 거액의 현상금까지 내걸었지만 별다른 효과가 없었다. 일제는 이진룡을 체포하기 위해 대규모 인원을 동원하여 수색작업까지 벌였다. 조선 주재 헌병대 사령부 등 일본군 부대는 끈질기게 이진룡을 쫓는 한편, 밀정을 떠돌이 의사로 가장시켜 압록강 유역과 칭산거우 일대에서 이진룡의 행적을 추적했다. 그러나 일본군 보고서에 "이진룡은 가장 세력 있는 수괴로…… 인민은 피해를 입고도 하등 신고하지 않는 이유는 폭도(의병)들을 다소 동정한 것이 아니겠는가 생각된다"라고 기록할 정도로 이진룡은 한인 동포는 물론 칭산거우에 살던 여러 민족에게 '해서명장海西名將'으로 불리며 두터운 신임과 지원을 받았다.

독립군 양성과 전투력 향상에 관심을 기울이다

이진룡은 일제의 수사망에 걸려 세 번이나 체포된 적이 있었으나 그때마다 탈출에 성공하여 일제를 더욱 당혹스럽게 만들었다. 일제는 이진룡을 체포하자마자 곧바로 국내로 압송한 후 처벌하기 위해 간도 총영사, 펑톈奉天 총영사, 안둥安東 영사, 하얼빈哈爾濱 총영사 등 해당 지역의 외교부 인력까지 동원했다. 이들은 중국 측과 '범죄인 인도 교섭'을 체결하기 위해 끈질기게 노력했으며, 외무대신과 외무차관 심지어 총독부 정무총감까지 나서서 이를 지원했다. 그러나 이진룡은 신출귀몰하게 일제의 정보망을 벗어났고, 작전에 나가 일제를 습격한 후 끈질긴 일제의 추격을 보기 좋게 따돌리고 근거지로 돌아오곤 했다.

그뿐만 아니라 이진룡은 네 차례에 걸쳐 연해주를 왕래하며 분산되어 있던 독립운동 단체들을 하나로 묶기 위해 적극적으로 노력하면서 국제정세에도 각별한 관심을 기울였다. 그가 연해주로 건너가 스승 유인석과 장인 우병렬 그리고 현지 의병 지도자 이범윤李範允, 1856~1940, 최재형崔在亨, 1860~1920 등과 함께 국권 회복을 위해 다각적으로 노력한 결과 1910년 6월 21일 연해주에서 러시아령 안에 분산된 의병 조직을 통합하여 단일 지휘 계통으로 '십삼도의군十三道義軍'을 조직한 것도 그 예였다. 십삼도의군은 종래의 의병항쟁과 노선을 달리했던 애국계몽 계열의 구국독립운동과 공동전선을 기획한 것이었고, 국내에서도 전투 능력을 가진 장정을 모두 의병으로 편성하려는 계획을 마련하는 등 국외 조직을 통합·확대하여 대규모 국내 진공 작전도 준비했다. 그러나 같은 해 8월 29일 강제 합병 후 일제는 블라디보스토크가 항일투쟁의 근거지로 변하는 등 러시아령에서 항일운동의 확대를 우려하여 러시아에 강력하게 항의했다. 이후 총책임자 유인석이 러시아 관헌에게 체포되었고, 활동 기간이 매우 짧아 특별한 성과를 거두지 못했던 십삼도의군은 해체되고 말았다.

이진룡은 국내를 왕래하면서 애국 청년들을 만주로 불러들여 군사훈련을 실시하고 무장투쟁에 대비하여 전술을 익히는 등 독립군 양성과 전투력 향상에도 각별한 관심을 기울였다. 그리고 1913년을 전후한 시기에는 류허현柳河縣 싼위안푸三源浦에서 조맹선·이종협李鍾協과 함께 만주에 분산되어 있던 독립군 단체들을 규합하여 대규모 단일 기구를 조직하는 일에 나섰고, 1914년부터 창바이현長白縣과 푸쑹현撫松縣 일대에서 조맹선·박장호·윤세복·차도선 등과 함께 후에 만주 독립군의 모태가 된 포수단砲手團을 조직하여 농사와 군사훈련을 병행하는 이른바 병농일치兵農一致를 실천하며 독립운동기지 건설과 전투력 배양에도 힘썼다.

이진룡은 1915년 대한광복회 부사령으로 추대되었다. 대한광복회는 1915년 음력 7월 5일 대구에서 결성된 비밀 항일 독립운동 단체이며, 그는 푸쑹을 중심으로 만주 지부를 담당했다. 또한 1916년 만주 안둥현(지금의 단둥시)에서 안동여관을 경영하는 손일민孫逸民, 1884~1940과 삼달양행三達洋行(정미소)을 경영하는 정순영鄭舜永 등과 협력하여 활동을 넓혀 나갔으며, 1917년에는 이진룡의 뒤를 이어 김좌진金佐鎭, 1889~1930이 대한광복회 부사령으로 취임했다.

이진룡은 연해주를 왕래하는 과정에서 안중근安重根, 1879~1910과도 만났다. 「관동도독부 고등법원 심문조사」에 따르면, 안중근은 "이진룡으로부터 100원을 빌려 가지고 왔다. 그 돈이 없었다면 이 일이 성사되지 못했을 것이다"라고 답했고, 『의암유선생약사毅菴柳先生略史』에는 "안중근이 이토 히로부미를 격살할 때 사용했던 권총은 원래 이진룡이 지니고 있었다"라며 이진룡이 안중근 의거를 결정적으로 지원했다는 이야기도 전한다. 그 내용에 따르면 이진룡이 두 번째 연해주를 방문했던 1909년 8월에서 11월 사이에 연해주 몽구가이孟嶺에서 블라디보스토크로 회항하는 도중에 배 위에서 안중근과 권총을 교환했으며, 10월 20일 블라디보스토크에서 안중근에게 현금 100원을 하얼빈 의거 자금으로 지원한 것으로 보고 있다.

거액의 현상금과 밀정까지 동원하다

이진룡의 활동과 관련해서는 많은 일화가 전한다. 이진룡은 "목소리가 우렁차고 위풍당당했으며, 180센티미터의 장신에 힘이 장사였다"고 한다. 그가 "작전을 나갔다가 근거지로 되돌아오는 데 하루에 백 리를 마치 날아다니듯 민첩하게 달렸다"라고 하며, 사람들이 함께 걷다 보면 어느새 사라져서 그를 '준족駿足' 또는 '번개다리[飛毛腿]'라고 불렀고, "발바닥에 한 줌의 털이 나서 걸을 때 소리가 나지 않고 땅을 주름잡아 훨훨 날아다니듯 했다"라는 이야기도 전한다. 또한 이진룡은 적의 추격을 뿌리치기 위해 몇십 리나 되는 높은 절벽에서 압록강으로 뛰어내려 헤엄쳐서 칭산거우의 근거지로 돌아올 정도로 수영도 잘했다. 사람들 사이에서는 "이진룡이 압록강 절벽에서 뛰어내려 풍덩 하는 소리가 나면 어느새 건너편 언덕으로 올라오곤 했다"라는 이야기도 전한다.

그뿐만 아니라 그는 "동작이 날렵해서 지붕 위를 훌쩍훌쩍 가볍게 뛰어다녔고, 사격도 백발백중 명사수"였고, 이웃에 어려운 일을 생기면 자기 일처럼 발 벗고 나설 정도로 인정이 많았고, 한족과 만주족 등 이웃과도 잘 어울렸다. 한번은 이웃에 살던 어느 중국인 집이 상喪을 당해 안둥에 가서 종이를 사 와야 했는데, 칭산거우에서 안둥까지는 178킬로미터나 되었다. 그때 이진룡이 자진해서 갔다 오겠다고 나섰는데, "해가 동천에 떠오를 때 출발한 그가 안둥에 가서 종이를 사 가지고 돌아왔을 때 아직 해가 지지 않았을 정도로 걸음이 빨랐다"라는 일화도 전한다.

항일무장투쟁을 위해서는 독립군 양성과 무기를 갖추는 일이 가장 중요한 과제였고, 그 문제를 해결하기 위해서는 군자금 마련이 가장 급선무였다. 그 때문에 이진룡은 군자금 모금에 적극적인 관심을 기울였고, 그가 금광의 현금 운송 마차를 습격한 이유도 여기에 있었다. 그러나 그 계획은 비록 성공하지 못했지만, 일제의 경계망에 또 한 번 큰 타격을 입혔다. 일제는 이진룡을 체포하기 위해 모든 수단을 동원했고, 금광회사에서도 "이진룡과 그 일당을 체포한 사람에게 거금 2,000엔의 현상금을 주겠다"라고 선언할 정도로 충격이 컸다. 그런데 이진룡은 어이가 없을 정도로 허망하게 일제에 체포되고 말았다.

일제는 조선인 임곡林谷을 매수하여 3년에 걸쳐 이진룡의 행적을 추적하다가 마침내 1917년 5월 25일 그를 찾아냈다. 당시 임곡은 콴뎬현 칭산거우에서 이진룡을 발견하자 헌병대에 밀고했고, 헌병대는 곧바로 향용단 1개패와 헌병 2명을 파견했다. 이진룡은 중국인 류구이홍劉桂洪이 상을 당하자 일손을 돕고 술을 마신 채 잠들어 있었고, 그 틈을 노려 헌병대가 들이닥쳐 이진룡을 체포했다. 과거에도 이진룡을 체포했다가 놓친 적이 있었던 헌병대는 그의 팔과 다리를 부러뜨리고 쇄골을 철사로 꿰매어 묶는 등 극악한 방법으로 포박하여 뤼순旅順으로 압송했다. 이 소식을 전해 들은 황봉운·황봉신 형제를 비롯한 10여 명의 부대원은 압송되는 이진룡을 구출하기 위해 북쪽 방향의 우다오링五道嶺으로 달려가 길목을 막고 기다렸다. 하지만 일제 헌병은 그들이 우다오링에서 길목을 막고 있다는 정보를 입수하고 돌아서 타이핑太平으로 끌고 갔다. 이 때문에 이진룡 구출에 실패했고, 오히려 황봉운과 황봉신 형제가 체포되고 말았다.

九名强盜의首魁就縛

운산금광의슈송마차를습격ᄒᆞ야칠명을살상ᄒᆞᆫ구명강도

근리의대ᄉ건으로 경향의 이목을소동식힌 평안북도녕변군 팔원면룡두동「八院面龍頭洞」에셔작년십월륙일오후쇠시경 동양합동금광회사의 현금칠만원을실은금괴수송마챠를습격ᄒᆞ야총을노아셔강순사의

▲여셧명을살상 ᄒᆞᆫ구명의흉젹즁에 그거괴두명은 최근에필경톄포되얏더라 한명은평남순천군 풍산면텬성 김셩쳔「金聖天」(二十)이란자오월십이일 평양죽뎐리창가 김영룡「金永龍」의집에 잠복ᄒᆞᆫ것을 평양경찰셔의 두형ᄉ가 포박ᄒᆞᆫ것이라ᄉ건이발싱되면셔 유리로 경무총감부에셔는 각도경무부에긔별ᄒᆞ야 범인을엄탐ᄒᆞ던즁 더구나평안북도 경무부에셔는 이리헌병과 밋보조원등이변복순힝ᄒᆞ며슈석즁이더니김영룡을톄포ᄒᆞᆫ뒤에 그수식ᄒᆞᆫ단셔를엇고 더욱이용긔를고무ᄒᆞ야 열심탐식ᄒᆞᆫ결과오월이십오일오후열시경에

▲맛참닉총두목 되는황희도평산퇴싱리석대「李碩大」라ᄌ칭ᄒᆞ는리진룡「李鎭龍」을 톄포ᄒᆞ야 목하창셩헌병디에셔 신문ᄒᆞ는즁이라는디리진룡은 병합젼후에 황희도의평산곡산등군을 근거로삼고 부근의군읍으로 횡힝ᄒᆞ면셔 톄반총포를힝ᄒᆞ던츙소위평산폭도의거괴로작년황희도에셔톄포된 젹괴한졍만「韓貞萬」도진룡슈하의일부당이라 그뒤폭도의대부분은소탕되고 진룡은 리셕대라

「9명 강도의 수괴 취박」
_운산 금광의 수송마차를 습격하여 7명을 살상한 9명 강도
(《매일신보》, 1917. 06. 02.)

大賊魁逮捕의苦心

만용무쌍의리진룡을잡던리약이

작년십월륙일에 평안북도녕변군 팔원면에셔 동양금광회사의 현금칠만원수송ᄒᆞ는 마챠를습격ᄒᆞ야 졍예ᄒᆞᆫ로국식 군총십여ᄌᆞ루로써 쇠강순사등칠명을살상ᄒᆞᆫ 구명강적의수괴 황희도평산군싱당리진룡「李鎭龍」(四十)이가 평북창셩헌병분디의손에 톄포되얏슴은 임의보ᄒᆞᆫ바와ᄀᆞᆺ거니와 진룡이 횡ᄒᆞᆫ후에

▲건너편지나쌍 에잠복ᄒᆞ야잇슴을 졍탐이 됴션니디로쇠여드려셔 톄포ᄒᆞ얏다ᄒᆞ나 창셩헌병분디의헌병의 진룡의쥬소되는 지나관뎐현소아하「寬甸縣小雅河」에셔 포ᄒᆞ얏다기도ᄒᆞ는디 그리와이를 드른즉창셩헌병분디 ᄉᆞ창「私倉」파견소 근무의 셕산「石山」헌병상등병은 보조원이명과ᄒᆞᆷ쯰 됴션의복에 미약힝상으로변복ᄒᆞ고 오월십오일 ᄉᆞ창을츌발ᄒᆞ야 즁도에 [illegible]ᄒᆞᆫ고십파의위험을지닉여 십팔일에 관뎐현소아하에이르러 용모파긔와기라에의지ᄒᆞ야 수괴범인되는

▲리진룡을슈식 ᄒᆞ얏스나도모지 ᄒᆞᆫ지를알수업셔 이십일엇지그곳의 지나인킥뎜에류숙ᄒᆞ며 쥬야결횡으로 진룡의거쥬ᄒᆞᄂᆞᆫ 집을찻고쳐인를쓰다가 이십일일브터는 각부락으로 횡상붙단이면셔 됴션인의거쥬ᄒᆞ는집을 슈탐ᄒᆞ얏스나 일반이ᄉᆞ실을 발ᄒᆞ지안을ᄲᅮᆫ안이라 도리혀쫓힝을ᄒᆞᆯ라ᄒᆞᆷ이 일이ᄎᆞ가안이라 갓ᄎᆡ갓던 탐보조원은 밤마다한데셔지닉이며 범인의동정을 수탐셕지ᄒᆞ얏는디 이십이일의오후칠시경에 쇼아하의조곰ᄯᅥᆫ슈뎜의산상에올나가셔디형을상고ᄒᆞ며

▲범인등의힝동 을숨히고잇던즁 톄격이장대ᄒᆞ고 얼는보기에진룡의용모파긔와 ᄯᅩᆨᄀᆞᆺᄒᆞᆫ됴션인한아히 산아릭의지나식오막으로 건축ᄒᆞᆫ외ᄯᅥ른집에 드러가는것을 발각ᄒᆞ얏슴으로 직시촌락에나려와셔 진룡의ᄉᆞ정을 ᄌᆞ셰히아는됴션인의아볼 열두살된쟈를불너셔 ᄌᆞ셰히 무러본결과그장대ᄒᆞᆫ남ᄌᆞ는 과연리진룡됨을 분명히알앗는고로 일동은 크게깃거ᄒᆞ야 두어시간그동정을파슈ᄒᆞ며 잠쟈기를긔다리는동안에

▲포박ᄒᆞᆯ방법을 다시의론ᄒᆞ는ᄃᆡ 맛ᄎᆞᆷ그곳에셔 미약힝상의명업ᄒᆞ는 져항군인셕천건작「石川健作」이라는쟈가잇셔 진룡의톄포를 크게찬셩ᄒᆞ야가셔 힘을합ᄒᆞ기로 의론이되얏스나 일힝은승로의위험을 렴려ᄒᆞ야 외쳔자나인의킥뎜으로 다시도라와셔 톄포방칙을궁리ᄒᆞ며 비밀히그곳의보ᄉᆞ무소「保甲務所」에이르러보당의게교셥ᄒᆞ야 두명의 구원민병을엇어셔 포박단을조직ᄒᆞ야가지고 아십오일에 츌발ᄒᆞ야 진룡의거쥬ᄒᆞ는부락에 도착ᄒᆞ얏더라 ᄯᅥᆨ에맛참그동리리모의집에상ᄉᆞ가나셔오후

▲칠시경에진룡 은그집에누어잇슴을슈탐ᄒᆞ고 일힝슈의 한명이동졍을엿보는즉 방안의가온디에 슈염만코장디ᄒᆞᆫ고 사오나온 ᄉᆞ십여쳬위남ᄌᆞ가 엄쳔히도사리고안졋고 그쥬위에는 보기에도무셔운 여덟명의장뎡이둘려안져 그광경이실로 두려운고로 분명히아홉명의 강도단인줄분명히알고 당일밤은히갈셔에 습격ᄒᆞ야 톄포ᄒᆞ기로결뎡ᄒᆞ고 마음을조리가며 적당의잇는집을포위ᄒᆞ야 잠이들기를기다러가지고 민병두명을 압문에 셕산상등병은압창으로부터 곡쳔이와보죠원은 뒤창으로부러 각기쫄을커들고 일시에뛰여 드러가본즉적당은 지나식온돌안에 이리저리누어셔자는고로 미리의론ᄒᆞᆫ야두엇던디로 쳬명이 일쳬히진룡의게달려드러 탐보조원은 머리에셕산상등병은빈에 곡천이는다리에올라안져 잡으랴ᄒᆞᆫ즉 강력이 무쌍ᄒᆞᆫ진룡이 는홀연

▲세명을거더차 고ᄯᅱ여이러나 용맹히더항ᄒᆞᆷ으로 조고만방안에셔 적렬ᄒᆞᆫ대격투가이러낫는디 한편으로그슈하의적도는 각기면장을들고 달려드는고로 곡쳔이는륙혈포를드리ᄃᆡ엿더니 모도다 황겁도쥬ᄒᆞ고약반시간이나 대격투를ᄒᆞᆫ뒤에 간신히 진룡이를포박ᄒᆞ야 직시지나인의킥뎜으로다리고와셔 엄즁히 경계ᄒᆞ며 도라오는디 그뒤에남아지적당이진룡이를 ᄲᅢ아셔가기위ᄒᆞ야 일힝을승로에셔 습격ᄒᆞᆯ쇼집이잇다는 긔별을듯고는 힘을다ᄒᆞ야

▲길을재촉ᄒᆞ야 다힝히아모위험을당ᄒᆞᆫ자안코 이십칠일 오후여셧시경에 무ᄉᆞ히창셩분디에 도착와는디 진룡은창셩분디에셔 위쳔됴사ᄒᆞ고지난륙칠일경의쥬의평북경무부에 호송ᄒᆞ얏다더라

「대적괴 체포의 고심」
_만용무쌍의 이진룡을 잡던 이야기
(《매일신보》, 1917. 06. 19.)

왜적을 토벌하여 나라를 구함이 나의 직업이다

이진룡은 조사받는 과정에서 갖은 악형과 고문을 받았으나 오히려 당당하게 그들을 질책했다. 그는 "직업이 무엇이냐"라는 심문에 "왜적을 토벌하여 나라를 구함이 나의 직업이다"라고 거침없이 답변했고, 함께 잡힌 황봉운과 황봉신 형제를 구하기 위해 "나는 자발적으로 거사를 도모했지만, 다른 사람은 강제로 끌려 왔다"라고 변호했다. 그러나 이진룡과 황봉신 형제는 모두 재판에 넘겨졌다. 재판은 빠르게 진행되어 같은 해 12월 25일 세 사람은 평양복심법원에서 사형선고를 받았다. 그리고 해를 넘겨 1918년 5월 1일 평양형무소에서 형이 집행되었다.

이진룡은 교수대에서 사형당하는 순간에도 "우리 국모國母를 시해하고, 우리 국부國父를 위협하고, 우리 강토를 빼앗고, 우리 백성을 노예로 삼으니 고금 천하에 반도叛徒(반란을 꾀하거나 그에 가담한 무리)의 패리悖理(도리나 이치에 어그러짐)함이 너희 같은 자가 없거늘 어찌 나를 반역이라 하느냐"라며 오히려 일제를 꾸짖었다. 그리고 웃으며 교수대에 오른 그는 "순국 직전 교회敎

「금괴차 습격범 사형에 선고됨」
_수령 부하 세 명
(〈매일신보〉, 1917. 11. 17.)

誨(잘 가르치고 타일러서 지난날의 잘못을 깨우치게 함)를 하는 교도소장에게 유연한 웃음을 지으며 '그런 말은 귀가 닳도록 들었은즉 얼른 형이나 집행하라'며 태연하여 당장 죽을 사람 같지 않았다"고 한다. 그리고 유언을 묻자 "유언이라고 지금 새삼스러운 말은 하기 싫으나 장남에게 나 죽은 뒤에 나에게 큰 은혜 있는 선생(유인석)의 사당에 참례參禮(예식이나 제사에 참여함)하여 아비 죽은 것을 고告하라고 전하여 달라"고 말하면서 "하수인이 아닌 황봉운을 처형하는 것은 실로 부당한 일이다"고 말하고는 웃으며 죽음을 맞았다. 이때 그의 나이 서른아홉 살이었다. 이진룡의 유해는 고향인 황해도 평산군 신암면 장동리에 안장되었다.

광복 후에야 사건의 진실이 밝혀지다

_우재룡

거액의 세금 운반 마차를 습격하다

1915년 12월, 경주 일대에서 징수한 세금을 운반하던 일제의 마차가 괴한들에게 습격당했다. 당시 8,700원이라는 거액을 강탈당한 이 사건은 '경북 우편마차 암습 사건慶北郵便馬車暗襲事件'이라고 한다. 그러나 범인들은 끝내 잡히지 않아 단순 강도 사건으로 종결되었다. 이 사건은 광복 후 주모자가 스스로 나타나 자백하여 세상에 알려졌다.

마차를 습격한 괴한은 두 명으로, 국내 비밀단체 가운데 가장 규모가 크고 활동 범위가 넓었던 대한광복회 지휘장인 우재룡禹在龍, 1884~1955과 권영만權寧萬, 1878~1964이었다. 당시 강탈한 거액의 현금은 독립군 군자금으로 보내졌다. 마차 습격은 우재룡이 주도한 것으로 알려졌는데, 그는 군인에서 의병으로 그리고 독립군까지 우리 독립운동사에서 가장 활발하게 활동한 독립운동가였다.

1884년 1월 30일 경상남도 창녕군 대지면 왕산리에서 태어난 우재룡은 열여덟 살 때인 1902년 우리나라 최초의 근대적 지방 군대로 편성된 대구 진위대에 입대하여 군인으로 대구 남영南營에서 근무했다. 그러나 1907년 군대가 강제 해산되자 같은 부대 소속 김치현金致鉉·은순택殷淳澤 등 수십 명과 함께 산남의진山南義陣에 들어가 의병으로 활동했다.

우재룡이 의병으로 활동한 산남의진은 일반인에게는 잘 알려지지 않았지만, 1905년 일제에 의해 국권이 침탈당한 을사늑약 이후 반일 감정이 극에 달하여 전국적으로 의병이 봉기했을 때 영천 지역을 중심으로 일어난 의병부대였다. 이후 영남 지역을 대표하는 대규모 의병 조직으로 활동했던 산남의진은 "근대 의병의 산실産室로, 구한말 우리 역사에서 한 획을 그었다"라는 평가를 받는다. 여기서 산남은 고려시대 이후 영남 지역을 지칭하는 다른 말로, 영남 의병이 영천군 자양면 충효재에 모여 거병한 것에서 유래했다.

산남의진은 다른 지역의 의병 조직과 달리 영남 도처에서 나라를 구하기 위해 모여든 의병연합체로, 여러 명의 의병장을 중심으로 유격전을 전개했다. 그 때문에 일본군이 훈련된 병력과 우월한 무기를 갖추었음에도 산남의진은 그들의 간담을 서늘케 할 정도로 위력적인 의병 활동을 벌일 수 있었다. 산남의진은 인근 지역의 평민 출신 의병장 신돌석申乭石, 1878~1908이 이끄는 의병부대와 연합작전을 수행했고, 1907년 말부터 1908년 초까지 전개된 한양 진공 작전을 위한 북상北上 준비에도 참여했다. 그러나 일본군의 대반격으로 점차 세력이 위축되자 1910년 경술국치庚戌國恥 이후 간도로 건너가 항일무장 세력의 중추적 역할을 했다.

우재룡은 산남의진에서 일본군과 20여 차례 전투를 벌이며 용맹을 떨쳤고, 의병장 정용기鄭鏞基, 1862~1907 휘하에서 군량을 조달하면서 군인으로 복무했던 경험을 살려 의병의 군사훈련도 담당했다. 정용기는 1906년 1월 이한

구李韓久, 1870~1907·우재룡 등과 함께 경상북도 동대산을 근거로 600명의 장정을 규합하여 의병을 조작했고, 흥덕·청하 등지에서 위세를 크게 떨친 의병장이었다. 일제는 정용기를 체포하기 위해 온갖 방법을 동원했다. 그러던 어느 날 정용기는 아버지가 일제 경찰에 붙잡혔다는 소식을 듣게 된다. 이는 정용기를 잡기 위한 일제의 간계였으나 그 사실을 모르고 정용기는 아버지를 구출하기 위해 경주로 가던 중 일본군에 체포되고 말았다. 이 소식을 전해 들은 우재룡은 경산군 하양에서 정용기를 구출하려고 시도했으나 실패했고, 정용기는 수감 생활을 하고 풀려났다. 이후 정용기는 1907년 4월 다시 의병을 규합해 동대산에서 재기하여 청하·청송·영천 등지를 돌아다니며 항전하다가 같은 해 9월 입암리 싸움에서 전사하고 말았다.

만주로 망명하다

정용기에 이어 최세윤崔世允, 1867~1916이 의병대장으로 취임하여 의병부대를 재정비했다. 그때 우재룡은 팔공산을 본거지로 하여 영천 서부 지역의 의병 책임자가 되었고, 의병 진영의 군사훈련을 책임지는 연습장의 임무도 수행했다. 1909년 5월 우재룡은 고령 유격대로부터 "엽총 50정을 1,600냥에 구했으니 가져가라"는 연락을 받고 직접 대구로 갔다. 그러나 그는 돈과 총을 교환해서 부대로 돌아오던 중 일본군에 체포되고 말았다.

조사를 받고 재판에 넘겨진 우재룡은 1909년 9월 14일 재판에서 "의병은 무슨 이유로 하였는가"라는 질문에 "나라를 찾고자 한 것이다"라고 간단명료하게 답하는 등 확고한 독립 의지를 피력했다. 재판부는 우재룡에게 내란죄로 종신형을 선고하여 감옥에서 평생을 보내게 되었으나 1911년 이른바 '합방 특사'로 2년여 만에 풀려났다. 우재룡은 다시 독립운동에 투신했고, 1915년에는 대구에서 비밀결사 단체인 대한광복회를 조직했다. 대한광복회는 1910년대 가장 활발하게 활동한 독립운동 단체로, 1918년 와해瓦解될 때까지 3년 동안 비밀·폭동·암살·명령의 4대 행동 강령과 다음과 같은 7대 투쟁 강령을 실천에 옮긴 대표적인 항일무장투쟁 단체였다.

> 첫째, 부호富豪의 의연금 및 일인日人이 불법 징수하는 세금을 압수하여 무장을 준비한다.
> 둘째, 남북만주에 군관학교를 설치하여 독립전사를 양성한다.
> 셋째, 종래의 의병 및 해산 군인과 만주 이주민을 소집하여 훈련한다.
> 넷째, 중국 등 여러 나라에 의뢰하여 무기를 구입한다.
> 다섯째, 본회의 군사 행동·집회·왕래 등에 지점 또는 여관과 광무소鑛務所 등을 두어 연락기관으로 한다.
> 여섯째, 일인과 고관 및 한인 반역자를 언제 어디서나 처단하는 행형부行刑部를 둔다.
> 일곱째, 무력이 완비되는 대로 일인 섬멸전을 단행하여 최후 목적을 달성한다.

이처럼 대한광복회는 강제 합병이 되고 5년이 지난 시점에서 구체적이면서 직접적인 무장투쟁 원칙을 세우고 실천에 옮긴 독립운동 단체였다. 대한광복회는 전국 각도와 만주에도 지부를 두고 활동했고, 악질 친일파의 처단에도 적극적으로 나서면서 다양한 방법으로 군자금도 모금했다. 회원이 자기 재산을 헌납하기도 했지만, 현금을 수송하는 일제 관헌의 마차나 일본인 소유의 광산을 습격하기도 했고, 중국 지폐를 위조하여 일본

화폐로 바꾸기도 했다.

그러나 대한광복회가 가장 일반적으로 사용한 군자금 모금 방법은 전국의 회원이 각 지역의 자산가를 조사하여 그들에게 대한광복회 명의로 통고문을 발송한 후 직접 모금에 나서는 것이었다. 예를 들면 대구 부호 정재학·이장우·서우순 등에게 군자금 협조 공문을 발송했고, 일제의 세금 운반 마차를 습격하고 강원도 영월의 상동 광산에 잠입해 군자금을 모금한 것 등을 꼽을 수 있다.

국내에 활동 근거지를 구축하며 임시정부를 지원하다

우재룡은 대한광복회가 결성된 해 12월 권영만과 함께 경주에서 세금을 운반하던 우편마차를 습격한 것을 비롯해 서간도의 자치기관인 부민단扶民團과 신흥무관학교新興武官學校를 대한광복회와 연결하는 일에도 직접 나섰으며, 1918년 1월 24일 도고면장 박용하를 처단한 박상진朴尙鎭, 1884~1921과 채기중蔡基中, 1873~1921이 체포될 때까지 국내와 만주를 오가면서 활발하게 활동했다. 그러나 1918년 8월부터 대한광복회 주요 구성원이 일제 관헌에 체포되면서 조직의 활동력이 크게 떨어졌다. 그 무렵 경성에 머물고 있던 우재룡은 체포를 면할 수 있었고, 일제의 검거를 피해 만주로 탈출하여 활동을 재개하기 위한 방안을 모색했다.

우재룡은 해외에 오래 머물지는 않았다. 1919년 3·1운동 이후 비밀리에 국내로 들어온 그는 서대문 밖 윤충하尹忠夏의 집에서 대동단大同團과 연락을 취하면서 대한광복회 재건에 나섰다. 이후 그는 전라도 군산과 충남 논산으로 내려가 활동하면서 같은 해 6월부터 이재환李載煥, 1889~1951·소진형蘇鎭亨,

1885~?·권영만 등과 함께 충남 논산 주천리 안종운安鍾雲, 1883~1948의 집에서 군자금을 모금하며 일제에 의해 와해된 대한광복회의 부활을 도모했다.

우재룡 등은 부호들에게 대한군정서大韓軍政署와 중국 상하이의 대한민국 임시정부 특파원 명의로 "조선 독립 군자금을 제공하되, 만일 그 요구에 불응하면 폭탄대를 파견하여 사형에 처한다"라는 통고문을 발송했다. 당시 발송된 통고문은 19통으로, 김재엽과 김유현으로부터 각각 1,200원과 5,000원 정도의 군자금을 확보하여 임시정부에 전달했고, 이후 박황과 한훈을 상하이 임시정부에 파견하는 등 대한광복회와의 관계를 유지하면서 임시정부를 지원하는 국내 활동을 벌였다. 같은 해 8월에는 군산에서 권영만·이재환·안종운·소진형·임계현 등과 함께 한호예기조합에 근거지를 마련하여 군자금을 모금하고, 백운학·임창현·기생 강국향 등이 주선한 고등계 형사 최기배와 김병순 등의 포섭에 나서는 등 지역에서 활동 기반을 구축했다.

우재룡은 군자금을 모금하면서 지역 부호들을 조사하여 통고문을 보낸 후 직접 자금 수령에 나서서 신분을 밝히는 대한광복회의 자금 모집 방법을 그대로 사용했다. 여기에는 일제에 의해 와해된 광복회를 부활해야 한다는 우재룡의 강한 의지와 책임감이 담겨 있었다. 그는 대한광복회원들이 풀려나면 다시 독립운동에 참여할 수 있도록 광복회의 재건을 위해 적극적으로 활동했고, 국내에 들어온 후 옥중에 있는 총사령 박상진과도 계속해서 연락을 취했다.

한편 3·1운동 이후 우재룡과 권영만은 국내에서 독립운동을 하면서 활동 지역을 나누었던 것으로 보인다. 즉 권영만은 대구를 중심으로 경북 지역을 담당했고, 우재룡은 충청도와 전라도 지역을 담당했다. 이를 기반으로 대한광복회를 부활시키기 위해 우재룡은 1920년대 초부터 전국 8도에 책임자를 두어 연락 거점을 마련했다. 이 과정에서 우재룡은 대한광복회의 거점은 대구를 중심으로 한 경북 지역에 두고 권영만에게 경북 지역 책임을 맡겼다. 그러나 권영만이 체포되면서 경북 지역 조직이 발각되고 말았다. 그나마 다행이라면 일제는 권영만을 대한광복회 잔당 정도로 파악했을 뿐 우재룡과의 관계 등 구체적인 활동을 파악하지 못했던 것으로 보인다.

우재룡은 의열투쟁 단체의 조직을 구상하고 1920년 2월 한훈·박문용 등과 함께 '광복단결사대'라는 조선독립군 사령부도 조직했다. 이 조직은 국내에서 인재를 선발하여 국외로 보내 독립군을 양성하고, 국내에서는 군자금을 모금하여 독립군 양성을 지원하면서 일제의 관리 및 친일파를 처단해 경각심을 일으키는 등 대한광복회의 활동과 동일한 목적을 세워 실행에 옮겼다.

1920년 2월에는 장응규張應圭를 상하이 임시정부에 파견하여 국내외 독립운동을 연결하면서 독립운동의 역량 강화에도 적극적으로 관심을 기울였다. 장응규는 임시정부로부터 "경성에서 독립운동 단체 주비단籌備團을 조직하여 조선 독립운동을 전개하라"는 지시를 받고 같은 해 5월 귀국했고, 우재룡은 같은 해 6월 임시정부와 만주 독립운동 단체를 지원하기 위해 주비단을 조직했다.

밀정의 계략에 빠져 군산에서 체포되다

주비단은 임시정부를 지원하면서 국내에서 독립운동을 한 비밀결사 독립운동 단체로, 독립운동 자금 모금에 나서면서 처음에는 자산가를 설득해 군자금을 모으려고 했다. 그러나 생각한 것처럼 순조롭게 모금이 진행되지 않자 협박장을 보내는 등의 방법으로 변경했으나 모금한 독립운동 자금은 6,000원 정도에 불과했다. 여기에 주비단 활동이 일제에 탐지되어 활동에 제약을 받았고, 결국 관계자들이 대부분 체포되어 활발하게 활동하지는 못했다.

우재룡은 주비단 활동을 하면서 동지들과 함께 조선총독부 정무총감 미즈노 렌타로水野錬太郎의 처단 계획을 세우고 폭탄을 구입하는 등 의열투쟁도 준비했다. 그러나 계획이 사전에 발각되어 경성에서 활동하던 주비단원들이 체포되었고, 우재룡 역시 1921년 4월 일제의 밀정이 쳐놓은 함정에 걸려들고 말았다. 당시 밀정은 군산에서 일제 경찰이 비밀리에 포위한 식당으로 우재룡을 데려갔고, 결국 그는 경기도 경찰부에 체포되었다. 우재룡은 고등계 형사들의 혹독한 고문에도 굳건하게 버텼으나 경찰이 그동안 조사한 내용을 근거로 재판에 넘겨졌다.

1921년 6월 11일 〈동아일보〉에는 우재룡의 본명을 우이견(利見은 우재룡의 字)이라고 밝히면서 그동안의 활동에 대해 다음과 같은 기사가 실렸다.

> ……범인은 원적을 경상북도 경주군 외동면 녹동 469번지에 두고 국권 회복 운동을 한 본명 우이견(38)으로, 우재룡·김재수·김재서 등 거짓 이름을 사용하며 의병대장 혹은 광복회, 주비단 등 독립운동 단체를 조직한 후 군자금을 모집하며 여러 해 동안 조선 독립운동을 해왔다. ……그는 일찍이 시국에 불평을 가지고 당시 의병대장으로 유명하던 정용기의 부하로 각지를 돌아다니며 병란을 일으키다 드디어 일본 관헌에게 사로잡혀 무기형의 처벌을 당하였다가 합방 당시 특사로 방면되었다. 그러나 시국에 대한 불평은 점차 깊어 가고 국권 회복 사상은 갈수록 맹렬하여 당시 대구에 있던 박상진과 비밀리 국권 회복을 목적으로 다수의 동지

를 모집하여 대정 6년(1917) 6월경 박상진의 집에 모여 광복회라는 단체를 조직하고 본부를 중국 길림성(지린성) 지방에 설치하고, 조선 지방에는 각도에 지부를 설치했다. 길림본부에서는 군대를 양성하고 병기兵器를 사들였으며, 조선 안에 있는 각 지부에서는 무력으로 군자금을 모집하였다. ……독립운동을 하던 중 대정 6년경에 경찰 당국에 사실이 발각되어 회원 가운데 36명이 체포되었고, 그중 5명은 이미 사형선고를 받았다. 우이견은 그때에도 교묘하게 행적을 피하여 비밀리에 김좌진과 통하여 조선 부호들을 조사하여 본부로 통지하고 경상도를 중심으로 무기를 가지고 다니며 군자금 모집에 종사했다. 재작년(1919)에 독립운동이 돌발한 이래로 다시 논산 지방에 들어와서 동년 8월경에 동지 이재환·안종운·권영만 등 20여 명과 주비단을 조직하여 논산 지방을 중심으로 군자금을 모집하면서 아산군 도고면장을 총살하고 이외에도 경상도 부호 장승원이 군자금 모금에 응하지 않자 구미에 있는 그의 자택에서 총살한 사실이 있으며, 작년 12월경 주비단 사건이 발각되어 단원 일동이 모두 경기도 경찰부에 체포되었으나 우이견은 그때에도 경찰의 철통같은 경계망을 교묘하게 빠져나가 최근에는 김재서라는 이름으로 군산 지방에 침입하여 청년단체와 노동단체에서 비밀리에 서로 통하여 다시 크게 독립운동을 일으키려고 하던 중에 운명이 다하여 드디어 지난 29일 군산에서 경기도 경찰부의 손에 체포되었다…….

재판부도 그의 당당함에 당황하다

신문에서는 우재룡의 체포에 대해 "장승원을 총살한 광복회원 우이견,

최근에 군산 지방에서 독립운동 중 4년 만에 경기 경찰부에 체포…… 경기도 경찰부에서 비밀리에 지속적으로 대대적인 수사 활동을 벌여 독립운동 연루자들을 많이 잡아들였고, 연속해서 남선南鮮 지방에 활동이 민첩한 형사와 경관을 파견하여 비상 활동을 벌인 결과 우재룡을 체포하게 되었다"라면서, 이미 4~5년 전부터 일제 경찰은 우재룡을 체포하기 위해 수사력을 집중해오다가 마침내 그를 체포했다고 보도했다.

일제 경찰이 우재룡에 대한 수사를 시작한 시기가 4~5년 전이라면 그가 대한광복회를 조직하고 적극적으로 활동하던 때였다. 특히 일제 경찰은 충청도와 전라도 등 우재룡이 주로 활동했던 지역까지 파악하고 있었고, 능력 있는 경찰들을 파견하여 수사를 벌이면서 밀정들까지 동원할 정도로 우

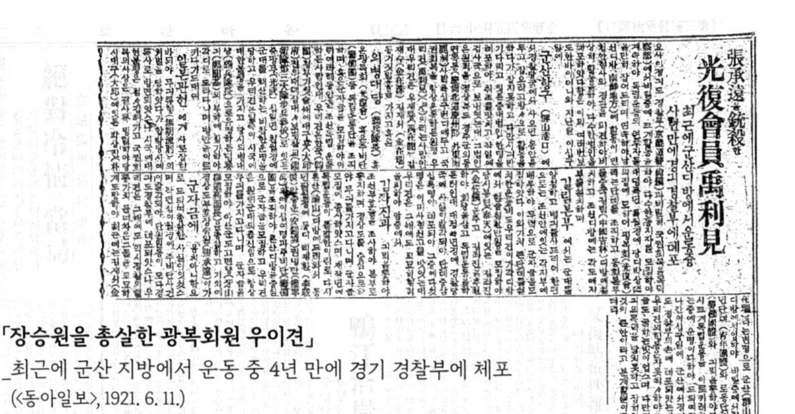

張承遠을銃殺한

光復會員禹利見

최근에군산디방에서운동중 사년만에경긔경찰부에톄포

[illegible]

군산항구

[illegible]

길림본부

[illegible]

의병대댱

[illegible]

김좌진과

[illegible]

일본관헌

[illegible]

군자금에

[illegible]

光復會首魁「禹利見」

대뎡륙년이래로교묘히 종적을감초엇다가잡혀

[illegible]

양셩하며

[illegible]

하편으로

[illegible]

불응하다

[illegible]

第二次는籌備團을

만들어가지고시긔가도 라오기만고대하엿다고

[illegible]

종심으로

[illegible]

수사하기

[illegible]

「장승원을 총살한 광복회원 우이견」
_최근에 군산 지방에서 운동 중 4년 만에 경기 경찰부에 체포
(《동아일보》, 1921. 6. 11.)

「광복회 수괴 '우이견'」
_대정 6년 이래로 교묘히 종적을 감추었다가 잡혀
_제2차는 주비단을 만들어 가지고 시기가 돌아오기만 고대하였다고
(《매일신보》, 1921. 6. 11.)

재룡의 체포에 총력을 기울였음에도 경주에서 발생한 세금마차 습격 사건은 물론, 국경을 넘나들며 활동했다는 사실도 제대로 파악하지 못했다. 그 때문에 일제 경찰은 시간만 허비하고 있다는 비난을 받기도 했다.

한편 신문 기사에 따르면, "우재룡은 일제 경찰에 체포될 때 행동은 자못 씩씩하여 조금도 굴하는 빛이 없으며, 다만 자기의 목적을 달성하지 못하고 잡힌 것이 큰 한이라고 분개할 뿐이라더라"고 할 정도로 당당했고, 경성지방법원에서 재판받을 때 의병운동에 참여한 배경, 조선 독립의 가능성, 무력 노선을 택한 이유 등에 대해 분명하게 자신의 의견을 개진하여 재판부를 당황하게 했다.

재판장이 "의병운동은 잘못된 불온 행동이다"라고 지적하자, 우재룡은 "지금 나라의 상태는 독립국이란 이름만 있을 뿐이고 실질은 없으며, 임금은 있으나 권한은 없으며, 군대가 해산당했으므로 일본인을 조선 내에서 전부 추방하여 완전한 독립국으로 만들 생각으로 의병에 투신한 것이다. ……(독립이) 가능하다든가 불가능하다든가 하는 일에 대해서는 생각한 일이 없다. 조선인으로서 국권 회복을 도모하는 것이 의무라고 생각하고 있었다. 요컨대 일을 도모함은 하늘에 있고, 일을 행하는 것은 사람에게 있다"라며 자신이 의병 활동을 한 것은 너무나 당연한 일이라고 강조했다. 그리고 "나는 일찍부터 남선 의병대장 정용기의 의제義弟이다. 의형義兄과 맹서하기를 이 나라를 구하는 데 생사를 같이하자고 했는데, 의형이 순국했으니 사상만은 변경할 수 없다"라며 끝까지 독립운동을 하겠다는 의지를 굽히지 않았다.

재판부가 "독립 방략으로 무력에 의해 독립을 도모할 생각이었는가?"라고 묻자, "무력에 의한다거나 어떤 확실한 의논을 한 것은 아니다. 어떠한 방법으로든지 독립하자고 의논한 것이다"라고 대답했다. 즉 우재룡은 독립 쟁취를 목적으로 의병에 참여했고, 독립을 도모하는 행동은 조선인의 의무이며, 독립 방략으로 필요하다면 무력투쟁론도 불사하겠다고 주장했다.

또한 그가 재판에서 "경찰의 전기고문으로 강요에 의해 거짓 자백을 했다"라고 폭로하자 검사는 집요하게 죄를 추궁하며 무려 1년간 재판이 이어졌고, 검사는 그에게 사형을 구형했다. 그러나 1922년 4월 재판부는 그에게 무기징역을 선고했다. 두 번째 무기징역을 받은 우재룡은 원산에서 수감 생활을 하다가 1937년 감형되어 16년 만에 출옥했다. 그때 우재룡은 54세의 중년이 되어 있었다.

이후 우재룡은 경주·하양·영천 등지로 거처를 옮겨 다니며 생활한 것으로 전한다. 그러나 그는 오랜 수감 생활로 건강이 좋지 못했고, 일제의 감시와 통제로 특별한 활동을 하지 못하다가 광복 후인 1945년 10월 서울 견지동에서 대한광복회와 주비단 활동을 했던 옛 동지들을 중심으로 대한광복회를 재건했다. 그리고 같은 해 12월 대한광복회 부회장에 선임되어 활동했고, 1946년 2월 15일에는 경북 입암에서 '고 산남의진 순절 제공 위령제'를 거행하여 일제와 싸우다 순국한 의병의 영혼을 기리는 등 독립운동 희생자를 위한 선양 사업을 벌였다. 그러나 한 달 뒤인 3월에 대한광복회는 해산되어 활동을 이어가지 못하고 사람들의 기억에서 잊혀 갔다.

우재룡은 1955년 산남의진 의병장 정용기의 아들 정노용에게 대한광복회 활동 등 독립운동에 대한 기억을 진술하여 받아 적게 했고, 자신의 호를 따서 『백산여화白山旅話』라고 제목을 붙였다. 여기에는 1907년 이후 산남의진의 의병전쟁과 1910년대 대한광복회의 무력투쟁 그리고 국내와 서·북간도에 이르는 광범위한 조직 등 독립운동에 관한 자세한 내용이 담겨 있다. 이렇게 우재룡은 독립운동의 기억을 기록으로 남기고 그해 음력 3월 3일 대구에서 사망했다.

六千圓을假政府로
보닌사실은잇섯스나그타 협박공갈은일우젼혀업다고
光復會午後繼續公判

禹利見은前義兵
군사를양성하야일을하여보려고광복회를조직하엿다고

[illegible]

擧皆否認

[illegible]

「육천 원을 가정부(임시정부)로」

_보낸 사실은 있었으나 기타 협박 공갈은 전혀 없다고
_광복회 오후 계속 공판
_우이견은 전 의병, 군사를 양성하여 일을 하여 보려고 광복회를 조직하였다고

(<매일신보>, 1922. 03. 27.)

電氣裝置로訊問
우리견등광복회사건계속공판
경찰의고문으로거짓진술햇다

[illegible]

「전기장치로 신문」

_우이견 등 광복회 사건 계속 공판, 경찰의 고문으로 거짓 진술했다

(<동아일보>, 1922. 03. 26.)

禹利見에死刑求刑
방텽석한편에잇던녀자한명이
사형이란말을듯고통곡히

[illegible]

「우이견에 사형 구형」

_방청석 한편에 있던 여자 한 명이 사형이란 말을 듣고 통곡해

(<매일신보>, 1922. 03. 31.)

禹利見은無期懲役
작일에인도된광복회사건
우리견의사형은필경무긔

[illegible]

「우이견은 무기징역」

_작일(어제)에 인도된 광복회 사건 우이견의 사형은 결국 무기

(<매일신보>, 1922. 04. 14.)

영화 「좋은 놈, 나쁜 놈, 이상한 놈」의 모티브가 되다

_윤준희, 임국정, 최봉설, 한상호, 박웅세, 김준

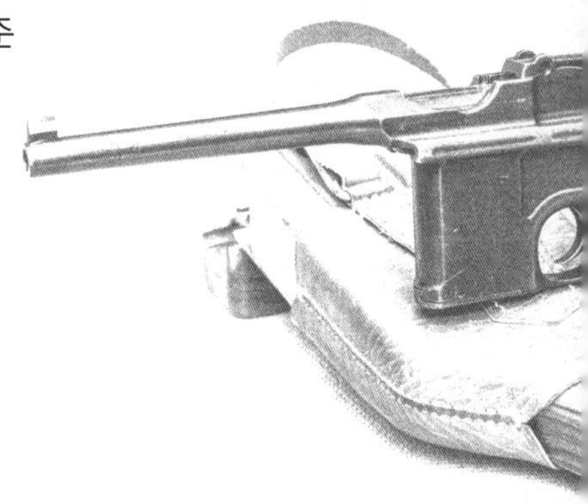

영화보다 더 영화 같은 사건이 발생하다

1920년 1월 4일 월요일 아침 8시 30분, 무장 경관들의 호위를 받으며 일금 15만 원(圓)을 운송하던 마차가 습격당해 현금을 강탈당했다. 그 돈은 일제가 옌지延吉와 회령會寧을 잇는 철도 부설을 위해 수송하던 자금으로, 당시에 그 지역에 기차가 없었기 때문에 마차를 이용해 조선은행 회령지점에서 룽징龍井 출장소로 옮기는 길이었다. 이것이 '간도 15만 원 사건'으로, 2008년 개봉하여 한국형 퓨전 서부극으로 평가받은 영화 「좋은 놈, 나쁜 놈, 이상한 놈」의 모티브가 된 것으로 전한다.

마차를 습격한 사람들은 윤준희尹俊熙, 1892~1921·임국정林國楨, 1894~1921·최봉설崔鳳卨, 1899~1973·한상호韓相浩, 1899~1921·박웅세朴雄世, ?~?·김준金俊, 1900~1979 등 여섯 명의 북간도 지역 열혈 애국청년으로, 대부분 철혈광복단鐵血光復團 소속이었다. 철혈광복단은 1911년 초 이동휘李東輝, 1873~1935가 간도에 왔을 때 조직한 광복단과 이후 노령 지역에서 1917년 러시아 혁명 이전에 조직된 전투적인 청년 비밀결사인 철혈단이, 1918년 가을 제1차 세계대전의 종결에 따라 고양된 운동 조건에 부응해 통합한 조직이었다.

이후 광복단은 "무장투쟁으로 독립을 쟁취한다"라는 목표를 세우고 북간도에 조직의 중심을 두고 노령과 간도를 누비고 다니며 군자금 모금과 결사대를 모집하여 군사훈련을 책임지고 있었다. 당시 광복단은 300여 명이 넘는 여성 단원을 포함하여 1,353명의 단원이 소속되어 있을 정도로 규모가 컸으나, 조직원들이 무장투쟁을 수행할 수 있는 재정적 지원이 절실했다. 한인 사회에서 군자금을 지원하기는 했지만, 대부분 소작농으로 경제적 여건이 좋지 않았기 때문에 자금 모금에 어려움을 겪었던 항일단체들은 좀 더 현실적인 방법을 강구해야 했다.

'15만 원 사건'은 간도 지역에 사는 한인의 삶과도 연관이 있었다. 간도나 블라디보스토크로 이주했던 한인은 1860년대부터 피폐한 조선의 경제 상황과 부패한 관료의 학정 등 정치·경제적 박해와 궁핍에 시달리다 고향을 등지고 살길을 찾아 국경을 넘은 농민이 대부분이었다. 또한 1900년대에 들어서면서 일제의 주권 침입과 식민지 수탈에 항거하여 조국의 독립을 도모하기 위해 정치적 망명을 선택한 애국지사들이 그곳으로 모여들었다.

따라서 간도에 거주하는 한인들에게는 자연스럽게 봉건주의에 반대하고 일제를 배척하는 사상이 형성되었다. 특히 북간도 지역은 일제에 대한 적개심이 전체 한인의 집단적 민족주의로 나타났고, 식민지 지배하에서의 민족주의는 열혈 청년들에게 빼앗긴 조국을 되찾기 위한 사상적 토대가 되었다. 그곳 동포들이 모이면 목이 터지도록 다음과 같은 노래를 부르며 서로를 위로하고 한편으로는 독립에 대한 의지를 다진 것도 그 예였다.

이곳은 우리나라 아니건만

무엇을 바라고 여기 왔는고
자손의 거름 될 이 내 독립군
설 땅이 없지만 희망 있네

두만강 건너를 살펴보니
금수강산은 빛을 잃었고
신성한 단군 자손 우리 동포는
왜놈의 철망에 걸려 있구나

조국을 잃고 가는 영혼은
천당도 도리어 지옥 되리니
이 말을 잊지 말고 분진하면
한반도 강산을 회복하리라

나무 찍는 마음마다 원수 찍는 마음이요

간도의 한인 사회에서 독립에 대한 의지는 무장투쟁을 선택할 정도로 강렬했고, 3·1만세운동의 경험이 결정적인 계기가 된 것으로 전한다. 간도 지역에서는 1919년 3월 12일 룽징 교외에서 대대적으로 독립선언식을 거행했다. 당시 한인들은 맹렬하게 만세운동을 벌였으나 만세시위를 시작할 때부터 중국 군대의 발포로 28명이 죽거나 다쳤다. 그중에는 어린 학생들도 있었다.

많은 희생자가 발생한 만세시위를 목격하고 격분한 청년들은 "만세시위와 같은 평화적 방법으로는 독립운동에 실질적인 힘이 될 수 없다. 무력에는 무력으로 대항해야 한다"라며 무장투쟁의 필요성을 절감했다. 이러한 분위기는 간도국민회를 비롯해 북로군정서北路軍政署, 군무도독부軍務都督府, 의민단義民團, 의군부義軍府, 대한정의군정사大韓正義軍政司, 철혈광복단 등 20여 단체가 각지에서 조직되고 무장투쟁으로 노선 전환을 선언하는 데 커다란 영향을 미쳤다. 그러나 의지만으로 조직적인 항일부대로 활동하기에는 한계가 있었다. 겨우 목총木銃으로 훈련받거나 단총短銃 몇 자루씩 가지고 있는 것이 전부였기에 청년들은 실제 총기를 만져보는 것이 평생의 소원일 정도로 여건이 열악했다. 따라서 항일 무장단체의 조직과 운영을 위해서는 결사대 모집과 훈련 등에 따르는 막대한 자금이 필요했다.

'15만 원 사건'의 주모자들 역시 1919년 2월 최봉설을 비롯해 임국정·윤준희·한상호 등과 함께 철혈광복단을 조직해 결사대원을 모집했다. 그들은 국내에서의 3·1운동 소식을 접하고 룽징에서 일어난 만세시위에도 적극적으로 참여했다. 그러나 한계를 느낀 그들은 간도의 월룡동臥龍洞에 있는 김하석金河錫의 집에서 군자금 모금 방법을 논의하기 위해 모였고, "무기 구입에 필요한 자금을 마련하기 위해서 조직적이고 희생적인 행동이 필요하고, 가장 빠르고 효과적인 방법은 바로 적의 수중에서 자금을 무력으로 탈취하는 것이다"라며 일본인이 우송하는 현금 배낭을 습격하자는 데 의견을 모았다. 그 자리에서 김하석은 "조선은행 회령지점에서 룽징출장소로 수시로 송금하고 있으니 이를 습격하자"라고 제안했고, 거사에 성공한 후 블라디보스토크로 가서 조선인이 경영하는 객점客店에 드나드는 백파군白派軍(소비에트 정권 반대파) 장교들이 유흥비를 마련하려고 파는 무기를 구입할 계획도 세웠다.

1920년 1월 2일 그들은 철혈광복단 동지로 조선은행 룽징출장소 서기로 일하던 전홍섭全弘燮에게 협조를 요청했고, 전홍섭은 1월 4~5일경 현금 15만 원이 마차로 운송될 예정이라는 정보를 전달했다. 단원들은 거사를 실행에 옮기기 위해 박세웅과 김준을 새로 포섭하여 두 개조로 나누었다. 그리고 윤준희·김준·박웅세가 권총과 마승麻繩(삼노끈)·철봉 등을 가지고 먼저 출발했고, 최봉설·한상호·임국정이 함께 무기를 휴대하고 거사 예정 장소인 룽징에서 2리 정도 떨어진 버드나무 숲에 매복하며 마차를 기다렸다.

먼저 떠난 일행이 마차가 오는지 정찰하다가 두 필의 말이 끄는 마차가 달려오는 것을 발견했다. 청년 단원들은 권총 10여 발을 발사하며 마차를 쫓기 시작했다. 마차에는 일본인 순사 세 명과 한인 순사 한 명 그리고 회령지점의 한인 서기 김용억과 회령의 한인 상인 진길풍 등 여섯 명이 타고 있었다. 양측 사이에 총격전이 벌어졌고, 그 과정에서 호송대 순사가 관통상을 입고 현장에서 사망했고, 총상을 입은 상인 진길풍이 다음 날 사망했다. 그러나 청년 단원들은 모두 무사했고, 수송하던 말 두 필과 현금을 성공적으로 빼앗았다. 현금은 5원짜리 200장을 묶은 1천 원 다발 100개, 10원짜리 100장을 묶은 1천 원 다발 50개였다.

鮮銀會寧支店의 十五萬圓事件
그후의 자세한 모든 후보
十五萬圓을 運搬하든 光景
곡물과 갓치 실어가지고
犯人은 十五名의 鮮人
強盜…… 十五萬圓
강탈도주히 됴선은힝돈
犯人逮捕는 當局의 活動만
기다린다고

「강도… 15만 원」
_강탈 도주해 조선은행 돈
(<매일신보>, 1920. 01. 08.)

「조선 회령지점의 15만 원 사건」
_그후의 자세한 모든 후보
_15만 원을 운반하던 광경, 곡물과 같이 실어가지고
_범인은 15명의 조선인
(<매일신보>, 1920. 01. 28.)

150억 원에 달하는 거금을 강탈하다

당시 15만 원은 현재 가치로 따지면 최소 150억 원에서 최대 250억 원에 달하는 거금이었다. 블라디보스토크에서 은밀하게 거래되던 소총 한 자루와 탄환 100발이 30원, 공용화기 기관총 1문이 200원이었다는 사실을 감안하면 약 1천 명 규모의 독립군을 무장시키고도 남는 금액이었고, 북로군정서 규모의 독립군 부대를 9개나 무장할 수 있을 만큼 어마어마한 자금이었다.

현금 탈취에 성공한 단원들은 일제의 추적을 피하기 위해 거사 후 독립적으로 활동하자는 약속에 따라 박웅세와 김준은 다른 네 명과 떨어져서 즉시 집으로 돌아갔다. 나머지 네 명은 강행군으로 새벽 3시경 월롱통에 도착하여 최이붕의 집 뒷산 가둑나무(떡갈나무) 숲속 귀틀집에서 저녁 8시까지 잠을 잔 후 탈취한 말을 버리고 각자 현금을 나누어서 짊어지고 길을 나섰다. 그들은 다음 날인 1월 5일 이란거우依蘭溝 리우차이춘柳菜村에서 김하석을 만나 블라디보스토크로 출발하기 위한 준비를 했다. 모든 준비를 마친 윤준희·최이붕·한상호·임국정 등 네 명은 김하석과 함께 1월 10일 돈을 나누어서 휴대하고 출발해 1월 23일 블라디보스토크에 도착했다. 그들은 한인들이 집단 거주하는 신한촌新韓村에 숙소를 정한 후 1월 28일 임국정과 김하석이 조선은행권을 휴대하고 권총 2천 정을 신속하게 구입할 수 있는 거래처를 알아보기 위해 외출했다.

한편 일제는 사건의 대담성으로 보아 "독립운동가들의 무기 구입 등 독립운동 자금 마련과 연관 있다"라고 판단하고 주동자의 색출에 나섰다. 수사에는 일본 영사관을 비롯해 일제 관헌들이 대거 동원되었고, 범인 검거를 위해 중국 경찰의 협조까지 받으며 40~50명씩 작당하여 간도와 함경북도 일대를 대대적으로 수색했다. 이들은 길이나 고개에서 사람들의 몸을 뒤지고 구타하는 등의 검문·검색은 기본이었고, 길을 차단하여 지역 교통을 마비시켰는가 하면, 밤낮을 가리지 않고 수십 명에서 100여 명의 경찰이 총을 쏘며 마을을 수색했다. 그 과정에서 민가에 들어가 노인과 어린아이 가슴에 총을 겨누며 협박하면서 조금이라도 이상한 점이 있는 한인 농민들을 체포하여 온갖 악형惡刑을 가하는 등 한인 사회를 불안에 휩싸이게 했다. 그렇게 사건 직후부터 많은 한인이 체포되어 치도곤을 당했다.

사건 발생 이틀 후인 1월 6일 일제는 경찰 36명과 지방 순경 57명을 동원하여 월롱통을 수색하면서 사건의 단서를 찾아냈으나 혐의자들은 이미 경계망을 벗어난 후였다. 그러나 일제 경찰은 마침내 조선은행 롱징출장소 서기 전홍섭이 관련되어 있다는 단서를 찾아냈고, 그를 체포하여 심문한 끝에 사건 주동자들의 대략적인 신상이 드러났다. 그리고 수사 과정에서 블라디보스토크 주재 일본 영사관의 기토 가쓰미木藤克己 통역관으로부터 "한인 청년들이 신한촌에 머물며 권총 구입을 의뢰했다"라는 정보를 입수하자 즉각 조선의 나진에서 해군 군함을 블라디보스토크로 파견하고 범인을 일망타진하기 위해 주도면밀하게 계획을 세웠다. 당시 일본군이 시베리아에 출병하고 있었기 때문에 러시아령에 주둔하고 있던 일제의 헌병대도 파견되어 윤준희 등이 자고 있던 숙소를 물샐틈없이 포위했다.

1월 31일 새벽 3시 헌병대가 방문을 열고 급습하여 자고 있던 청년들을 깨웠다. 당시 윤준희 등은 무기 구입을 교섭하며 연회에서 술을 마시고 귀가하여 정신없이 자고 있었다. 다만 최봉설은 일행을 깨우는 소리에 잠옷 바람으로 손을 들고 일어서면서 권총을 든 헌병을 발로 걷어차고 재빨리 밖으로 달아났다. 밖에서 숙소를 포위하고 있던 헌병들이 뛰어가는 최봉설을 향해 일제히 사격했지만, 다행히 어깨에만 총상을 입은 최봉설은 피를 흘리며 탈출에 성공했다. 그러나 임국정·윤준희·한상호 등 나머지 세 사람은 그 자리에서 체포되었고, 13만 원과 권총·탄약 등은 압수되고 말았다.

會寧鮮銀支店의 十五万圓强奪犯

海參威에서 五名逮捕

십삼만원은당장에압수

총과탄약까지몰수햇다

赤池警務局長談

嫌疑者全洪燮은

犯人五名을逮捕

犯人海參威出現

「회령 조은지점의 15만 원 강탈범」
_해삼위에서 5명 체포, 13만 원은 당장에 압수, 총기 탄약까지 몰수했다
_조선은행의 손실은 의외에 적어
(<매일신보>, 1920. 02. 06.)

'대한독립 만세'를 외치며 웃음으로 최후를 맞다

일제 헌병대는 체포한 세 명을 신속하게 배편을 이용하여 직접 청진으로 압송했다. 이후 그들은 청진지방법원에서 강도 살인죄로 사형을 선고받았다. 판결에 불복한 세 사람은 서대문형무소로 이감되어 재심을 받았

으나 경성복심법원에서 사형이 확정되었다. 이후 세 사람은 교수형을 기다리며 서대문형무소에서 8개월 동안 수감 생활을 했고, 교수대에서 '대한독립 만세'를 외치며 만족한 웃음으로 최후를 맞았다. 그때가 1921년 8월 25일로 윤희준은 30세, 임국정은 27세, 한상호는 23세의 한창 꽃다운 나이였다.

1921년 12월 27일 자 〈동아일보〉에 따르면 1921년 한 해 동안 서대문형무소에서 19명의 사형이 집행되었는데, 그중 독립운동가는 여섯 명으로 여기에 이 세 사람도 포함되어 있었다. 사형이 집행된 후 세 사람은 서대문형무소에 수감되었던 사형수가 묻히는 서대문 밖의 고택골(지금의 은평구 신사동) 공동묘지에 묻혔다. 고택高宅골은 원래 고씨 성을 가진 사람이 많이 살아서 생긴 지명으로 전한다. 그리고 죽음을 뜻하는 '골로 가다'는 '고택골로 가다'의 준말이라는 이야기도 전하는데, 고택골에 화장터와 공동묘지가 많아 고택골로 간다고 하면 당연히 죽음이 연상되었기 때문이다.

일제의 비밀 유지로 세 사람의 시신이 묻힌 묘지 위치는 알 수 없지만, 광복 후인 1946년 8월 25일 세 사람의 기일을 맞아 26년 만에 처음으로 추념식이 거행되었다. 그리고 1964년 12월 9일 국립묘지로 위패가 옮겨졌고, 1966년 11월 23일 동작동 국립묘지에 안장되었다.

한편 총상을 입고도 구사일생으로 일제의 경계망을 벗어난 최봉설은 상처가 완치된 후 세 사람이 서대문형무소로 이감되었다는 소식을 듣고 그들을 구출하기 위해 목숨을 걸고 국내로 잠입했다. 경성에 도착한 그는 함께 거사를 실행할 동지들을 백방으로 찾았다. 그러나 뜻을 이루지 못하자 눈물을 머금고 간도로 다시 돌아가서 최계립으로 개명하고 독립운동을 계속했다. 이후 그는 최계립 외에도 최이붕, 최익룡, 최일륜 등의 별칭을 사용했다.

최계립은 적기단赤旗團을 조직하여 단장에 선임되었고 연해주 한인회 회장 등으로 활동했으나, 스탈린의 한인 중앙아시아 강제 이주 정책으로 1937년 우즈베키스탄공화국의 호라즘 갈대밭으로 이주당했다. 그는 그곳에서도 독립을 위해 활동하다 1973년 카자흐스탄의 심켄트에서 사망했다. 현재 그는 심켄트의 정교회 공동묘지에 잠들어 있으며, 후손은 중국 옌지와 심켄트에 흩어져 사는 것으로 전한다.

이외에도 현금 수송 정보를 제공하여 작전의 성공에 결정적인 역할을 했던 전홍섭은 체포된 후 잔혹한 고문을 받았지만, 2주 동안 입을 열지 않아 청년 단원들에게 시간을 벌어준 것으로 전한다. 이후 그는 재판에서 무기징역을 선고받고 수감 생활을 하다가 15년 형으로 감형되었고, 이후 병이 나서 보석으로 풀려난 후 블라디보스토크로 망명하여 독립운동에 투신했다. 그리고 체포를 면했던 김준은 뛰어난 문필력으로 언론인이자 작가로 활동하며 소련의 연해주와 중앙아시아 한인 사회를 대표하는 문학가이자 언론인으로 인정받았다.

비록 완전하게 성공하지는 못했지만 통쾌함을 전하다

'15만 원 사건'은 비록 완전한 성공을 거두지는 못했지만 "독립운동가들이 대담하게 일제의 조선은행 자금을 무기 구입 등 독립운동 자금으로 활용하기 위해 거금을 탈취했다"는 점에서 일제 당국에 큰 충격을 주었고, 국내외 독립운동가와 동포에게는 그야말로 통쾌한 소식을 전해준 역사적 사건이었다. 그래서 오랫동안 많은 사람의 입에 오르내렸고, 광복 후에도 중앙아시아 고려인 사회와 북간도 지역에서 일제강점기 무력투쟁을 회고

할 때 자주 인용될 정도로 최고의 화젯거리였다. 그러나 이 사건은 일제의 적극적인 통제로 구체적인 내용이 보도되지 못했고, 관련자들이 사형을 당하거나 일제의 감시 등으로 정확한 내용이 알려지지 못하다가 광복 후 생존자들의 노력으로 구체적인 내용이 세상에 알려졌다.

최계립은 1959년 1월 사건 40주년을 기념하여 「간도 15만 원 사건에 대한 40주년을 맞으면서」라는 글을 발표했다. 또한 김준은 1955년부터 5년간 이 사건을 소설로 연재하며 중앙아시아 고려인 사회에 소개했고, 이를 모아서 1964년 카자흐스탄 알마티에서 장편소설 『십오만원 사건』을 단행본으로 출간했다. 이 작품은 카자흐스탄에서 출간된 중앙아시아 고려인이 쓴 최초의 장편소설로, 고려인 문단에서 "소비에트 문학에서 처음 조선말로 쓴 조선 작가의 큰 작품"이라는 평가를 받았고, 1971년 러시아어로 번역되어 『조선 소나무』라는 제목으로 출판되었다. 이외에도 중국에서 리영순은 1982년 『조선족 100년 사화』(제1집)에 이 사건을 정리한 「15만 원 탈취기」를 발표했고, 유병호는 「불사조 최봉설」에서 이 사건을 간략하게 소개했다.

그럼에도 '15만 원 사건'의 관련자들이 사건 발생 후 불과 27일 만에 체포되어 모든 계획이 수포로 돌아갔다는 사실은 너무나 허망하다. 특히 독립운동과 관련해서 많은 사건이 실패한 이면에는 대부분 밀고자나 밀정의 활동이 있었다는 것을 감안하면 주동자들이 체포되는 과정에서 몇 가지 의문이 제기된다.

무엇보다도 사건의 주모자들이 무방비 상태에서 저항도 해보지 못하고 체포되어 사건이 종료되었고, 그 과정에서 일본 헌병대는 조금의 희생도 치르지 않았다는 점이다. 따라서 당시 사건 주모자들을 쉽게 체포할 수 있도록 협조한 자들이 있었을 가능성을 배제할 수 없다. 여기에 훗날 엄인섭嚴仁燮이 했다는 말과 일제가 남긴 사건 관련 기록도 밀정에 대한 의문을 더하고 있다. 예를 들면 블라디보스토크 주재 일본 영사관에서 "이 사건의 주동자들이 신한촌에 들어와 무기 구입을 추진하고 있다"라는 첩보를 접한 것은 청년 단원들이 그곳에 도착한 지 5일이 지난 1920년 1월 28일이었다. 그리고 다시 3일이 더 지난 1월 31일 새벽 3시에 작전을 개시하여 주모자들을 검거했음에도 1920년 2월 2일 일본 측이 작성한 보고서에는 일본 영사관에 누가 어떻게 정보를 제공했는지 등 정보를 입수한 경위에 관한 기록이 없다.

다만 일제의 정보 기록에는 '우리 밀정'이라고만 되어 있다. 그리고 대표적인 예로 사건 이후 엄인섭이 일제의 밀정으로 의심받았다. 결정적인 증거는 없지만, 정황상 북로군정서 사령관 김좌진의 비서 임무를 수행하던 그가 정보 입수에 유리했고, 그 사실을 밀고했을 가능성이 크다고 추정하고 있다.

일제의 정보에 '우리 밀정'이라고 기록하다

엄인섭은 처음부터 일제의 밀정으로 활동한 것이 아니었다. 1875년 함경북도 경흥에서 태어난 그는 어린 시절 러시아 연해주로 이주했다. 이후 그는 러시아가 만주를 침략할 때 남만주 지방에 주둔한 러시아 군대에 종군했고, 공훈을 인정받아 러시아 정부가 주는 훈장도 받았다. 러일전쟁 당시에는 러시아군 통역으로 복무했고 항일운동에도 참여하여 한때 일제가 가장 위험한 인물이라고 지목할 정도로 대표적인 함경도 출신 독립운동가였다.

엄인섭은 독립운동 초기에 이범윤, 안중근 등과 함께 의병을 이끌고 일본 수비대와 싸웠고, 연해주 각지의 동포 사회를 순방하며 항일 의병을 모집하고 총기와 자금 모금 활동에도 참여했다. 1908년 여름에는 국내로 진공할 의병부대 지휘부에서 좌영장左營將 직책을 맡았다. 당시 우영장右營將은 안중근이었다. 그는 360여 명의 의병과 함께 러시아에 조성된 최초의 한인 마을 지신허地新墟(레자노보)에서 3주가량 훈련을 마치고 7월에 국내로 진입하여 함경북도 신아산에 주둔한 일본군 수비대를 공격하여 첫 승리를 거두었다. 1909년 4월에는 엄인섭이 "이토 히로부미를 암살하기 위해서 손가락을 자르며 맹세하는 단지斷指를 했다"라는 그에 관한 일본 관헌의 기록도 있으며, 같은 해 이범진李範晉, 1852~1911·이범윤의 사자使者 김영선金榮璿, 1878~?과 함께 경성에서 고종을 은밀하게 만나 밀서를 받았다는 이야기도 전한다. 그리고 안중근이 이토 히로부미를 암살한 후에는 연해주로 건너갔고, 1910년대 전반기에 러시아 연해주 한인의 자치기관으로 러시아 당국의 공인을 받았던 권업회勸業會의 간부로 활동했다.

엄인섭은 강제 병합이 이루어진 1910년 후반기에 변절자가 된 것으로 보고 있다. 그 무렵 엄인섭은 권업회의 간부로 활동하면서 일제의 밀정 노릇을 한 것으로 전한다. 예를 들면 그가 러시아 경찰을 도와 이범윤 체포에 관여했다는 사실을 확인할 수 있다. 또 홍범도洪範圖, 1868~1943는 자신에게 귀순 공작을 벌였던 북청 수비대 소속 제3순사대장 임재덕을 처단하고 이후 러시아령 블라디보스토크에 망명하여 권업회 간부로 활동했는데, 당시 일제 관헌은 밀정 엄인섭을 이용해서 홍범도를 체포하려고 했으나 실패한 것으로 전한다.

특히 엄인섭은 1911년 4월경부터 일본 총영사관에 독립운동 관련 정보를 팔았고, 일본 총영사관 기토 통역관이 그를 관리한 것으로 보고 있다.

1911년 6월에 일본 총영사관은 유진율俞鎭律, 1866~?이 편집인 겸 발행인이고 신채호가 주필이었던 한글 신문 〈대양보大洋報〉의 발행을 방해하기 위해 엄인섭에게 인쇄 활자를 훔치도록 지시했다. 당시 〈대양보〉에는 일제의 조선 통치를 신랄하게 공격하는 기사가 가득했기 때문이다. 엄인섭은 같은 해 9월 〈대양보〉의 활자 1만 5000개를 훔쳐 기토 통역관에게 건네주었다. 그로 인해 〈대양보〉의 발간이 중단되었고, 결국 정간되었다.

또한 1910년대 블라디보스토크 주재 일본 총영사관에서 작성한 기밀문서의 정보 가운데 엄인섭이 제공한 것이 많다고 한다. 그뿐만 아니라 엄인섭은 민족운동가들에게 체포된 일제의 밀정들을 탈출시키는 일에도 참여했다. 1911년 6월 초에는 간도 총영사관에서 파견한 밀정 서영선을 탈출시켰고, 같은 해 8월에는 일본 밀정 김기양을 구출하라는 일본 총영사관의 지시를 받고 그를 빼내려고 시도했으나 심문 현장에 늦게 도착하는 바람에 실패 한 일도 있었다.

이외에도 제1차 세계대전이 일어나면서 러시아와 일본이 동맹국 관계로 발전하자 이동휘를 중심으로 러시아와 중국에 거주하던 한인들이 조직한 '애국저금단'과 '북빈의용단'과 관련된 정보를 일본 총영사관 스나가 통역생에게 제공했고, 이 정보는 후에 이동휘를 체포하고 구금하는 근거로 활용되었다. 그리고 블라디보스토크 일본 총영사는 1914년 9월 러시아 정부에 지부를 포함한 권업회(지부도 포함)와 합성회사의 해산, 〈권업신문勸業新聞〉과 〈대한인정교보大韓人正教報〉의 발행 금지, 불령선인不逞鮮人 퇴거 처분 등을 요구했다. 그때 일본 총영사는 퇴거 대상으로 일제에 저항한 한인들을 등급으로 나누어 1급 22명, 2급 18명, 3급 10명 등 총 40명의 명단을 제출했는데, 여기에 엄인섭의 이름은 없었다.

밀정인가, 기회주의자인가

엄인섭은 밀정 노릇을 하면서도 계속 독립운동가로 행세했다. 1912년 1월에는 국권 회복의 목적을 함께한다는 의미로 홍범도·이범석·유상돈을 비롯한 20여 명과 '21의형제'를 맺었고, 같은 달 김립·박동원·최의수·고명호·오봉화 등과 '6의형제'를 결의했다. 이외에도 그는 안중근과도 의형제를 맺는 등 독립운동가들과 친분관계를 유지하고 비밀결사에 관여하여 신뢰를 쌓았다. 이러한 관계를 기반으로 3·1운동 당시 파리강화회의 대표 파견, 선언서 선포, 의병의 국내 진입 등과 같은 계획을 논의하는 자리에 참석했으며, 블라디보스토크 신한촌에 있던 그의 집은 최재형 등 주요 독립운동가들의 집결 장소로 활용되었다.

이처럼 엄인섭은 독립운동가로 행세하면서 수집한 항일단체들에 관한 비밀 정보를 일제에 넘겼다. 예를 들면 훈춘琿春에서 한국과 중국의 항일운동가 33명이 조직한 둔전영屯田營의 창립총회에 블라디보스토크 대표로 참석하여 수집한 정보를 일제에 제공했고, 러시아 혁명 이후인 1917년 5월에는 치타의 이강·백원보·박영갑과 블라디보스토크의 조응순·최병숙·김학만·서상구 등이 '을사늑약' 체결 당시 주한 공사였다가 주중 공사로 베이징에 주재하고 있던 하야시 곤스케를 암살하려는 계획을 추진했을 때, 엄인섭은 의형제를 맺은 조응순趙應順, 1884~?이 자신에게 보낸 서한 등을 블라디보스토크 일본 총영사관에 전달하고 직접 조응순의 활동을 저지하기 위해 나섰다.

엄인섭은 외부인들에게 "성격이 포악하여 살상을 뜻대로 했다", "사격술이 매우 뛰어났다" 등의 평가를 받았고, 러시아 지방 관청은 "속이기와 카드놀이에 아주 능한 사람이며 방탕하다"라고 평가했다. 그리고 러시아연

방 외무부 산하 '제정러시아 대외정책자료 보관소'에 있는, 1909년 1월 30일 문관 짐이라는 한국어 통역관이 국경 행정관에게 보낸 문서에는 "술수를 잘 부리고 투전꾼이며 본처 이외에 몇 명의 첩을 거느렸으며, 품행이 아주 좋지 못하다"라는 내용도 보인다.

그런데 엄인섭은 1914년 2월 권업회 총회에서 의사원 후보 세 명 가운데 한 사람으로 선출되었고, 같은 해 3월 권업회와 신한촌민회의 통합총회에서 최재형의 후임을 뽑는 회장 선거에서 최다득표인 31표를 얻었으나 사퇴하여 26표를 얻은 차점자가 회장에 선임된 일도 있었다. 엄인섭이 이처럼 한인 단체 회장 선거에서 최다 득표를 얻었다는 것은 그가 일제의 밀정이라는 신분을 숨기고 독립운동가로 철저하게 위장하여 주변의 신임을 얻을 정도로 노련하게 처신했음을 의미한다. 심지어 조선총독부 데라우치 마사타케 총독이 일본 외무대신에게 보낸 총 30명의 러시아 추방 대상자 명단에 엄인섭이 들어 있을 정도로 그는 일제의 관리들에게도 신분이 노출되지 않은 채 블라디보스토크 일본 총영사관의 지시를 받으며 은밀하게 밀정으로 활동했다.

엄인섭의 밀정 행위는 3·1운동 이후까지 오래 지속되었다. 그가 일제의 밀정이라는 사실은 1920년 '간도 15만 원 사건'을 계기로 알려졌다. 당시 사건의 주모자들에게 엄인섭이 애국자를 자칭하며 도와주겠다고 접근했고, 그들이 체포되던 날에는 거짓말을 하여 지니고 있던 권총을 두고 외출하게 하는 등 무장을 해제시킨 후 일본 영사관에 밀고하여 헌병대가 그들을 급습하도록 했던 것으로 추정하고 있다.

그러나 '15만 원 사건' 이후 엄인섭의 행적은 확실하지 않다. 다만 그가 일제의 밀정이라는 의혹이 점차 표면으로 드러났다. '15만 원 사건'의 주동자가 체포된 1월 31일에 러시아 혁명으로 소비에트 정권이 수립된 영향으로 블라디보스토크에서도 혁명정부가 수립되었고, 하리노토프 블라디보스토크 경찰서장은 신한촌민회를 방문해 한인들에게 일제의 밀정 명부 제출을 요청했다. 이에 한인회 간부 장도정張道政 등이 1920년 2월 일제의 밀정 혐의자로 50명의 명단을 작성하면서 특히 혐의가 무거운 20명을 추렸는데, 거기에 엄인섭이 포함되었다.

그리고 이 사건의 핵심 관계자 가운데 체포되지 않았던 최봉설은 훗날 1956년 북간도 옌지를 여행할 때 훈춘의 정 포수라는 노인에게 "엄인섭은 1922년 일제가 시베리아에서 철수할 때 일본군을 따라 연해주를 떠나 함경북도 경흥으로 도망쳤지만 일본어를 몰라 밀정직에서 해직되었고, 이후 훈춘으로 왔으나 가는 곳마다 '15만 원 사건 당시의 일본 정탐 놈'이라고 사람들로부터 손가락질당하며 비난받다가 결국 1936년 여름 훈춘에서 피를 토하며 죽었다"라는 이야기를 들었다고 한다. 그때 엄인섭의 나이 52세였다.

피를 토하고 죽으며 한마디 말을 남기다

'15만 원 사건'의 밀고자와 관련해서는 또 다른 의견도 있다. 사건 발생 후 3개월이 지난 1920년 4월 10일 상하이에서 간행된 〈독립신문〉에 실린 "블라디보스토크 주재 일본 영사관의 사환 김 모金某가 '15만 원 사건'의 주모자들 주소와 성명 그리고 무기 구입 등에 관해 상세하게 고발하고 포상까지 받았으나 얼마 후 참살당하여 시체가 밭에 버려졌다"라는 기사가 그 예다.

그리고 학계에서는 "당시 엄인섭이 밀고자였다는 점에는 의심의 여지가 없으나, 그는 강제 합병 이전부터 계속 반일운동을 펼쳐온 독립운동가가 아니라 동명이인일 가능성도 배제할 수 없다"는 견해도 있다. 또 "엄인섭이 죽을 때 '내가 김하석의 말을 듣다가 천추만대에 왜놈 정탐배로 죽는다'는 말을 남겼다"라고 해서 김하석도 의심을 받았다.

그런데 김하석과 관련된 자료는 많지 않다. 다만 그가 사회주의 운동가로 1921년 2월 대한국민의회大韓國民議會의 군정부장을 역임한 것으로 보아 이르쿠츠크 한인 집단의 지도적 위치에 있었던 대표적인 이르쿠츠크파의 지략가로 추정하고 있다. 또한 그는 뤄쯔거우羅子溝 무관학교에서 교사로 활동하며 '15만 원 사건'의 주모자들을 가르쳤으며 철혈광복단의 지도자였던 것으로 전한다. 이러한 인연으로 '15만원 사건' 주동자들과 이전부터 가까이 지냈고, 처음부터 '15만 원 사건'의 논의 과정에 참여했다. 그리고 15만 원을 탈취한 후에는 주동자들을 사전에 약속한 중간 지점에서 만나 함께 블라디보스토크로 자금을 운반한 뒤 신한촌에서 그들의 거처를 알선했으며, 자금 배분과 사용처에 대해 일일이 지시한 것으로 전한다.

그러나 김하석은 "코민테른 동양 비서부장 스미야스키를 배경으로 시베리아에 진출한 상하이파 인물들을 체포·투옥하는 데 수완을 발휘했다"라는 지적을 받았고, 자유시 참변自由市慘變을 규탄하는 간도계 11개 단체의 성토문에서는 "김하석이 간도계 한국 독립군을 러시아 당국에 일본 밀정으로 고발했기 때문에 사정을 잘 모르는 러시아 군대가 한국 독립군에 총격을 가하게 되었다"라고 그를 고발했다. 최계립 역시 훗날 회상록에서 김하석을 일제의 밀정으로 단정하면서 대단히 기회주의적인 인물로 평가했다.

하지만 학계에서는 "김하석이 일제의 밀정이라는 구체적인 근거는 미약하다"는 것이 다수의 견해다. 대표적인 예로 주동자들이 체포되고 2주 후인 1920년 2월 13일 블라디보스토크 경찰서장 하리노토프가 신한촌민회를 방문하여 11명의 한인과 대담했는데, 그 자리에서 일제의 정탐 문제가 거론되었다. 당시 한인 지도자들은 2월 18일 하리노토프에게 일제의 밀정 혐의자로 지목한 20명의 한인 명단을 건네주었다. 그런데 그 명단을 심사한 전형위원 일곱 명 가운데 김하석이 포함되어 있었고, 1920년 2월 2일 작성된 첩보에는 김하석이 일제의 수배 대상에 포함되어 있었다. 그리고 1921년 말 작성된 것으로 보이는 장도정의 「고려공산당의 연혁」에서는 김하석이 '15만 원 사건'의 주동자들을 제대로 보호하지 못한 책임을 지적했지만 그를 일제의 정탐꾼으로 규정하지는 않았다.

한편 혁명정부가 수립된 직후 한인 지도부는 러시아 혁명 사령부를 방문해 일본 헌병대가 체포한 윤준희 등 '15만 원 사건' 관련 한인 애국 청년 지사들의 석방을 요구했다. 그리고 일제의 헌병대가 신한촌에 난입하여 주동자들을 체포한 것은 러시아 국권을 유린한 것으로, 앞으로 이와 유사한 일을 예방하기 위해 한인 혁명가들에게 무기를 공급해줄 것을 요구했다. 하지만 요구가 받아들여지지 않자 대신 러시아 군대의 파견을 요청했고, 러시아 혁명 세력은 이를 수락하여 우선 10여 기의 러시아 기병이 신한촌을 순시하도록 했다. 그리고 3월 7일부터 45명의 러시아 군인이 신한촌에 파견되어 한인 주요 기관에 주둔하며 경비를 선 것으로 전한다.

2부

3·1운동, 삶을 송두리째 바꾸다

경성 시내 한복판에서 3·1운동을 준비하다

_이종일

철통 보안 속에서 윤전기가 돌아가다

3·1운동 때 배포된 「독립선언서」는 일제의 식민 지배에 맞서 전 세계에 우리의 독립 의지를 전하기 위해 모두 1,762자로 작성되었고, 만세운동이 전국으로 확산되는 데 중요한 역할을 담당했다. 그런데 「독립선언서」가 1919년 3월 1일 일반인의 손에 들어가기까지 누가, 언제, 어디서, 어떻게 제작하여 배포되었는지 아는 사람은 많지 않다.

「독립선언서」는 "국내적으로 전 민족을 분기시키고, 국외적으로 전 세계를 향해 독립해야 하는 이유와 독립을 위해 싸우겠다는 결의를 표명하는 중대한 선언이 되어야 한다"라는 데 의견을 모으고, 최린崔麟, 1878~1958이 그와 같은 중대한 글을 지을 사람으로 최남선崔南善, 1890~1957을 추천한 것으로 전한다. 그 무렵 최남선은 전국적으로 동서양의 학문과 문장력이 뛰어나다고 인정받는 지식인이었다.

당시 최남선이 "일생을 학자로 마칠 생각이라 독립운동의 표면에 나서지는 못하지만, 선언서는 작성하겠다"라고 하자, 한용운韓龍雲, 1879~1944은 "독립운동을 책임질 수 없는 사람이 선언서를 작성하는 것은 옳지 않다"라는 이유로 반대했다. 그러나 이미 선언서의 초고가 완성되어 손질이 끝난 상태였기 때문에 「독립선언서」 뒷부분에 공약 3장을 한용운이 추가하여 3·1운동의 의미와 전 국민의 독립 의지를 분명하게 확인하는 선언으로 마무리되었다고 전한다.

하지만 이것으로 3·1운동의 준비를 모두 마친 것은 아니었다. 「독립선언서」의 제작과 배포 문제도 중요했다. 특히 양질의 상태로 대량으로 인쇄하는 것이 우선적 과제였다. 그러나 극비리에 신속하게 작업을 진행해야 하는 당시의 상황과 인쇄기술을 감안하면 결코 쉬운 일은 아니었다. 그 과정에서 '보성사普成社'라는 인쇄소와 '이종일李鍾一, 1858~1925'이라는 인물이 등장했다.

천도교에서는 중앙교당에 창신사彰新社라는 인쇄소를 설립·운영하면서 천도교 관계 서적과 기관지 〈천도교월보天道教月報〉를 간행했다. 그리고 1910년 말에 천도교에서 보성학원 경영권을 인수하면서 그 학교에 속해 있던 인쇄소인 보성사를 창신사와 병합하면서 보성사라는 명칭을 그대로 사용했다. 이후 보성사는 〈천도교월보〉와 교회 서적 및 학교 교과서 인쇄뿐만 아니라 "우리나라 출판문화 향상에도 크게 공헌했다"라는 평가를 받을 정도로 인쇄 규모와 수준이 뛰어났고, 당시 최남선이 설립한 광문회光文會의 신문관新文館과 더불어 인쇄계를 주도했다.

그러나 한때 보성사는 천도교 간부가 손병희孫秉熙, 1861~1922에게 폐쇄를 건의할 정도로 적자가 누적되어 경제적 어려움을 겪었지만 계속 운영되었다. 결과적으로 보성사가 3·1운동을 준비하는 과정에서 일제의 감시를 피해 「독립선언서」를 인쇄할 수 있었던 것은 손병희의 결단이 있었기에 가능했다.

3·1운동 후 최린이 법정에서 "(「독립선언서」는) 보성사 직공의 기술 부족으로 그 수일 전에 최남선이 자기가 경영하는 신문관 직공을 시켜 조판을 짜서 자기 집에 갖다두었다가 27일 보성사에 보내어 인쇄했다"라고 진술하여, 최남선이 기초한 「독립선언서」를 신문관에서 조판하여 3·1운동이 일어나기 이틀 전인 1919년 2월 27일 보성사로 넘겼고, 그날 보성사에서 직원이 모두 퇴근한 오후 6시 이후 극비리에 인쇄에 들어가 밤 11시가 못 되어 총 2만 1000부의 「독립선언서」 인쇄가 완료된 것으로 전한다.

파고다 공원과 함께 역사의 숨은 주역이 되다

「독립선언서」는 다음 날부터 배포되기 시작하여 3월 1일 파고다 공원에서 열린 독립선언식에서 배포가 완료되었다. 이렇게 보성사에서 인쇄된 「독립선언서」는 3·1운동이 경성을 시작으로 전국으로 확산하는 데 커다란 역할을 했으며, 보성사는 3·1운동의 상징적 의미를 지니게 된 파고다 공원과 비교될 정도로 역사적으로 숨은 주역이 되었다.

그러나 안타깝게도 지금은 보성사의 흔적조차 찾아볼 수 없다. 3·1운동이 일어나고 석 달 후인 6월 28일 밤 보성사가 의문의 화재로 건물이 흔적도 남지 않고 모두 불타버렸기 때문이다. 화재 원인은 끝까지 밝혀지지 않았으나 누군가 의도적으로 불을 질렀을 것이라는 의심만 할 뿐이다. 이후에도 보성사는 재건하지 못했고, 광복 후 현재의 조계사 후문 골목의 수송공원 한쪽 편에 보성사 터를 알리는 표지석이 세워졌다.

하지만 엄밀하게 보면 표지석 위치는 보성사가 있던 자리와는 차이가 있다. 종로구 수송동에 있던 보성고보와 보성전문학교가 다른 곳으로 이전하고 그 자리에 조계사가 자리 잡았는데, 당시 학교 후문이 지금의 조계사 정문으로, 회화나무와 백송이 그대로 남아 있다. 따라서 보성사는 현재의 조계사 경내, 즉 대웅전 앞마당 회화나무 옆에 있었던 것으로 추정하고 있다.

또 수송공원에는 3·1운동 기념비와 함께 보성사 사장 이종일의 동상이 세워져 있다. 이종일은 3·1운동 이전부터 천도교와 인연이 있었고, 3·1운동의 33인 중 한 사람으로 참여하여 천도교계로 분류된다. 하지만 그는 손병희나 최린 등 기존의 천도교 지도자들과는 결이 다른 인물이다.

이종일이 「독립선언서」의 인쇄와 배포 책임을 맡게 된 이유는 그가 단순히 천도교에서 운영하는 보성사 사장이었기 때문은 아니었다. 그는 근대라는 대격변기와 일제에 의한 강제 병합으로 식민지로 전락한 현실을 극복하기 위해 일찍부터 애국계몽운동에 적극적으로 참여하는 등 선각자적인 역사의식을 지니고 있었다.

이종일은 3·1운동으로 체포된 후 면회 온 보성사 총무 장효근에게 "보성사는 우리 민족운동의 온상이니 잘 재건해서 앞으로 큰일을 해야 할 것이오. 단순한 인쇄소가 아닌 민족운동의 요람처라는 긍지와 사명을 갖게 하시오. 언젠가는 그곳을 중심으로 다시 일을 도모해야 할 것이니…… 일찍이 동지들과 천도구국단天道救國團을 조직하여 활동하던 때를 환기해보오"라고 당부했다.

이처럼 이종일이 3·1운동 과정에서 보성사가 지니게 된 역사적 의미와 제2의 만세운동을 준비하는 과정에서 큰 힘이 될 것이라는 사실을 이미 간파하고 있었다는 것은 그의 역사의식을 보여주는 한 가지 사례다.

이종일이 천도교와 인연을 맺게 된 것도 그의 활동과 연관이 있다. 그가 말한 '천도구국단'이 그 예였다. 천도구국단은 경성에서 조직된 독립운동 단체로, 1898년 이종일이 조직한 '대한제국민력회大韓帝國民力會'의 장효근張孝根, 1867~1946과 김홍규金洪奎, 1888~1950 등 보성사 간부들이 중심으로 활동하는 민권운동 단체였으며, 주요 구성원으로 신영구, 박영신, 장종건, 인종익, 김홍렬, 안상덕 등 보성사 직원 30여 명, 〈천도교월보〉 주필 이종린, 천도교 장로로 3·1운동 당시 '민족대표 33인'에 포함된 이종훈·임예환·박준승 등 이종일과 가까운 인물들이 참여했다.

이처럼 이종일이 천도교 내에 자기 기반을 뿌리내릴 수 있었던 이유는 일찍부터 근대화에 대한 열망과 함께 일제의 침탈 야욕을 간파하고 나라의 미래를 걱정하며 대안을 모색하고 직접 실천에 나섰던 그의 삶과도 연관이 있었다.

교육과 신문을 통한 계몽운동에 적극 나서다

이종일의 호는 옥파沃坡, 천도교 도호道號는 묵암默庵 또는 천연자天然子다. 철종 9년인 1858년 충남 태안군 원북면 반계리에서 성주 이씨 집안의 장남으로 태어난 그는 어려서 한학을 공부했다. 그리고 열다섯 살 때 한양으로 상경하여 이듬해인 고종 11년(1874) 열여섯 살에 문과에 급제하여 관직 생활을 시작했다.

이후 10여 동안 관직 생활을 하며 특별한 활동이 보이지 않다가 스물다섯 살 때인 1882년 수신사 박영효와 함께 사절단의 일원으로 일본에 다녀온 후 그의 삶에 대전환이 일어났다. 당시 일본은 메이지 유신明治維新 이후 서양 문물의 영향으로 변화를 거듭하고 있었고, 이종일은 개화기 일본의 신문명을 보고 큰 충격을 받았다.

귀국 후 그는 유교적 사고에서 서서히 벗어나 개화의식이 싹트기 시작했고, 실학에 관심을 기울이는 등 사상적으로 큰 변화가 일어났다. 1896년에는 독립협회가 발족하자 기관지 〈독립신문〉의 논설을 집필하며 실학과 개화사상 전파에 적극 나섰다. 당시 그는 "우물 안 개구리에서 벗어나 세상을 보는 시야를 넓혀야 한다"라며 진취적 사고와 의식 개혁을 강조했을 뿐만 아니라 민족의식과 독립사상, 더 나아가 민권의식을 고취하기 위한 사회활동에 적극 참여했다.

1898년에는 나라가 중국·일본·러시아 및 구미 열강의 각축장이 되어 대단히 위태로운 상황에 처하자 민권 확립, 부국강병, 구국 활동을 주장하며 본격적으로 민중운동에 나섰다. 특히 같은 해 독립협회가 해산되자 개화사상을 민중에게 전파할 목적으로 민권운동 단체인 대한제국민력회를 조직하고 초대 회장으로 활동하면서 30여 명의 회원과 함께 종로에 나가 거리 연설을 하는 등 민중 계몽운동에 적극적으로 앞장섰다.

당시 그는 정부의 행정을 비판하면서 "우리나라 도지부道支部 재정과 군부軍部의 재정을 바르게 집행하고, 토지를 외국인에게 내주어서는 안 되며, 독립자주권을 지켜야 한다. ……독립자주권을 지키기 위해서는 무엇보다도 민력을 총합하여 부국과 국력의 신장을 꾀하는 것이 최선이다"라고 강조했다.

같은 해 7월에는 대한제국 내각의 자문기관으로 설치된 정3품 중추원 의관이라는 고위직에 올랐으나 국운이 기울어지는 것을 보고 관리의 역할보다 개화를 통해 나라의 힘을 기르는 것이 더 우선 과제라고 판단한 그는 10개월 만에 사직했다.

관직에서 물러난 이종일은 본격적으로 애국계몽운동에 뛰어들었다.

특히 나라가 개화되고 부강해지려면 무엇보다도 신교육이 중요하다고 생각했던 그는 관직에서 물러난 직후인 1898년 11월 24일 흥화학교를 설립했고, 1905년에는 보성학교 교장에 취임하는 등 7개 학교의 교장을 지낼 정도로 일찍부터 학교 설립과 교육을 통한 인재 육성에 적극 나섰다. 또 그는 1898년 〈제국신문帝國新聞〉을 창간하고 〈황성신문〉, 〈만세보萬歲報〉, 〈대한민보大韓民報〉 등에도 참여하는 등 신문을 문명과 개화를 촉진하는 중요한 도구로 활용했다. 특히 그가 직접 창간한 〈제국신문〉은 최초의 순한글 일간지로 구한말 5대지 중 하나로 꼽혔으며, 배제학당에서 신학문을 배운 이승만李承晩, 1875~1965도 창간에 참여했다.

이종일은 한학을 공부하여 문과에 급제할 정도로 한문에 능했음에도 한문 중심의 사고에서 벗어나 대중에게 더 쉽게 자신의 사상을 전파하기 위해 한글로 신문을 창간했다는 점도 주목된다. 비슷한 시기에 한문을 사용했던 〈황성신문〉이 지식인의 주목을 받았던 반면, 〈제국신문〉은 부녀자가 쉽게 접근할 수 있는 최초의 여성 일간지로 평가받은 이유도 여기에 있다.

본격적으로 사회운동을 벌이다

자신의 가산을 정리하여 발행에 투자한 〈제국신문〉에서 이종일은 사장 겸 기자로 활동하면서 일제의 탄압에도 굴하지 않고 정부의 무능과 일제의 수탈 야욕을 신랄하게 비판했다. 그러나 〈제국신문〉은 일제가 우리나라 신문을 탄압·통제하기 위해 제정한 「신문지법新聞紙法」과 운영상의 미비로 인해 광고 수입과 구독료를 제대로 수금하지 못해 결국 경영난으로 1907년 휴간에 들어갔다. 이후 독자들이 보내준 의연금 등 각종 지원으로 같은 해 10월 다시 간행되었으나 어려움을 극복하지 못하고 결국 1910년 폐간되고 말았다.

이종일은 1899년 만민공동회萬民共同會에도 참여하여 이상재李商在, 1851~1927, 윤치호尹致昊, 1866~1945 등과 함께 활동했다. 그리고 1905년 을사늑약이 체결되자 국권 상실에 큰 충격을 받은 그는 1906년 그동안 교분을 유지해오던 천도교에 정식으로 입교하여 〈천도교월보〉 발행과 집필 활동 등을 하며 사회참여 활동을 이어갔다. 이종일의 천도교 입교는 최학래의 권유라고 하는데, 그는 이미 〈제국신문〉 창간 때부터 손병희와도 교분이 있었다.

이종일은 스스로 우물 안 개구리가 되지 않기 위해서, 그리고 나라의 위기를 극복하기 위해서 꾸준하게 연구하고 주변국들의 상황에도 관심을 기울였다. 근대화를 위해 그가 실학에 관심을 기울인 것이 그 예다. 즉 이종일이 생각한 근대화는 단순히 서구 문물의 유입을 위한 개화와 개방이 아니라 실학과 동학사상에 뿌리를 두고 있었다. 그리고 그가 주목한 실학사상은 실생활에 도움을 주는 이용후생利用厚生과 실사구시實事求是를 기반으로 하고 있었고, 여기에 민족주의를 더하여 민권 이양, 자강 이념, 민력 부흥, 의식 개혁 등을 목표로 활동했다. 특히 구체적인 실천 방식으로 신학문을 통한 교육의 중요성을 강조하면서 ① 학교 설립의 시급성, ② 의무교육의 필요성과 학제 개편, ③ 교육의 기회균등이라는 세 가지 개혁안을 주장했다.

이종일은 "입헌군주제적 사고에서 민주공화제적 사고로 전환"되었다는 평가를 받을 정도로 근대적 국민국가 건설에도 관심을 기울였다. 그가 이미 1900년대에 들어와서 '황제'라는 용어를 전혀 사용하지 않았고, '국민을 위한 국가'를 세우려는 의지와 '정치의 근본은 백성'이라고 강조한 것이 그 예다. 그는 우리나라를 둘러싼 국제정세에도 관심을 기울였다. 국제정세를 능동적으로 활용해 독립운동에 유리한 기회로 삼기 위함이었다. 그는 독립협회가 폐쇄된 이후 황제를 통한 정치 개혁이나 국권 유지의 가능성이 희박하다고 판단했으며, 국권 유지와 문명화된 국가를 건설하기 위해서 '근대적 국민'을 주체로 설정했고, 러시아와 일본 사이에 전쟁이 일어날 가능성이 점차 현실화하자 이로 인한 국권 상실의 위기를 극복하기 위한 대비책으로 '자강·자주 세력의 배양'을 강조하기도 했다. 그는 또한 사회주의와 소련에 대한 일부의 기대에 대해서도 다음과 같이 날카롭게 지적했다.

> 듣건대 임시정부가 외교정책을 펴기 위하여 맹활약 중이라고 한다. 소련과 손잡고 독립 지원을 받으려고 여운형·안공근·한형권 등을 소련에 파견했다는 것이다. 레닌 정부로부터 독립운동의 원조를 받을 생각인 모양인데, 소련인을 잘 몰라서 추파를 던지는 것 같다. 북극 곰 소련의 응큼함이 어떤지 잘 모르는 사람들이 성급하게 교섭 운운하는 것이다. 기대를 걸 일이 못 되는데 서두르는 것 같게만 느껴진다.

이 글은 우리나라에 사회주의가 본격적으로 소개되기 직전인 1919년 12월 24일 『옥파비망록沃坡備忘錄』에 실렸다. 이후에도 그는 『옥파비망록』에서 "사회주의에 대해 신뢰하지 않는다"라며 사회주의에 대해 기대하지 않는 등 우리나라를 둘러싸고 있는 국제사회의 정세를 냉정하게 분석했다.

천도교에 주목한 이유는

이종일이 독립운동의 실천 방법으로 천도교에 주목했다는 점이 흥미롭다. 그가 천도교에 입교하게 된 것도 이와 연관이 있었다. 이종일은 민족운동 세력의 결집은 종교적 신념과 조직을 함께 연계하는 것이 가장 좋은 방법이라고 생각했다. 특히 천도교는 동학사상을 이어받은 정신적 뿌리와 손병희라는 리더십을 갖춘 지도자가 있었고, 전국적이고 대중적인 신도 조직의 결집력과 추진력 그리고 재정적인 기반도 든든했다. 따라서 천도교가 대중운동에 대단히 유리한 조건을 지니고 있다고 판단한 이종일은 이를 기반으로 이른바 삼갑三甲운동, 즉 1894년 갑오년의 동학농민운동과 1904년 갑진년의 개화신생활운동에 이어 1914년 갑인년에 다시 대대적인 민중운동의 재현을 구상했다.

그는 〈천도교월보〉에 기고한 수많은 천도교 관련 연구와 함께 보성사를 통해 출판문화운동을 하면서 언론 활동을 병행했고, 한편으로는 지하조직을 결성하는 등 천도교를 기반으로 하여 적극적으로 활동했다. 그가 조직하여 활동했던 천도구국단의 주된 기반이 현실적으로 민력회 회원과 보성사 사원들로 구성되는 등 "이종일의 구국운동은 1905년 천도교단에 입도하면서 본격화하고 한 단계 높은 차원으로 진전된 모습을 보이게 된다"는 평가를 받았다.

또 그는 대대적인 민중운동을 계획하면서 "무장항쟁을 준비해야 한다"고 강경론을 주장했다. 무장투쟁에 대한 이종일의 관심은 단순히 독립운동 방식이 더 강렬해졌거나 그전까지의 실천 방법을 모두 포기해서가 아니었다. 언제나 현실적 여건을 고려하여 가능한 방법을 찾아 실천에 옮겼고 때를 기다리며 준비하던 그가 무장투쟁에 주목하게 된 이유가 있었다.

그는 그동안 경험으로 볼 때 애국계몽운동만으로는 한계가 있다고 판단했다. 특히 1910년 일제에 의한 강제 합병으로 식민 지배를 받게 되자 큰 충격을 받은 그는 독립을 위해 좀 더 직접적이고 현실적인 방법을 고민했다. 또 나라의 주권을 빼앗기자 분노한 사람들이 줄을 이어 목숨을 끊는 것을 보고 "나는 죄인인데 죽지 못함이 못내 안타깝다. 그러나 기왕에 죽는 목숨이면 차라리 살아서 나라를 찾는 일에 신명을 바쳐야 하지 않을까"라며 자결을 선택하는 것보다 나라를 구하기 위해 목숨을 바쳐 적극적인 투쟁에 나설 것을 결심했다.

그는 점차 언론과 교육 등 온건한 방법의 실천을 통한 애국계몽운동에서 대중봉기의 필요성에 주목하는 급진적 사고로 전환하게 되면서 동학운동에 주목했다. 더 나아가 국내외 정세에도 관심을 기울였던 그는 제1차 세계대전이 발발하고 영일 동맹을 이유로 일본이 참전했지만 일본은 패전국이 될 것으로 전망했고, 이러한 국제정세의 변화에 따라 한국은 독립될 것이라고 확신했다.

이처럼 구한말부터 국권 회복을 위해 노력하면서 언론과 교육 활동을 통해 애국계몽운동을 벌였던 이종일은 마지막 순간까지 조국이 지향해야 할 바를 명확히 인식하고 올바른 방향을 정립하여 이를 직접 실천에 옮기며 전 생애를 바친 대표적인 한말의 우국지사였고, 일제의 식민 지배라는 현실의 모순과 억압 그리고 침탈이라는 구조를 타파하기 위해 적극적으로 대항한 독립운동가였다. 그런 점에서 그는 사상적 체계를 세우려는 사상가라기보다는 민족주의에 기반하여 자신의 신념을 실천에 옮기는 운동가였다.

대규모 민중항쟁을 준비했으나

이종일은 강제 합병이 이루어진 1910년부터 줄곧 독립을 위한 대규모 민중봉기를 준비했다. 특히 1913년부터 무장항쟁을 준비하기 위해 무기 구입과 군자금 모금에 나섰고, 1916년 4월 22일경에는 600여 원의 군자금, 일본식 장총 10여 정, 실탄 200발 정도를 갖추었다. 그러나 그는 만족하지 않고 군자금 10만 원과 무기 100정이라는 의병부대 수준의 목표를 세워 지속적으로 노력했다. 1918년에는 '무오 독립시위운동'을 계획하고 일본에서 쌀 소동이 발생한 것을 기화로 9월 9일을 거사 일로 정했다. 당시 그는 성명서 초안을 작성하여 인쇄까지 했으나 사전에 계획이 탄로 나 미수에 그치고 말았다.

이후 이종일은 다시 기회를 모색하는 과정에서 3·1운동에 참여하게 되었고, 「독립선언서」 인쇄와 배포 책임을 맡게 되었다. 그가 3·1운동에 참여하게 된 것은 우연이 아니었다. 이종일은 1910년 경술국치 이후 손병희에게 지속적으로 민족운동의 필요성을 역설했고, 손병희 역시 권동진·오세창·최린 등을 통해 나름대로 민족운동을 계획하고 준비한 것으로 전한다. 그리고 1918년 제1차 세계대전이 종료되면서 국제질서가 새롭게 재편되는 분위기가 조성되자 식민 지배를 받던 세계의 약소민족들은 독립에 대한 희망을 품었다. 이러한 상황에서 1918년 말부터 손병희·권동진·오세창 등 천도교 중진들은 독립운동의 3대 원칙으로 대중화·일원화·비폭력 등을 내세우며 대중운동을 준비했다. 여기에 1919년 일본 도쿄에서 유학생들의 2·8 독립선언이 있자 크게 자극을 받아 3·1운동에 대한 논의가 구체적으로 진행되었고, 이종일은 보성사를 중심으로 천도구국단과 함께 3·1운동 준비 및 진행 과정에 참여하게 되었다.

이종일은 3·1운동 준비와 관련해서 첫째 「독립선언서」의 인쇄와 배포, 둘째 〈조선독립신문朝鮮獨立新聞〉의 발행, 셋째 임시정부 수립 등을 구상했다. 즉 3·1운동의 의미와 목적을 분명하게 전달하기 위해 반드시 「독립선언서」가 준비되어야 하며, 3·1운동 이후 항일민족운동의 구심점 역할을 담당할 임시정부의 구성뿐만 아니라 〈조선독립신문〉을 발간하여 3·1운동 소식과 함께 "곧 임시정부가 세워지고 민주공화제로 한다"라는 언명을 대내외에 발표했다.

이종일은 「독립선언서」에 서명한 33인 중 한 사람으로 3월 1일 「독립선언서」를 직접 낭독했다. 그리고 〈조선독립신문〉 제1호를 1만 부 찍어 3월 1일 경성 시내에 배포함으로써 3·1운동의 열기를 지속시키는 데 기여했을 뿐만 아니라 이후 〈조선독립신문〉과 같은 지하신문이 곳곳에서 지속적으로 발행되는 계기를 만들었다. 그러나 신문 발행에 참여했던 관계자들이 주동자로 일제에 검거되어 〈조선독립신문〉은 제4호까지만 발행되었다. 이종일은 3·1운동 이후에도 몇 차례 지하신문을 발행하여 3·1운동의 대중화와 지속화를 위해 노력했으나 재정 문제와 함께 일제의 감시와 통제로 매번 어려움을 겪을 수밖에 없었다.

이처럼 3·1운동 당시 적극적으로 활동한 이종일이 대중적으로 제대로 알려지지 않은 이유는 그때까지 그가 보여준 활동과 무관하지 않다. 이종일은 3·1운동 계획을 수립하는 과정에서 간접적으로 지원하며 별도로 나름의 준비를 했던 것으로 전하는데, 그 이유는 천도교 중앙총부의 핵심 인물들이 이전부터 그를 '과격파'로 인식했던 것과 연관이 있다. 예를 들면 3·1운동 준비와 관련해서 손병희는 "(초기에) 「독립선언문」 작성을 이종일에게 위임했으나 그의 과격한 문장으로 인해 최남선이 맡게 되었다"라고 언급했고, "손병희는 평소 무장투쟁을 준비한 이종일의 실천 방안에

동의하지 않았다"는 이야기도 전한다.

연이어 위기를 넘기고 3·1운동 준비를 끝내다

동학의병운동으로 너무나 많은 민중이 희생되었다는 점을 안타깝게 생각했던 손병희는 무력시위에 부정적이었고, 천도교 중앙총부 측에서도 천도구국단의 민족운동 방법론과 인적 구성에 문제를 제기한 것으로 전한다. 천도교에서는 민중의 희생을 최소화하고 동시에 교단을 보호하기 위해 평화적이고 비폭력적인 방법을 중요하게 생각했던 것이다. 그렇지만 독립운동에 대한 열정과 철저한 준비 그리고 실천력을 인정받은 이종일에게 「독립선언서」의 인쇄와 배포 책임이 맡겨졌다. 그리고 이종일이 주도하여 1919년 2월 27일 밤 「독립선언서」 인쇄가 완료되었다. 그러나 인쇄 작업이 수월하게 진행된 것은 아니었다.

1919년 2월 27일 밤, 보성사에서 직원들이 퇴근한 후 불빛이 외부에 새어 나가지 않도록 창문을 모두 가리고 「독립선언서」 인쇄가 시작되었다. 인쇄소 안에서는 이종일 사장과 신임할 수 있는 공장 감독 김홍규, 총무 장효근, 직공 신영구 등이 바쁘게 움직였다. 그런데 인쇄가 한창 진행 중일 때 밖에서 갑자기 문을 두드리며 고함 소리가 들렸다. 놀란 이종일과 직원들은 즉시 인쇄를 중단하고 「독립선언서」를 감추었다. 곧이어 문이 열렸고, 종로경찰서 소속 고등계 형사인 조선인 신승희가 들이닥쳤다. 보성고보 뒷담의 골목길을 지나던 신승희는 여느 때와 달리 밤늦은 시간에 창문을 모두 가리고 인쇄기 돌아가는 소리가 들리자 수상한 생각이 들어 보성사 안으로 들이닥친 것이다. 신승희는 그동안 애국 동포들을 검거하여 온갖 고문을 자행한 악명 높은 형사였다. 이종일은 당황했지만, 어떻게든 위기를 넘겨야 한다고 생각했다. 「독립선언서」가 발각되면 어렵게 준비한 3·1운동이 불과 이틀을 남겨두고 무산되는 것은 물론, 많은 사람이 고초를 겪을 것이 뻔했기 때문이다. 그러나 상황은 여의치 않게 돌아갔다. 신승희가 「독립선언서」를 인쇄하고 있다는 사실을 알게 된 것이다.

모든 것을 각오한 이종일은 "차라리 나를 죽여라. 이것만은 막지 못한다"라며 신승희를 붙잡고 밖으로 나왔다. 이종일은 무릎을 꿇고 "하루만 지나면 모든 것이 드러날 터이니 오늘 하루만 눈감아 주시오"라고 애원했다. 신승희는 평소 손병희와도 안면이 있었기 때문에 이종일은 일말의 기대를 하며 "우리 성사(손병희)님한테 같이 갑시다"라며 옷소매를 잡아끌었다. 그러자 신승희는 "당신이 갔다 오시오"라며 의외의 반응을 보였다.

이종일은 곧바로 손병희 집으로 달려가 보고했고, 묵묵히 듣고 있던 손병희는 이종일에게 잠시 기다리라고 말하고는 안방으로 들어갔다. 잠시 후 종이뭉치를 가지고 나온 손병희는 이종일에게 "이걸 전해주시오. 밤늦게 수고가 많습니다. 아무쪼록 잘 무마해서 일을 처리하도록 하시오"라고 당부했다. 이종일은 인사할 겨를도 없이 다시 인쇄소로 돌아와 신승희에게 종이뭉치를 건넸다. 그러자 신승희는 아무에게도 말하지 말라면서 종이뭉치를 들고 곧 사라졌다. 위기를 넘긴 이종일과 인쇄소 직원들은 그제야 맥이 풀려 자리에 주저앉고 말았다. '아무쪼록 저자가 배신하지 않기를……'이라고 마음속으로 기도하며 곧 정신을 차리고 멈추었던 「독립선언서」 인쇄를 다시 시작했다.

인쇄 작업은 밤 10시가 넘어 마무리되었고, 밤 11시경 이종일은 보성사 직원 김홍규·최동식과 함께 손수레에 실어 「독립선언서」를 자신의 집으로 옮겼다. 이종일의 집은 경운동 85번지, 보성사 인근으로 지금의 천도교 중앙대교당 입구 부근에 있었다. 그런데 이종일과 직원들은 「독립선언서」를 싣고 파출소를 지나다가 불심검문에 걸리고 말았다. 순사가 "수레에 실은 것이 무엇이냐?"고 묻자 이종일은 "성주 이씨 족보다"라고 대답했다. 순사가 손수레에 실린 물건을 살펴보려고 수레에 다가갔는데, 때마침 정전으로 주변이 깜깜해졌다. 등잔을 가져오려고 파출소 안으로 들어간 순사에게 안에 있던 형사가 "무슨 일이냐?"고 물었다. 순사가 "족보라고 해서 살펴보려고 한다"고 대답하자, 형사가 그만두라고 지시해서 이종일 일행은 무사히 「독립선언서」 운반을 마칠 수 있었다.

「독립선언서」가 극비리에 전국으로 배포되다

1919년 2월 28일 날이 밝자 이종일은 인쇄된 「독립선언서」 세 장을 오세창에게 보내 인쇄가 완료되었다고 전했다. 그리고 이종일은 오세창이 보낸 서신에 따라 이갑성李甲成, 1889~1981에게 2,500장, 김창준金昌俊, 1889~1959과 한용운에게 각각 3,000장을 보내는 등 배포 작업을 시작했다. 「독립선언서」 배포에서 천도교·기독교·불교 측의 학생들이 주로 경성 지역을 맡았고, 지방은 각 종교단체의 책임하에 조직을 통해 배포하기로 되어 있었다.

당시 「독립선언서」를 받으려고 찾아오는 사람들의 얼굴을 모두 알지 못했던 이종일은 미리 정한 암호에 따라 「독립선언서」를 분배했다. 이렇게 해서 3월 1일의 날이 밝기 전에 인쇄된 「독립선언서」는 경성을 비롯해 평양, 선천, 원산, 개성, 서흥, 수안, 사리원, 해주, 대구, 마산, 전주, 군산 등 전국으로 배포가 완벽하게 이루어졌다. 당시 「독립선언서」 배포가 이루어졌던 이종일의 집터는 현재 천도교 중앙대교당 입구 오른쪽에 길가에 '독립선언문 배부터'라는 표지석이 세워져 그날의 의미를 되새기며 기념하고 있다.

「독립선언서」 배포 작업에 이종일과 뜻을 같이했던 동지들도 참여했다. 훗날 이종일의 손녀 이장옥은 당시의 상황을 "할아버지의 지시에 따라 선언서를 배포했는데, 집안 구들장을 깨고 그 안에 「독립선언서」를 넣어 두었다가 증표를 제시해야 선언서를 주었다"라고 증언했다. 그리고 이장옥의 아들 박인성은 "(증조)할아버지(이종일)가 안 계실 때는 어머니(이장옥)가 나누어주셨다. ……노란색이 3,000장, 빨간색이 2,000장, 연녹색이 1,000장이었다"라고 증언했다.

또한 보성사 직원 인종익印宗益, 1870~?은 이종일에게 전달받은 「독립선언서」 3,000여 장을 전주와 이리(지금의 익산) 천도교구에 전달한 후 청주에 갔다가 체포되었다. 그는 일제 경찰의 온갖 고문에도 입을 열지 않아 전주와 이리 등 전라도 지역에서 「독립선언서」가 배포되는 시간을 벌어주었다. 이후 그는 당당하게 재판을 받았고, 실형을 선고받아 1920년 8월 24일 1년 6개월 만에 서대문형무소에서 만기 출옥했다. 그러나 일제가 만든 신상 카드에그의 사진이 없었고, 출옥 후 관련 기록이 전혀 보이지 않을 정도로 그를 기억하는 사람은 거의 없다.

한편 사전 배포를 끝내고 남은 「독립선언서」는 3월 1일 명월관 지점으로 가지고 가서 그곳에 모인 사람들에게 배포했다. 3·1운동과 관련한 내용은 일제의 재판 기록과 광복 후 민족 대표들이나 관련자들의 진술 또는 주변 인물들이 남긴 회고 등에 전해지지만 기록에 따라 차이가 있다. 당시 인쇄된 「독립선언서」의 인쇄 날짜에 대한 기억이나 기록이 다르며, 인쇄 분량이 2만 1000매라고도 하고 3만 5000매라고도 한다. 그리고 사람들에게 배포된 분량 역시 서로 다르다.

아마도 시간이 지난 뒤 기억에 착오가 있었거나 「독립선언서」 작성부터 인쇄와 배포가 각기 맡은 역할 분담에 따라 극소수의 관계자들에 의해 워낙 짧은 시간에 극비리에 진행되었기 때문에 서로가 알고 있거나 전해 들었던 내용에 차이가 있었던 것으로 보인다. 그리고 일제의 재판 기록 역시 사건에 대한 객관적 조사가 아니라 죄를 묻기 위해 단기간에 여러 관계자를 조사하여 꾸민 조서를 바탕으로 작성되었기 때문에 전적으로 신뢰하기에는 무리가 있다. 더구나 일제는 3·1운동이 시작될 때까지 경성 시내 한복판에서 「독립선언서」가 인쇄·배포되는 준비 과정을 전혀 눈치채지 못하는 등 3·1운동을 제대로 파악하지 못하고 있었기 때문에 몹시 자존심이 상하는 일이기도 했다. 그런 점에서 3·1운동 이후 고등계 조선인 형사 신승희의 근황이 궁금하다.

조선인 형사, 마약 중독으로 사망하다

「독립선언서」가 인쇄 도중 발각될 위기를 맞았을 때 손병희가 신승희에게 건넨 종이뭉치에는 거금 5,000원이 들어 있었다. 현재 가치로 환산하면 4억 원 정도로 추산되지만, 당시의 경제 상황을 고려하면 일반인이 상상하기도 어려운 거금이었다. 예를 들면 그 당시보다 물가가 오른 1920년대 후반 경성방직 여공의 한 달 임금이 21원이었고, 1933년 4월 소 한 마리는 72원 정도였다. 따라서 신승희가 돈을 받은 후 「독립선언서」에 대해 더 이상 따지지 않았던 이유가 돈에 대한 욕심 때문인지 아니면 최소한의 민족적 양심 때문이었는지, 그것도 아니면 3·1운동이 그렇게까지 커질 것이라고 미처 예상하지 못했는지 정확한 이유는 알 수 없다.

신승희는 3·1운동이 일어난 후에도 보성사에서 있었던 일을 상부에 보고하지 않았다. 그리고 3·1운동이 전국적으로 대규모 만세운동으로 확산되자 일제는 무자비한 탄압을 자행했고, 여전히 일제 경찰로 일하던 신승희는 3·1운동이 표면상 조용해지기 시작한 5월 초 종로경찰서 사법주임과 함께 만주 펑톈으로 출장 갔다가 5월 14일 경성으로 돌아왔다. 그런데 경성역에 도착한 신승희는 역 구내에서 기다리고 있던 헌병들에게 체포되어 구치소에 수감되었고, 며칠 후 갑자기 사망했다. 그때 그의 나이는 40세로 특별히 건강에도 이상이 없었다. 따라서 그의 갑작스러운 죽음은 분명 의문이었다.

신승희의 죽음과 관련해서는 다양한 이야기가 전한다. 예를 들면 "3·1운동 이후 신승희가 아편 중독자가 되어 만주의 어느 뒷골목에서 사망했다", "만주로 피신했던 신승희는 일제 경찰에 붙잡혀 국내로 압송되던 중 열차에서 뛰어내려 스스로 목숨을 끊었다" 등과 같은 이야기다. 그리고 〈매일신보〉는 "신승희가 뇌물수수 혐의로 체포되어 조사를 받던 도중 자살했다"라고 보도했고, "그가 체포된 날 밤, 출장 중 직무유기와 뇌물수수 혐의가 탄로 나서 준비했던 독약을 먹고 자살했다"고도 한다. 그러나 이러한 이야기들에 관한 구체적인 근거는 찾을 수 없다.

일제는 신승희와 관련한 기록을 남기지 않았다. 다만 최근 국사편찬위원회에서 발견한 「신승희 사망진단서」에 따르면 "신승희는 1919년 5월 16일 오후 9시에 자택에서 아편중독으로 자살했다"고 한다. 그러나 이 기록 역시 상식적으로 납득하기가 어렵다. 당시 고등계 형사가 경찰서가 아닌 헌병대에 체포되었다면 국가 변란 같은 중죄에 해당하는 큰 사건에 연루되었음을 의미했고, 신승희가 집으로 귀가했다면 그의 무죄가 하루 만에 밝혀졌다는 말이 된다. 따라서 5월 14일 체포된 신승희가 이틀 후인 5월 16일 자신의 집에서 자살했다면 그는 체포된 다음 날 풀려났고, 이는 그에게 법적인 죄가 없었음을 의미한다. 그뿐만 아니라 그가 아편중독으로 자살했다면 다량의 아편을 한꺼번에 먹었다는 말인데, 그 이유는 물론 체포 경위와 이후 조사 과정, 죄목 등에 대해서 아무런 설명이 없다는 점은 의문이 아닐 수 없다.

신승희가 사망한 다음 해인 1920년 1월 6일 자 『윤치호 일기』에는 "경무총감부 고등경찰과 경시 오카모토와 경기도 경찰부 하시모토 경부와의 식사 자리에서 신승희가 자살을 가장한 고문치사를 당했다는 사실을 들었다"라며 "헌병대에서 고문받다 숨진 신승희를 아편중독 자살로 조작했다"는 내용이 보인다. 따라서 이들의 대화에 따르면 3·1운동 이후 신승희와 관련한 이야기를 알게 된 사람이 있었을 것으로 추정된다.

물론 일제 역시 3·1운동 이후 관련자들을 조사하는 과정에서 「독립선언서」와 신승희가 관련 있다는 사실을 알게 되었을 가능성도 충분하다. 그러나 식민지 지배를 대표하는 총독부와 또 다른 상징적 의미를 지니고 있었던 종로경찰서가 지근거리인 도심 한복판에서 「독립선언서」가 인쇄·배포되었다는 사실만으로도 대단히 당황할 수밖에 없었던 일제는 신승희와 관련한 사실까지 알려지면 이루 말할 수 없는 치욕이었을 것이다. 따라서 일제는 애써 그 사실을 숨기려고 했고, 신승희의 죽음도 그와 무관하지 않았을 것으로 보인다.

우국지사는 장례 비용도 없습니다

3월 1일 「독립선언서」 낭독이 끝난 후 이종일은 민족 대표들과 함께 체포되었고, 손병희·한용운 등과 함께 가장 중형에 해당하는 3년형을 받았

今日의大公判

大公判과

「금일이 대공판」
_만인의 시선이 모이는 곳에 당국의 처치는 어떠할지
_대공판과 엄중한 경계
(사진 왼쪽 첫줄 두 번째가 이종일)
<동아일보>, 1920. 07. 12.)

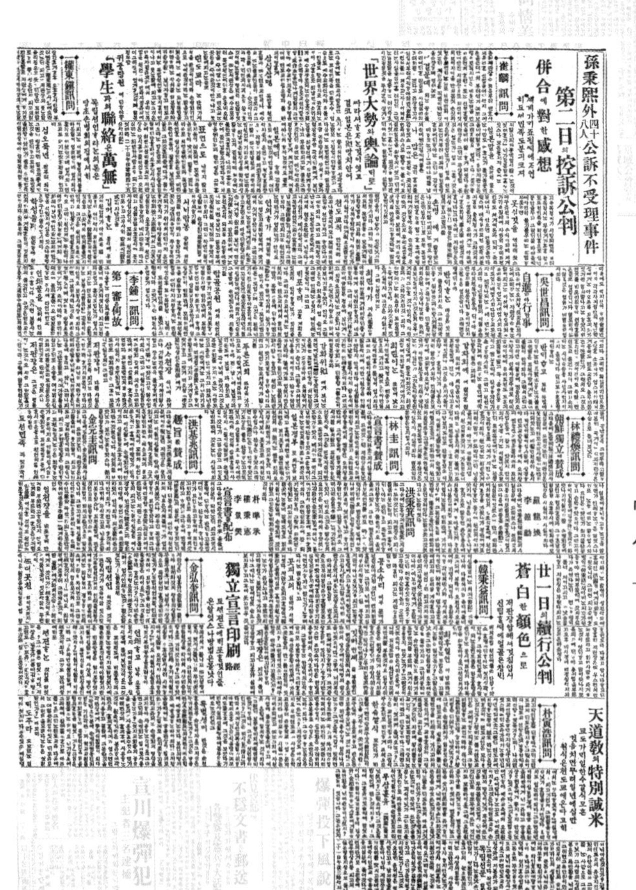
孫秉熙外四十八人公訴不受理事件

第二日의控訴公判

倂合에對한感想

世界大勢와輿論

學生과의聯絡은萬無

廿一日의續行公判

蒼白한顔色으로

獨立宣言印刷

天道敎의特別誠米

「손병희 외 48인 공소 불수리 사건, 제2일의 공소 공판」
_병합에 대한 감상, 세계가 자조될 때에 자연히 조선 민족도 분기코저
(<매일신보>, 1920. 09. 22.)

다. 이후 그는 서대문형무소에서 수감 생활을 하며 가장 치열하게 일제에 저항한 민족 대표 33인 중 한 사람으로 꼽힌다. 심지어 그는 수감 생활 중에도 "아직도 우리 민족의 광복을 위한 구체적인 민족운동의 계획이 누군가에 의해 발의되어야 하겠다. 그 안이 곧 민족의 장래를 위한 백년대계라 해도 과언이 아닐 것이다"라며 제2의 3·1운동을 구상했다.

이종일은 1921년 12월 22일 최린·오세창 등 7명과 함께 2년 6개월 만에 가출옥했다. 젊은 사람들도 버티기 힘든 감옥 생활을 한 후 60대 중반의 나이로 출옥한 그에게 기자가 소감을 묻자 이종일은 핏기가 없는 하얗고 근심에 찬 얼굴로, "우리는 이같이 나왔으나 옥중에 남아 있는 사람의 신상이 염려된다"라며 감옥에 남은 사람들을 걱정했다고 한다.

이후 이종일은 감옥에서 구상했던 민중운동을 실천에 옮겼다. 그는 '태평양회의'라는 당시의 국제적 배경을 적극 활용했다. 태평양회의는 사실상 미국이 일본의 독주에 제동을 거는 회의나 마찬가지였다. 이종일이 "국제적 대립 관계 등 국제정세의 변화를 주체적으로 독립운동의 기회로 활용하며 지속적으로 항일투쟁을 벌였다"라고 평가하는 것도 이와 연관이 있다. 3·1운동 3주년이 되는 1922년 3월 1일에는 보성사 직원들과 함께 거리에 나가 제2독립선언식을 시도했다. 그는 직접 그날 행사에서 낭독할 이른바 「자주독립선언문」을 기초하고, 선언문의 주체를 천도교가 아닌 "천도교 보성사 사장 이종일 외 일동"이라고 밝혔다. 그러나 2월 27일 보성사에서 선언문을 인쇄하던 중 일제 경찰에 발각되어 선언문은 압수당했고 거사는 실패하고 말았다.

이처럼 이종일은 출옥한 후에도 곧바로 만세시위운동을 준비할 정도로 독립을 향한 열정이 식을 줄 몰랐고, 일제는 그런 그를 온갖 방법으로 회유했다. 하지만 이종일은 애국충정과 지조를 굽히지 않고 끝까지 민족

독립을 위해 힘쓰다가 1925년 8월 31일 죽첨정 1정목(지금의 중구 충정로 1가) 초가집에서 사망했다. 당시 그는 일제의 감시 속에서 감금당하다시피 지내다가 거적 위에서 영양실조로 사망한 것으로 전한다. 그의 나이 68세였다.

이종일이 수감 생활을 하는 동안 양아들이 사망했고 손녀 이장옥과도 소식이 끊겼다고 한다. 그래서 사망 당시 부인 외에는 후손들이 아무도 없어 친지들이 장례를 치렀다. 1925년 9월 1일 〈동아일보〉는 그의 사망 소식을 전했는데, 친지이자 동료 이종린은 인터뷰에서 "……우국지사는 장례 비용도 없습니다"라고 말할 정도로 이종일이 남긴 것은 아무것도 없었다. 후세의 역사가들은 "평생을 오직 구국 일념 속에서 행동하고 일체의 명리와 담을 쌓고 오직 주어진 민족의 대의 실천만을 위해 진력한 묵암 이종일의 위대함은 그래서 정신과 철학 그리고 신념의 빈곤 시대에 더욱 돋보이는 것 같다"라고 평가했다.

이종일의 시신은 아현리 화장장에서 화장하여 이태원에 묻혔다. 그리고 얼마 후 이종일의 부인도 세상을 떠났고, 10년이 지난 1936년 4월 26일 〈동아일보〉에 실린 "이종일의 묘가 돌보는 사람이 없어 바람에 깎이고 비에 씻겨 사라질 위기에 처했다는데, 묘를 옮길 후손조차 없다"라는 내용의 기사는 그를 기억하는 사람들을 더욱 안타깝게 했다. 그런데 같은 해 5월 17일 〈동아일보〉에 "이종일의 묘를 미아리로 이장하는 날 유령같이 손녀 이장옥이 나타났다"며 다행히 유족을 찾았다는 기사가 보인다.

死別十年만에邂逅

出獄하자失踪된孫女 白骨移葬日에相面

風磨雨洗된故李鍾一氏墓옮기는날

幽靈같이 나타난 沃坡後孫

「사별 후 10년 만에 해후, 출옥하자
실종된 손녀, 백골 이장일에 상면」
_유령같이 나타난 옥파 후손
(<동아일보>, 1936. 05. 17.)

베일에 가려진 독립운동가, 미국으로 가다

_박노영

동양의 마크 트웨인으로 불리다

1921년 5월 14일 〈동아일보〉와 〈조선일보〉는 "경남경찰서와 진주경찰서, 1919년 3·1운동 이후 김두현(27) 외 12명 검거"라며 조선총독부 경무국의 발표와 함께 "김두현은 3·1운동 이후 격렬하게 배일사상排日思想을 품고 적국의 부자들로부터 군자금을 모집하여 상하이 임시정부에 송부할 목적으로 1919년 9월 50전짜리 은메달에 앞면에는 태극기와 '독립기념'이라 새기고 뒷면에는 '민국원년民國元年'이라고 새기어 금은세공업을 하던 박경선(38)을 통해 만들어 부자에게 가서 보이며 임시정부 소속이라고 신분을 밝힌 후 군자금을 요구했다"라고 보도했다.

이어서 경상남도 경찰부와 진주경찰서 합동수사대에 체포된 명단은 "김두현(27, 농업, 경남 하동), 박경희(38, 금은 세공사, 경성 숭인동), 김두옥(27, 자기제조업, 경남 통영), 박만선(37, 농업, 경남 진주), 이근이(26, 목탄상, 경남 하동), 고광욱(32, 어행상, 경남 함양), 오재영(25, 인삼상, 경남 부산), 김봉길(25, 자동차 운전, 경남 양산),

第二次獨立運動을

계획하든김두현외십이명

경남경찰부에전부잡히어

경상남도 경찰부와 진주(晋州)서 [illegible]

조선독립운동이 이러난 후에 [illegible]

청년에게 [illegible]

사흘안에 [illegible]

독립신문 [illegible]

중앙학림 [illegible]

「제2차 독립운동을 계획하던 김두현 외 12명 경남 경찰부에 전부 잡혀」
(<동아일보>, 1921. 05. 14.)

第二次獨立運動의

김두현등육명의일심공판

판결언도는명삼일에될듯

진주지청 [illegible]

군자금을 [illegible]

림시정부 [illegible]

삼년전일 [illegible]

李錫夏는 豫審에

청지위조사건 [illegible]

大規模의 紅蔘密造 [illegible]

「제2차 독립운동의 김두현 등 6명의 일심공판」
_판결 언도는 명삼일에 될 듯
(<동아일보>, 1921. 06. 02.)

김덕봉(24, 잡화상, 경남 양산), 서상건(23, 포목상, 경남 양산), 박치민(26, 통도사 승려, 소재 불명), 신화수(25, 경남 고성 옥천사 승려, 경성감옥 복역 중), 강우석(29, 경남 하동, 농업, 대구감옥 복역 중)"이라고 보도했다.

그들은 의친왕 이강李堈, 1877~1955을 상하이로 탈출시키려고 기도했으나 관련자가 붙잡혀 실패했는데, 이를 통해 국내외에 큰 영향을 미쳤던 대동단과도 관련이 있는 것으로 밝혀졌다. 그들은 두 명 또는 상황에 따라 그 이상이 한 조로 활동하며 군자금을 모금했고, 경의선·경원선·경부선을 중심으로 세 구역으로 나누어 3·1운동 이후 제2의 독립운동을 모의하는 등 많은 인원이 가입하여 상당히 조직적으로 움직였다.

그들은 대부분 경남 지역 출신의 20~30대 청년들로, 농업을 비롯해 자동차 운전, 포목상, 행상 등 다양한 직업에 종사했다. 특히 박치민이라는 인물이 주목된다. 박치민의 본명은 박노영으로 전하지만, 최근 연구 논문에 따르면 박노영이라는 이름은 필명筆名이며 호적에는 박정선으로 기록되어 있고, 박민오라는 이름으로 더 잘 알려진 통도사 출신 승려였다. 당시 거주지를 소재 불명이라고 밝혔듯이 그는 거처를 알 수 없어 체포되지는 않았다. 그 무렵 그는 미국으로 가는 중이었던 것으로 전한다.

박노영朴魯英, 1895~1976은 일제강점기 독립운동사에서 잘 알려진 인물은 아니다. "박노영은 어쩌다 그 이름만 언급될 뿐 그의 생애나 저서는 그동안 국내 학계에서는 아프리카 오지처럼 거의 알려져 있지 않았다"라고 할 정도다. 그의 이름은 "3·1운동 때 학생 대표로 활동하며 백성욱, 김법린, 신상완, 김상헌 등 불교계를 대표하는 청년들과 함께 만세시위를 주도했다"며 처음으로 역사에 등장한다.

3·1운동 이후에는 임시정부에서 활동했고 문학에도 자질이 뛰어났던 그는 '동양의 마크 트웨인'이라는 찬사를 받았다. 마크 트웨인은 특유의 해학과 기지를 발휘한 풍자문학가로 잘 알려진 미국을 대표하는 소설가로, 박노영 역시 문학적 자질은 물론 재치와 유머가 뛰어났고 "제국주의 열강들이 앞다투어 침탈을 일삼던 암울한 시기에 태어나 일생을 치열하게 살았던 입지전적 인물"로 평가받는다.

그러나 박노영과 관련한 기록이 한정되어 있어 구체적인 삶은 베일에 가려져 있다. 박민오라는 이름도 훗날 3·1운동에 참여했던 불교계 인사의 증언에서 처음으로 등장했고, 2018년 동국대학교 황인규 교수의 논문을 통해 좀 더 구체적인 그의 삶과 독립운동에 대해서 알려졌다.

계동 43번지로 청년들이 모인 이유는

박노영은 1897년 경상남도 남해 섬마을의 가난한 집안에서 둘째 아들로 태어났으며, 호적상 이름은 박정선이다. 그의 형 박홍선을 비롯해 두 명의 누이동생은 사망하기 전까지 남해와 삼천포에 살았고, 현재 그의 조카들도 대부분 남해, 삼천포, 포항 등지에 살고 있다.

어려서부터 한학을 공부한 박노영은 공부에 대한 열정이 대단했다. 하지만 가난한 집안 살림 때문에 공부를 계속할 수 없었고, 집안에서는 당시의 유교 전통에 따라 일찍 결혼시키려고 했다. 이에 그는 결혼식 전날 밤에 가출하여 바다를 건너 경상남도 양산 통도사를 찾아갔다. 그때 그의 나이 열한 살로 통도사에서 출가하여 '옥돌 같은 깨달음'이란 뜻의 '민오旼悟'라는 법명을 받았고, 이후 박민오라는 법명을 주로 사용한 것으로 보인다.

이후 그는 6년 동안 통도사에 머물며 명신학교에서 신학문을 공부했다. 명신학교는 1908년 통도사 주지 구하九河, 1872~1965가 설립한 근대식 학교다. 구하는 상하이 임시정부에 독립운동 자금을 제공했고, 입정상업학교(1932, 지금의 부산 해동고등학교)와 통도중학교(1934, 지금의 보광중학교)를 설립하여 인재 양성에 힘쓴 우리나라 근현대를 대표하는 고승이다. 따라서 박노영은 통도사에서 구하의 영향을 받았고, 1913년경 만해 한용운이 약 1년간 통도사 강원 강사로 있을 때 그와의 인연이 시작되는 등 통도사에서 새로운 삶과 함께 사회와 역사 인식이 싹트게 된다.

이후 대도시에 가서 근대식 교육을 받고 싶어 했던 박노영은 주지에게 뜻을 밝혔고, 경성으로 유학하여 현재의 중앙고등학교 전신인 중앙학교에 입학했다. 그는 중앙학교에서 공부하면서 교유관계와 사회활동의 폭을 넓혀 나갔고, 세상에 대한 인식도 더욱 깊어지게 된다. 그리고 이러한 인연은 3·1운동으로 이어졌다.

1919년 2월 28일 밤 10시경 계동 43번지에 10여 명의 청년이 모였다. 그곳은 교양 잡지 〈유심惟心〉을 발간하는 유심사惟心社 사옥으로 만해가 거처하고 있었다. 만해는 그곳에서 〈유심〉을 발간하며 글을 쓰고, 강연회를 통해 무기력해진 불교 개혁운동과 민중의 의식 계몽운동을 실천에 옮기는 등 본격적으로 사회참여 운동과 항일운동을 전개하고 있었다. 특히 그 무렵 만해는 주옥같은 시를 한 편씩 발표하면서 불교 교리에 관한 학술적 연구 등 저술 활동을 활발하게 전개하는 한편, 사회와 정치 그리고 민족 문제까지 연구하는 '유심회'라는 청년 모임을 지도했다. 따라서 그곳은 자연스럽게 유심회 청년들을 중심으로 혁신적인 불교 청년들이 모여 불교계의 혁신과 독립운동을 담론하는 장소가 되었다. 이후 지방 학림이나 중앙학림에 진학한 불교계 청년 그룹이 형성되기 시작했고, 그들은 동질적 세대 의식을 기반으로 대중 불교운동과 민족운동의 길로 들어서게 된다. 박노영 역시 그들 중 한 사람이었다.

그날의 모임은 역사적으로도 대단히 중요했다. 3·1운동을 하루 앞두고 만해가 평소 자신을 따르며 독립운동에 헌신하겠다고 다짐했던 청년들을 긴급 소집한 것이다. 만해는 이 자리에서 청년들에게 그동안 비밀리에 추진해온 3·1운동 준비 과정, 불교계가 동참하게 된 경위, 학생들이 할 일 등을 상세하게 설명했다. 그리고 헤어지기 전에 「독립선언서」를 전하며 경성과 지방에 배포할 것을 당부하며 "……여러분은 우리 뜻을 동포에게 널리 알려 독립 완성에 매진하라. 특히 여러분은 서산대사와 사명대사의 법손法孫임을 기억하며 불교 청년의 역량을 유감없이 발휘하라"며 결연하게 훈시했다.

민족적 거사를 앞둔 역사적인 그 자리에는 박노영과 함께 신상완, 백성욱, 김상헌, 김법린, 정병헌, 김대용, 오택언, 김봉신 등 10여 명이 참석했다. 만해와 헤어진 청년들은 상황이 대단히 급박한 것으로 판단하고 곧바로 범어사에서 운영하는 인사동 포교당으로 자리를 옮겼다.

경성에 남아 3·1운동을 지휘하다

청년들은 그 자리에서 구체적인 실행 방안과 역할 분담을 협의하면서 유심회 회장으로 가장 나이가 많은 신상완申尙玩, 1891~1951을 총참모 격으로 추대하고, 백성욱白性郁, 1897~1981과 박노영은 참모격으로 중앙에 남아서 연락책을 겸하여 3·1운동을 지휘하기로 했다. 그리고 나머지 학생들은 각기 연고가 있는 지역으로 내려가 독립선언식을 거행하고 만세운동을 주도할 것을 결의했다. 김법린金法麟, 1899~1964과 김상헌金祥憲, 1893~1945은 동래 범어사에서, 오택언吳澤彦, 1897~1970은 양산 통도사에서, 김봉신金奉信, 1896~?은 합천 해인사에서, 김대용金大鎔은 대구 동화사에서, 정병헌鄭秉憲은 화엄사에서 만세운동을 주도하기로 했고, 충청·강원·함경·평안·경기의 각 지방은 박노영 등 중앙에 남은 세 명이 중심이 되어 중앙학림 학생 가운데 적임자를 뽑아 각지로 파견하기로 했다.

청년들은 새벽 3시에 회의를 마치고 「독립선언서」를 분배했다. 그리고 두 방향으로 나누어서 절반은 서울 북쪽에 해당하는 동북부 일대에 배포하고 나머지는 전국의 지방에 있는 각 사찰을 중심으로 살포하기로 하고 헤어졌다. 청년들은 새벽에 시내 포교당과 시외 사찰을 돌아다니며 「독립선언서」를 배포하면서 승려와 신도들을 동원하고 인근 주민에게 3월 1일 만세운동에 참가하라고 권장했다.

그렇게 1919년 3월 1일을 기해 불교계 청년 학생들과 각 사찰의 승려들이 전국에서 일제히 조직적으로 봉기할 수 있도록 준비가 진행되었고, 유심회 회원들은 3월 1일 경성에서 만세시위에 주도적으로 참여한 후 역할 분담에 따라 「독립선언서」를 소중하게 몸에 숨긴 채 그날 밤부터 경성을 빠져나갔다. 각자의 연고가 있는 사찰로 내려간 청년들은 지방에서 만세시위를 주도하면서 불교계 3·1운동이 중앙학림 학생들에 의해 전국적으로 확산하는 계기를 마련했다.

한편 유심회 회원 가운데 박노영은 일찍이 경성에 올라와 공부한 상급 학년이자 연장자였고, 사립 중앙학교에 다니던 그를 제외하면 유심회 회원 대부분은 중앙학림에서 공부하는 청년 승려였다. 중앙학림은 1906년 지금의 창신초등학교 자리인 동대문구 창신동 원흥사에 설립한 명진학교로 시작하여 중앙학림(1915), 불교전수학교(1928), 중앙불교전문학교(1930), 혜화전문(1940), 동국대학교(1946)로 맥을 이었다. '불교 인재 육성'을 위해 설립된 중앙학림은 전국의 우수한 청년과 승려가 입학하여 공부하던 근대식 불교계 고등교육기관이었다. 그들은 중앙학림에서 불교학과 신학문을 배우며 자유가 박탈된 현실에서 승려이자 식민지 청년으로서 사회에서 필요로 하는 일이 무엇인지를 진지하게 고민하며 민족정신과 독립 의지를 키웠고 근대 지성인으로 성장했다.

반면 승려였던 박노영이 중앙학교에 입학하여 공부한 이유는 그 무렵 사립학교의 분위기와도 관련이 있었다. 당시 사립학교는 교육 내용과 학교 분위기 등 여러 면에서 공립학교와 차이가 컸고, 젊은이들이 사립학교를 선호하는 이유도 이와 일맥상통했다.

박노영과 함께 3·1운동에 참여했던 김법린은 범어사에서 불교전문강원을 졸업하고 범어사의 지원으로 1917년 경성에 유학하여 휘문고등학교 전신인 휘문의숙에 입학했다가 1년 후 주변의 권유로 중앙학림으로 편입했다. 훗날 김법린은 "그때 사립학교는 공립학교보다 조선을 배우기가 좀 나았다. 적으나마 자유가 있었고, 국사도 배울 기회가 있었다. 내가 사립학교를 택한 이유가 거기에 있었다"라고 사립학교에 입학한 이유를 설명했다.

광복 후 제1야당 총재를 지낸 유진산柳珍山, 1905~1974 역시 공립 경성제일고보에 다니다가 3·1운동으로 퇴학당하고 사립 보성고보 2학년에 편입했는데, 당시 학교 분위기에 대해 "역사 시간에 조선의 최근세사를 가르치려고 애쓰는 교사를 보고 감명을 받았다"라고 회고했고, 사립 보성전문학교 교수 유진오俞鎭五, 1906~1987는 "보성전문학교에는 관·공립중학교에서 동맹휴학 등 일제에 반항 투쟁을 하다가 퇴학 당해 오갈 데 없던 학생들이 많았다"라고 회고했다.

본격적으로 독립운동에 투신하다

최근 연구 논문에 따르면, 박노영이 사립 중앙학교에 진학하게 된 또 다른 인연도 있었다. 그가 다녔던 통도사의 명신학교 교장을 지낸 윤치오는 1911년경 중앙학교 교장을 지냈는데, 이후 중앙학교가 재정난으로 어려움을 겪게 되자 김성수金性洙, 1891~1955가 중앙학교를 인수했다. 그런 인연으로 김성수에게 통도사 주지 구하를 소개했고, 구하는 김성수에게 박노영을 추천하며 후원을 부탁했다. 이후 중앙학교에 입학한 그는 졸업할 때까지 4년 동안 김성수의 배려로 사택에 머물 수 있었다. 또 김성수는 김사용의 집을 사서 학교 숙소로 제공했으며, 계동에 있던 중앙학교 교장 사택을 숙직실로 사용했다. 당시 그는 중앙학교 숙직실에 거주하며 수십 명의 학생과 세계 정세 및 민족의 장래에 관해 토론을 벌이기도 했다. 그래서 숙직실은 박노영을 비롯해 민족의 앞날을 걱정하는 열혈 학생들과 교사들은 물론 지식인들이 모이는 집합처가 되었다. 당시의 박노영에 대해 김성수는 "……활발한 사람이다. 자기가 옳다고 생각하는 것은 끝까지 해내는 남아다"라고 기억했다.

또한 당시 유심사는 중앙학교 바로 아래 계동 골목에 있었으므로 박노영은 그곳에 머물던 만해와도 교류를 이어갔다. 그 과정에서 그는 독립에 대한 의지를 더욱 구체화하며 열혈 청년으로 성장했고, 3·1운동에 참여하게 되면서 본격적으로 독립운동의 길로 들어섰다.

박노영은 3·1운동이 시작되면서 중앙학림의 김봉신 등과 함께 혁신단革新團을 결성하고 지하신문 〈혁신공보革新公報〉를 매일 발행해 민족의식과 독립정신을 고취하는 등 독립운동을 지원하는 일에 참여했다. 그는 〈혁신공보〉에서 편집·취재·논설을 맡았다. 같은 해 4월 박노영은 김상옥金相玉, 1890~1923 등과 함께 동대문교회 영국인 여성 전도사 피어슨의 집에서 항일운동 조직인 혁신단을 결성·활동하면서 암살단 취지서, 일제 고위 관리들에게 보내는 경고문, 조선 관리 사퇴 권고문 등을 작성하여 인쇄했으며, 폭탄 제조를 위해 화약과 약품을 구입하기도 했다. 김동수金東秀, 1891~1956는 권총 3자루와 총알 300발을 가져오기도 했고 같은 해 6월 초순부터 10월 28일까지 중앙학교 졸업생 유기원과 재학생 최석, 배재고보 3학년 박세영과 송영 등과 함께 박노영은 지하신문 〈자유신종보自由晨鍾報〉를 제작하여 각지에 배포하는 작업에도 참여했다.

이 과정에서 〈혁신공보〉가 재정 등의 문제로 운영에 어려움을 겪자 중앙학림의 김봉신·안봉순과 함께 2,000원의 독립 자금을 모금했다. 그러다 1919년 9월 박노영은 혁신단의 특파원 임무를 띠고 상하이 임시정부 내무총장 안창호를 찾아갔다.

이후 박노영은 김가진金嘉鎭, 1846~1922 등과 함께 임시정부 내무총장 안창호의 지령으로 독립운동 자금 모금과 국내 유력 승려를 임시정부로 망명시키는 일에 참여하는 등 임시정부를 지원했다. 1920년에는 신상완과 함께 전국의 승려를 군사 조직으로 결성해 항일운동을 전개하려는 목적에서 불교계의 비밀결사 의용승군義勇僧軍을 조직하고 군자금 모금 등의 임무를 수행하기 위해 다시 국내로 잠입했다.

그러나 국내에서 혁신단의 독립운동 자금 모금 활동 등이 탄로 나 백초월白初月, 1878~1944과 백성욱 등이 체포되었고, 1920년 4월에는 의용승군을 조직하기 위해 중심적으로 활동했던 신상완이 경성에서 체포되면서 구체적인 실천에 옮기지 못했다. 당시 박노영에게도 수배령이 내려졌으나 무사히 상하이로 돌아가 임시정부 지원 활동을 하면서 한편으로는 국내 독립운동 단체인 대동단에 가입해 국내를 왕래하며 활동했다.

좀 더 먼 앞날을 위해 결단을 내리다

박노영은 국내 활동에 제약이 심해지자 상하이에 머물며 혁신단 임무를 수행하는 등 임시정부 지원 활동을 했다. 하지만 임시정부가 재정상의 어려움을 겪게 되자 같은 해 12월 하순 국내에서 활동하던 김상옥 등 혁신단에 편지를 보내서 "……제 생각으로는 당분간 임시정부를 기대한다든지 또는 임시정부의 재정적 원조를 받는다든지 하는 것은 불가능할 것 같습니다. 그래서 저는 동지들의 승낙도 없이 단독행위를 취하여 죄송하오나 좀 더 먼 앞날을 위하여 난징의 금릉대학으로 가기로 했습니다……" 라고 당시의 상황을 설명하고 유학을 준비하기 위해 난징으로 떠났다.

금릉대학은 1888년 미국 감리회 해외선교회 책임총무 찰스 파울러가 설립한 기독교 학교로 여운형呂運亨(1916년 수료)과 조동호趙東祜(1917년 졸업)를 비롯해 김원봉金元鳳, 이여성李如星, 김마리아 등 독립운동가들이 다녔다. 특히 1919년 이후에는 3·1운동에 참여했던 청년들이 임시정부 수립 소식을 듣고 일제의 감시와 수배를 피해 독립운동에 투신하기 위해서 국경을 넘어 상하이로 와서 활동하다가 임시정부의 여건이 좋지 않게 되자 어학을 공부하며 서양 유학을 준비하기 위해 금릉대학에 입학하는 등 독립운동가들과 인연이 깊은 학교였다. 박노영과 함께 유심회 활동을 하며 3·1운동을 주도했던 김법린 등도 임시정부에서 활동하다 금릉대학을 거쳐 프랑스와 독일 등으로 유학을 선택했다.

임시정부 관계자들도 청년들에게 유학을 권장했다. 외교 분야에서 활동할 인재 육성이 절실했기 때문이다. 그들은 특히 프랑스 유학을 권장했는데, 프랑스와의 각별한 관계도 영향을 미쳤다. 당시 프랑스가 국제사회에서 외교적으로 중심 역할을 했고, 임시정부가 프랑스 조계지租界地(개항 도시의 외국인 거주 지역으로 외국이 행정권과 경찰권을 행사했음)에 있었던 것도 프랑스 유학을 권한 이유였다. 1920년 상하이에는 약 800명의 한인이 거주하며 프랑스 당국의 특별한 제재 없이 독립운동을 하는 등 원만한 관계를 유지했는데, 정치적 망명가들에게 관대한 문화를 가지고 있던 프랑스는 한국의 독립운동에 대해 가장 우호적이었다.

한편 유학을 준비하던 청년 중에는 미국을 선호하는 이도 적지 않았다. 당시 청년들에게 미국은 근대화와 선진 문물을 대표하는 세계 최강의 나라로 모든 면에서 주목받았기 때문이다. 그러나 당시 유학은 비용에 대한 부담이 문제였고, 조선총독부의 허가를 받아야 하는 등 유학 수속이 1년 넘게 걸렸을 뿐만 아니라 절차가 대단히 까다로웠다. 불교학자 김동화는 국내에서 일본 유학 수속을 밟는 데 2년이나 걸렸는데, 그는 도선증 얻는 과정을 "마치 지옥문을 여는 것 같았다"라고 표현했다.

상하이 역시 조건이 좋지만은 않았다. 나라를 빼앗긴 청년들은 국적이 없었고 서류상으로는 일본인이었기 때문에 일본의 통제를 엄격하게 받았다. 따라서 여권을 발급받기 위해 중국인의 양자로 입적했고, 미국 유학은 절차가 까다로워 단념하고 프랑스나 독일로 가는 경우도 적지 않았다.

미국으로 유학을 떠난 박노영에 대해 구체적인 내용은 전하지 않으며, 그가 미국으로 유학을 떠난 시기 역시 정확하지 않다. 다만 "상하이에서 난징을 거쳐 프랑스 파리로 갔다가 1921년 7월에 대서양을 건너 1921년 8월 21일 뉴욕에 도착했다"라고 한 것으로 보아 그 역시 유럽으로 갔다가 그곳에서 다시 미국으로 가는 절차를 밟았을 것으로 보인다. 그런데 박노영이 1921년 6월 2일부터 3일까지 2회에 걸쳐 〈동아일보〉에 연재한 「불교 청년에게 바라노라」라는 제목의 기고문에는 이미 이 시기에 그가 미국에 거주하는 것으로 소개하고 있어 그가 미국으로 출발한 시기는 1920년 전후였을 것으로 추정되며, 국내와 연락을 유지하고 있었던 것으로 보인다.

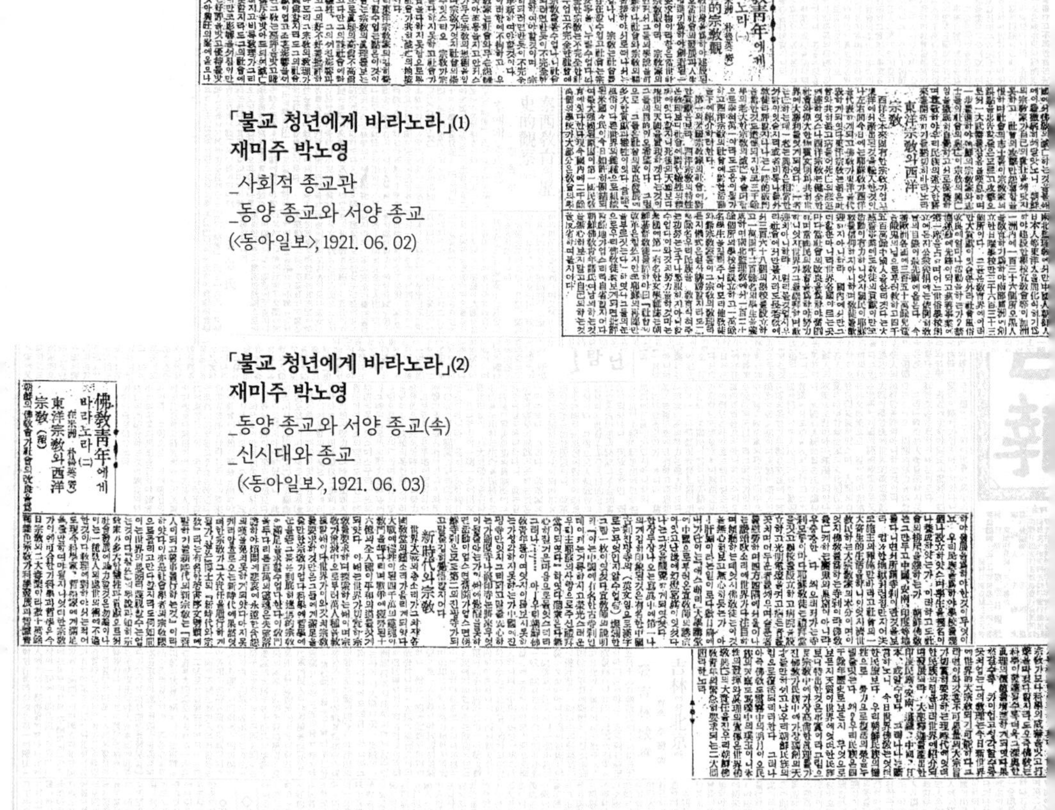
佛教青年에게 바라노라 (一) 在米國 朴魯英

社會的宗教觀

東洋宗教와西洋宗教

佛教青年에게 바라노라 (二) 在米國 朴魯英

東洋宗教와西洋宗教 (續)

新時代와宗教

「불교 청년에게 바라노라」(1)
재미주 박노영
_사회적 종교관
_동양 종교와 서양 종교
(《동아일보》, 1921. 06. 02)

「불교 청년에게 바라노라」(2)
재미주 박노영
_동양 종교와 서양 종교(속)
_신시대와 종교
(《동아일보》, 1921. 06. 03)

우리나라 최초로 하버드 대학교에서 박사학위를 받다

당시 박노영의 심정이 어떠했는지 알 수 없지만, 기대감과 설렘만으로 가득 차지는 않았을 것이다. 조국이 망해서 국적이 없었기 때문에 국적과 이름을 마음대로 사용하지 못했고, 미국에서의 생활은 물론 앞날이 보장된 것도 아니기 때문이었다.

대부분의 초기 이민자들이 그렇듯 박노영은 미국에 도착한 후 한곳에 정착하지 못하고 이곳저곳을 떠돌아다녔고, 그 과정에서 환속한 것으로 추정된다. 아마도 생계 문제가 큰 영향을 미쳤던 것으로 보인다. 그는 미국에 도착한 후 생계 문제를 해결하기 위해 인쇄공, 행상, 접시 닦기 등 온갖 허드렛일을 하며 생활비를 벌었다.

그는 뉴욕에 도착한 후 곧바로 뉴저지주 바운드 브룩에 있는 불기둥교회에서 운영하는 학교에서 인쇄공으로 일하면서 공부를 시작했다. 그러나 1년 정도 머물다 주변 사람들로부터 "기회를 얻기 원한다면 젊은이들은 서부로 가라"는 말을 듣고 1922년 여름에 시카고로 향했다. 그리고 다시 짐을 꾸려 인디애나주 오하이오강 근처에 있는 에번즈빌로 향했다.

어려운 상황에서도 학문에 대한 뜻을 포기하지 않았던 그는 에번즈빌 대학에 입학했다. 그러나 중퇴하고 시카고 근교 노스웨스턴 대학교에 입학하여 역사학과 정치학을 전공했으나 프랑스어나 독일어를 제2외국어로 이수해야 하는 규정 때문에 다시 학업을 중도에 포기했다. 1925년 다시 미네소타 대학교로 옮겨 정치학과 국제관계학을 전공한 그는 1927년 학사학위를 받았다.

대학 시절 그는 '영어를 완전히 정복하느냐 아니면 자살할 것이냐'를 고민할 정도로 영어를 배우는 데 온 힘을 쏟았다. 당시 그 대학 학장이 처음으로 그에게 강연을 하면서 학비를 벌어볼 것을 제안한 것이 인연이 되어

在米朝鮮學生의 巡廻講演

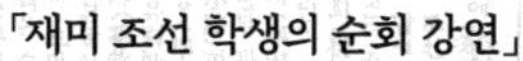

「재미 조선 학생의 순회 강연」
_<혁신공보> 발행자로 현재 미국 '이(에번즈빌)' 대학생, 그의 변재와 계획을 찬성한다(사진: 박노영)
(<동아일보>, 1923. 04. 17.)

이후 평생 그의 직업이 되다시피 한 강연 활동을 바로 이 대학에서 시작한 것으로 전한다. 그런데 1923년 4월 17일 〈동아일보〉에 그의 사진과 함께 "혁신공보 발행자로 현재 미국에 있는 에번즈빌 대학에 재학 중인 대학생"이라고 소개하면서 "금년 봄부터 남북미 각지를 돌아다니며 조선 사정에 대하여 강연을 한다"는 동정 기사가 실린 것으로 보아 그가 미국에서 강연 활동을 시작한 시기는 적어도 1923년 전반기로 그가 미국에 도착한 후 빠르게 사회활동을 시작했던 것으로 보인다.

그는 대학을 졸업하고 곧바로 서부에서 동부로 자리를 옮겨 하버드 대학교에서 국제정치학으로 1930년 석사학위를 받았고, 1932년 우리나라 사람으로는 최초로 하버드 대학교에서 박사학위를 받았다. 그가 제출한 학위 논문 제목은 「중국과 국제연합」으로 국제법 전공자인 맨리 허드슨Manley Hudson이 지도교수였다.

박노영은 명문 하버드 대학교에서 박사학위를 받았지만, 일자리를 찾지 못했다. 당시는 경제 대공황으로 백인도 일자리를 구하기 어려웠고, 미국의 전체 인구 중 20퍼센트가량이 정부의 구호기금으로 살아가고 있었다. 그 무렵 박노영은 오하이오주 클리블랜드의 웨스턴리저브 대학교 정치학과에서 극동 문제 관련 과목의 강의를 하나 맡았지만, 수입이 너무 적어 그만둘 수밖에 없었다. 이후 그는 하기 강습회나 하계 문화교육학교Chautauqua의 강당에서 열리는 문화 강좌에서 연설하며 강연 기술을 갈고 닦았다.

그 무렵 이 두 프로그램은 미국 주류 사회에서 교양과 오락을 겸한 교육 강좌로 큰 인기를 끌고 있었고, 박노영은 비록 몸이 아파도 한번도 약속한 강연을 취소한 적이 없었다. 그의 강연은 주로 정치와 사회 분야였고, 부인의 증언에 따르면 "그는 사망하는 날까지 청중을 위해 몸과 영혼을 바쳤다"라고 할 정도로 열심히 일했다.

미국에서 지식인으로 활동하며 자리 잡다

박노영은 강연 외에도 한국계 미국 이민자로는 보기 드물게 미국에서 영문으로 『중국인의 기회Chinaman's Chance』(1940)를 비롯해 『새로운 중국 건설Making a New China』(1929), 『동양인이 바라보는 미국 문명An Oriental View of American Civilization』(1934), 『서구의 퇴각Retreat of the West』(1937), 『백인의 평화The White Man's Peace』(1948), 『미국이 보는 사시안Squint-eye View of America』(1951), 『오랜만입니다Long Time No See』(1967) 등의 단행본을 출간하여 일반 독자는 물론 미국 학계에서 주목을 받았다.

『중국인의 기회』를 제외한 나머지 책들은 "국제정치학자로서 자신의 견해를 밝힌 사회과학서이거나 동양인으로서 좁게는 미국 문명 넓게는 서구 문명을 날카롭게 비판한 문명 비평서의 성격이 짙다"라는 평가를 받는다. 그리고 『중국인의 기회』는 미국 사회에서 이민자가 겪는 고단한 삶을 기록한 책으로 그동안 놀라운 성과라는 평가와 함께 큰 주목을 받는 등 그는 동양학 분야에서 이름이 널리 알려졌고, '친선 문화대사'로 불릴 정도로 미국에서 글을 쓰며 동서문화의 상호 이해에 앞장선 지식인으로 활동했다. 그러나 그의 활동은 "엄밀하게 따지면 동양 문화를 서양에 알리기보다는 오히려 동양 문화의 입장에서 서양 문화를 날카롭게 비판했다"는 평가를 받는다.

또한 『중국인의 기회』의 저자는 중국계 미국 자서전 작가로 분류되어 오다가 그가 사망한 후 1984년 부인 김난혜Lanhei Kim Park가 자서전 『사해四海를 바라보며Facing Four Ways』를 출간하면서 처음으로 한국계 미국 자서전 작가라는 사실이 밝혀졌다. 그리고 『중국인의 기회』를 통해 "박노영이 미국 사회와 문화를 비판적으로 바라보는 문명 비평가로서의 면모를 지녔다"라는 평가와 함께 그의 미국 생활이 어떠했는지도 짐작할 수 있다.

당시 동양인에게 미국에서의 생활은 '황금의 기회'라고 표현할 정도로 '미국은 자유의 땅이자 풍요의 땅'이었다. 박노영 역시 미국에 도착한 후 미국의 문화와 생활방식을 배우려고 적극적으로 노력했다. 그는 『중국인의 기회』에서 "나는 미국의 생활방식을 배우러 미국에 왔다. 신대륙에 첫발을 내디딘 순간부터 나는 미국적인 모든 것을 진지하고도 심각하게 연구하기 시작했다"라고 밝혔다. 그에게도 미국은 엘도라도, 즉 황금의 땅이었다. 또한 그는 자서전이라고 분명하게 밝히고 있으나 "이 책에서 박노영은 객관적인 역사적 사실 못지않게 허구성과 상상력에 의존하고 있다. 따라서 이 책의 장르는 이민 자서전 못지않게 허구적 소설 또는 자서전적 소설로 규정지어야 한다"라는 평가를 받을 정도로 미국에 대한 그의 삶과 함께 다양한 생각이 담겨 있다.

그러나 박노영에 관한 자료는 외국은 물론 국내에도 거의 남아 있지 않다. 한때 그가 공부한 통도사에도 그에 관한 기록이 전혀 없고, 그가 다녔던 중앙학교의 학적부마저 화재로 소실되어 중앙학교 교사校史에 그에 관한 기록이 조금 남아 있을 뿐이다. 미국의 사정도 크게 다르지 않다. 또한 불교계에서도 거의 알려지지 않았던 그가 최근 새롭게 근대 불교계와 독립운동사에서 주목받고 있으나 국내 활동은 물론 미국 생활에 대해서 구체적으로 알려진 내용에는 한계가 있다. 그는 미국에서 결혼하여 아이를 낳고 가정을 꾸리며 살았고, 광복 이후에도 고국으로 돌아오지 않고 1976년 미국에서 세상을 떠났다.

3·1운동과 서대문형무소의 여성 독립운동가들

_동풍신, 어윤희, 김향화

아버지를 대신해서 만세운동에 참가하다

일제강점기의 형무소에서 독립운동가들에게 제공된 식사는 겨와 모래가 잔뜩 섞인 가축 여물 같은 밥에 소금국이 전부였다. 심지어 일제가 정한 등급에 따라 조립식 그릇의 받침 높이를 조절하여 밥의 양을 더욱 줄여서 배급했고, 냉난방은 고사하고 입는 것과 자는 것 모두 수감자를 괴롭히는 수단으로 사용했다. 그뿐만 아니라 사건의 주모자를 찾는다는 구실로 수감자들에게 잔혹한 고문을 일삼았다. 그로 인해 옥사하거나 출옥한 후 후유증으로 사망하는 사람이 많았다.

여성 독립운동가도 예외는 아니었다. 특히 3·1운동에 참여했다가 일제 경찰에 체포되어 모진 고문과 심문을 받은 후 전국의 형무소에 수감된 여성 독립운동가들에게 감옥 생활은 그야말로 생지옥이었다. 특히 서대문형무소는 1907년 독립운동가들을 가두기 위해 전국에서 가장 큰 규모로 지어진 교도소였다. 1921년 6월 12일 〈동아일보〉에 따르면 "서대문형무소

여자 감옥에 수감되어 있는 여자는 75명인데, 그중 일본인과 중국인 12명을 제외하면 63명이 조선 여자이며, 이들 중 3명을 제외하면 모두 독립운동에 종사한 정치범이라 한다"라고 보도했다. 그들 가운데 상당수는 3·1운동과 연관이 있었다. 그리고 이미 형기를 마쳤거나 감형되어 출옥한 여성 독립운동가들과 불행하게도 형무소에서 목숨을 잃은 경우까지 감안하면 이전에는 더 많은 여성 독립운동가가 수감되어 있었을 것이다.

3·1운동에 참여한 후 순국한 여성 독립운동가라고 하면 어린 나이에 일제의 탄압에 끝까지 굴복하지 않았던 유관순柳寬順, 1902~1920을 대표적으로 꼽는다. 유관순 역시 1920년 9월 28일 서대문형무소에서 순국했다. 그리고 대중에게 잘 알려지지는 않았지만, 유관순보다 두 살 어렸던 동풍신董豊信, 1904~1921도 그 무렵 서대문형무소에 수감되어 있었다.

1904년 함경북도 명천군 하가면 지명동에서 태어난 동풍신은 1919년 3월 15일 함경북도 명천군에서 독립 만세운동에 참여했다가 일제 경찰에 체포되어 혹독한 심문을 받고 재판에 넘겨졌다. 그때 동풍신의 나이는 불과 열다섯이었다. 일제 경찰은 동풍신에게 "나이 어린 자가 무엇을 알아 만세를 불렀느냐? 만세가 예배당에서 배운 유희인 줄 알았느냐"고 힐난하자 "나는 모른다. 다만 아버지가 부르다 죽었기에 아버지 대신 불렀다"라고 대답했고, 함흥지방법원에서 열린 재판에서도 "시위에 참여한 이유가 무엇이냐?"는 재판장의 질문에 "만세를 부르다 총에 맞고 사망한 아버지를 대신해서 만세를 불렀다"라고 대답하는 등 어린 나이에도 당당하게 재판을 받았다.

명천군의 3·1만세운동은 3월 14일 하가면 화대동에서 처음으로 일어났다. 당시 주동자가 누구인지 전하지 않지만, 이날 만세시위가 있다는 소식이 집집마다 전해졌고, 오전 11시가 되자 군중이 거리로 쏟아져 나와 만세를 외치며 행진했다. 시위대가 화대동 헌병 분견소 앞에 이르자 헌병들이 무차별 발포를 하여 사망자가 발생했다.

다음 날인 3월 15일 화대동 장터에서 사망자가 발생한 전날의 일을 항의하기 위해 다시 모인 군중이 만세시위를 벌였다. 5,000여 명이 모인 이날 시위는 함경북도에서 일어난 만세시위 가운데 가장 많은 인원이 참여한 것으로 전한다. 이날 시위에는 오랫동안 병석에 있던 동민수董敏秀, 1872~1919도 참가했다. 그는 전날 시위 군중이 사망했다는 소식을 듣자 새 옷으로 갈아입고 죽을힘을 다해 3킬로미터나 떨어진 화대동 장터로 간 것이다.

동풍신의 피 묻은 치마를 상기하라!

시위대는 만세를 외치며 명천군 허가면사무소로 행진하여 면장 동필한을 끌어냈다. 동필한은 일제의 앞잡이가 되어 주민을 괴롭히던 자였다. 시위대가 동필한에게 만세를 부르라고 요구하자 잔뜩 겁에 질린 동필한은 눈치만 살피다가 기회를 틈타 헌병 주재분소로 도망쳤다. 화가 난 시위대는 독립 만세를 외치며 헌병 주재분소로 가서 동필한을 내놓으라고 요구했다. 잠시 후 함경북도 길주 헌병대에서 지원을 나온 헌병 제27연대 소속 기마 헌병 13명이 경찰과 함께 시위 군중을 향해 무차별 사격을 가했다. 갑작스러운 총격으로 시위대의 선두에 있던 동민수를 비롯해 현장에서 사망자가 발생했고, 부상자들은 피를 흘리며 길바닥에 쓰러져 신음했다.

총성은 멎었지만, 총구가 여전히 거리를 겨냥하고 있는 가운데 거리는 잠시 정적 속에 빠져들었다. 그때 하얀 옷에 산발한 소녀가 뛰쳐나와 동민수의 시신을 붙들고 통곡했다. 소녀는 동민수의 둘째 딸 동풍신이었다. 그는 몸이 아파 누웠던 아버지가 만세를 부르러 나가자 뒤를 따라온 것이었다. 동풍신은 나이 어린 소녀였지만, 키가 크고 뼈대가 굵었다고 한다. 통곡하던 동풍신은 벌떡 일어나 아버지를 들쳐 업고 독립 만세를 목이 터지도록 외치기 시작했다. 이를 본 일제의 헌병대 총구들이 동풍신을 조준했다. 하지만 동풍신이 전혀 두려워하지 않고 만세를 외치자 그들은 동풍신이 '미친 소녀'라며 총을 쏘지 않았다.

골목 안으로 몸을 숨겼던 시위 군중이 이 광경을 보고 다시 거리로 나와 함께 만세를 외치며 동풍신의 뒤를 따라 거리를 행진했다. 시위대는 "무차별 사격을 하도록 기마 헌병들을 불러들인 것은 동필한 면장의 지원 요청 때문이다"라며 면사무소와 면장 집에 불을 질렀다. 그러자 헌병대는 시위대에게 다시 총을 마구 쏘았고, 장터 일대는 순식간에 피바다가 되었다. 이날 총격으로 5명이 사망하고 11명이 중경상을 입었다. 시위 주동자들이 체포되었고, 동풍신도 장터에서 일제 경찰에 붙잡혔다. 동풍신은 경찰에서 조사를 받고 재판에 넘겨져 2년 6개월 형을 받았다. 그는 이에 불복하고 재심을 청구해 서대문형무소로 이감되어 경성복심법원에서 2심 재판을 받았다.

동풍신은 감옥에서 같은 고향 출신이라는 여성으로부터 "(동풍신의) 어머니가 딸의 이름을 부르다 몸져누웠고 상심 끝에 돌아가셨다"라는 소식을 들었다. 일제 경찰이 동풍신을 회유하기 위해 화류계에서 일하던 여인을 같은

「면장에 설분코자」
면사무소를 태워버린 사건의 판결
(〈매일신보〉, 1920. 02. 01)

감방에 넣어 거짓말을 시킨 것이었다. 하지만 그러한 사실을 알 리 없었던 동풍신은 충격을 받고 식음을 전폐했고, 건강이 날로 악화되어 결국 1921년 서대문형무소에서 숨을 거두었다. 그때 동풍신의 나이 열일곱이었다.

동풍신의 사망 소식은 세상 사람들에게도 전해졌다. 이후 동풍신을 "북쪽의 유관순"이라고도 했고, 국경 넘어 서·북간도, 노령의 독립운동가들 사이에서 "동풍신의 피 묻은 치마를 상기하라"는 말이 돌았고, 이후 독립운동가의 가슴을 울리는 구호가 되었다.

개성 만세운동의 도화선이 되다

서대문형무소에서는 유관순과 함께 수감 생활을 했던 8호 감방 여성 독립운동가들의 일화들도 전한다. 3월 3일 개성에서 일어난 만세시위와 호수돈여학교를 중심으로 전개된 여성 독립운동가들의 이야기가 그 예다.

1919년 2월 28일, 3·1운동 하루 전날이었다. 오은영吳殷英은 급한 걸음으로 경성을 출발해 개성에 도착하여 「독립선언서」 100매를 개성 북부교회 목사 강조원姜助遠, 1875~?에게 전달했다. 오은영은 민족대표 33인 중 한 사람인 오화영吳華英 또는 오하영吳夏英, 1880~1960 목사의 여동생이었다. 오화영 목사는 3·1운동 준비 과정에서 개성 지역에 대한 연락을 책임지고 2월 중순부터 적임자를 물색했다. 그러나 마땅한 적임자를 찾지 못하자 함께 실행 계획을 세웠던 동생 오은영을 강조원 목사에게 보낸 것이었다. 「독립선언서」를 전달받은 강조원 목사는 위험을 감수하고 배포에 나설 사람을 비밀리에 찾았으나 쉽지 않았다.

그 사실을 가장 먼저 알게 된 사람이 호수돈여학교 유치원 교사 권애라

權愛羅, 1897~1973였다. 유관순의 이화학당 2년 선배이기도 했던 권애라는 북부교회의 어윤희魚允姬, 18881~1961에게 이 문제를 상의했다. 그러자 어윤희가 자진해서 나섰다. 이후 어윤희는 여성으로서 유일하게 3·1운동 당시 「독립선언서」 배포 활동에 참여하고 개성 지역 3·1운동을 촉발시키는 데 커다란 역할을 했다. 자료가 많지 않아 어윤희에 대한 연구는 단편적이고 내용이 한정적이지만, 개성에서 활동했던 그는 일제강점기에 가장 치열하게 살았던 여성 독립운동가였다.

어윤희는 개성에서 태어나 성장한 개성 토박이는 아니었다. 그가 개성까지 오게 되는 과정은 그야말로 파란만장했다. 1881년 충북 충주시 소태면 덕은리 산골에서 무남독녀로 태어난 어윤희는 어려서 아버지에게 한학을 배워 학문의 기초를 닦았고, 이웃집 색시를 찾아가 물레질을 해주면서 한글을 배운 것으로 전한다. 열두 살 때 어머니가 돌아가시고 아버지와 단둘이 살다가 1897년 열여섯 살에 결혼하여 집을 떠났다. 그 무렵 동학농민전쟁이 발발했고, 결혼한 지 사흘 만에 동학군이 되어 집을 떠난 남편은 불행하게도 전투 중에 전사했다.

졸지에 남편을 잃고 어린 나이에 청상과부가 된 어윤희는 남편 없는 시댁에 더 이상 머물 수 없게 되자 다시 본가로 돌아왔다. 그러나 이듬해인 1897년 아버지마저 세상을 떠나고 말았다. 천애의 고아가 되어 의지할 곳이 없었던 그는 생계를 위해 고향을 떠나게 된다. 이후 1909년 경기도 개성군 동부면 경방리(지금의 개성시 동흥동)에 정착할 때까지 12년을 황해도 평산과 해주 등지를 전전한 것으로 전하지만, 구체적으로 어떻게 살았는지는 알 수 없다.

어윤희는 1910년 어느 날 우연히 개성 북부교회에서 훗날 민족대표 33인 가운데 한 사람이 된 정춘수鄭春洙, 1873~1953 전도사의 설교를 듣고 깊은 감명을 받았다. 이후 기독교에 입문하여 북부교회와 인연을 맺게 되면서 그녀의 삶에 새로운 변화가 찾아왔다.

그 무렵 개성은 미국 남감리회 전도사업의 중요한 근거지였다. 특히 개성 북부교회는 "초기 한국 감리교에서 중심적인 역할을 담당했던 지도적 인사들을 배출한 요람이자 일제강점기에 민족의 앞날을 걱정하고 대안을 찾아 실천에 나섰던 민족 지도자들이 모여 교류를 맺고 인맥을 형성해가던 역사적 의의가 큰 곳"으로 평가받는다. 대표적인 예로 3·1운동 당시 민족대표 33인 중 정춘수·오화영·신석구申錫九, 1875~1950 등 세 명이 개성 북부교회 출신이었다. 어윤희는 북부교회에서 정춘수뿐만 아니라 동학군 경력이 있는 오화영 등의 직간접적인 영향으로 민족의식과 독립에 대한 의지가 싹텄을 것으로 보인다.

새벽이 되면 누가 시켜서 닭이 우느냐!

1912년 어윤희는 미국 남감리회 선교사로 개성 북부교회 등에서 전도하던 갬블Gamble, Rev.의 주선으로 개성 미리흠여학교 기예과에 입학하여 신학문을 공부했다. 미리흠여학교는 기독교계의 여성 교육기관으로 초등교육 수준을 가르쳤는데, 과부와 기혼 여성을 교육할 목적으로 설립된 근대 교육기관이었다. 미리흠여학교를 졸업한 어윤희는 미리흠여학교와 함께 개성의 양대 명문 여학교로 꼽혔던 호수돈여학교에 입학해 1915년 3월 서른다섯 살이라는 늦은 나이에 졸업했다.

이후 어윤희는 전도사로 일하며 주로 농어촌이나 산간벽지에 있는 교회에서 복음을 전파하고 여성 교인의 신앙을 지도하면서 독립정신 고취와 문맹 퇴치에 주력하는 등 신앙생활과 애국계몽운동을 활발하게 병행하다가 3·1운동을 맞았다. 당시 권애라를 통해 교회 지하실에 숨겨두었던 「독립선언서」를 전달받은 그는 대낮에 보따리 장사를 가장하고 집집마다 「독립선언서」를 돌렸다.

호수돈여학교 기숙사 2층에서 그의 대담한 행동을 본 교사와 상급생들도 용기를 내어 동참했고, 호수돈여학교 사감 신관빈申寬彬, 1885~?과 시각장애인 여전도사 심명철沈明哲, 1896~1983도 합류하여 주민들에게 「독립선언서」를 배포하면서 3·1만세운동 계획을 전했다. 3월 1일 오후 2시경에는 당당하게 개성 북본정에서 남대문에 이르는 길을 행진하며 통행인에게 「독립선언서」를 배부하며 만세운동을 벌였고, 이후 개성 지역 3·1만세운동은 송도고보와 호수돈여학교 학생들에게 확산되었다.

3월 3일에도 개성에서 1,500여 명의 군중이 모여 만세시위가 열렸고, 어윤희를 비롯해 권애라·신관빈·심명철 등이 함께 주도했다. 4일과 5일에도 학생과 시민이 합세하여 태극기를 흔들며 만세를 외쳤고, 독립가와 나팔을 불면서 시위가 이어졌다. 그러나 어윤희 등은 일제 경찰에 체포되었고, 경성으로 이송되어 보안법 위반으로 재판을 받았다.

어윤희와 함께 「독립선언서」 배포에 합류했던 강조원과 신공량은 징역 7개월에 집행유예 3년 형을 받았고, 시각장애인 전도사 심명철은 징역 10개월 형을 선고받았다. 그리고 신관빈은 1년 형을 받았고, 어윤희는 1년 6개월 형을 선고받아 당시 개성의 만세시위 연루자 가운데 형량이 가장 무거웠다. 이처럼 형량에 차이가 있었던 이유가 있었다.

10개월 형을 선고받은 심명철은 개성경찰서에서 조사받으며 조선인 형사 황달평이 "앞 못 보는 '장님' 주제에 무얼 안다고 만세운동을 주도하느냐"고 조롱하자 "눈이 멀었다고 마음조차 멀었겠느냐"고 항변할 정도로

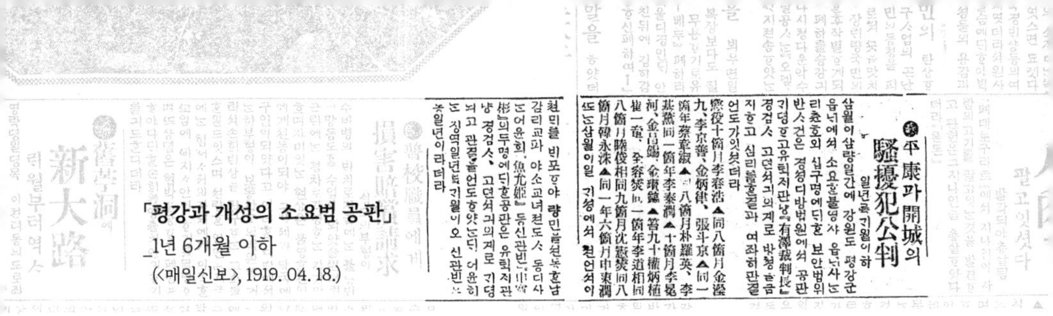

「평강과 개성의 소요범 공판」
_1년 6개월 이하
(〈매일신보〉, 1919. 04. 18.)

강단이 있었다. 그리고 1919년 5월 6일 「경성지방법원 판결문」에는 그의 죄에 대해 "정치 변혁의 목적을 가지고 다수의 군중과 조선 독립 만세를 부르며 면내를 횡행하고, 구한국기를 흔들며 군중을 선동, 만세를 부르며 파출소 부근까지 나가는 등 치안을 방해한 사실이 있는 자이다"라고 기록되어 있다.

어윤희의 경우 1929년 4월 18일 〈매일신보〉에 따르면, "당시 재판 기록에 누구도 선뜻 「독립선언서」 배포를 하려고 나서지 못할 때 민족의 독립을 고취하는 전단을 배포하여 개성 지역 만세운동을 주도한 죄가 크다"라고 보도했다. 또한 형사들이 어윤희를 체포하며 수갑을 채우려고 하자 "천하에 여자에게 수갑을 채우는 나라가 일본 말고 또 어디에 있느냐? 당신들이 내 몸을 묶어갈망정 내 마음은 못 묶어 가리라"라고 호통을 칠 정도로 당당했다. 어윤희는 조사 과정에서도 형사가 "배후가 누구냐"고 캐묻자 "새벽이 되면 누가 시켜서 닭이 우느냐? 우리는 독립할 때가 왔으니까 궐기한다"라고 훈계했다는 일화도 전한다.

옥중에서 3·1운동 1주년 기념 만세운동을 주도하다

8호 감방에는 나이가 가장 어린 유관순을 비롯해 노백린盧伯麟, 1875~1926 장군의 딸 노순경盧順敬, 1902~1979, 정신여학교 학생 이아주李娥珠, 1899~1968, 구세

군 사관 부인 임명애林明愛, 1886~1938, 기생 김향화金香花, 1897~1950 등과 함께 개성에서 만세시위를 주동했던 어윤희·권애라·심명철·신관빈 등이 수감되어 있었다.

임명애는 1919년 3월 10일과 26일 파주군 와석면에서 남편 염규호와 함께 격문을 배포하고 700여 명을 모아 두 차례 만세운동을 주도했다. 그리고 3월 25일에는 자신의 집에서 등사판으로 "오는 28일 동리 산으로 일동은 모이라. 집합지 않는 자의 집에는 방화하겠다"라는 문구를 넣은 격문을 인쇄하여 와동리와 당하리 등지에 배포했다. 임명애는 와석면사무소를 부수고 주재소로 향하던 중 일제 경찰에 체포되어 1년 6개월 형을 받았고, 격문을 썼던 임명애의 남편 염규호 역시 체포되어 부부가 모두 감옥 생활을 했다. 그뿐만 아니라 체포 당시 임신 중이었던 임명애는 출산일이 다가오자 1919년 10월 보석으로 풀려나 출산한 후 한 달 만인 11월에 다시 신생아와 함께 감옥으로 돌아왔다. 서대문형무소 8호 감방 동료들은 지극정성으로 아기를 돌보았다고 한다.

어윤희와 동료들은 감방에서도 계속해서 일제에 저항했다. 1919년 12월 크리스마스 전날에도 감옥 안에서 만세시위를 벌였고, 그날 사건으로 유관순 등은 심한 고문을 당해 크게 부상을 입었다. 그런데도 1920년 2월 말부터 서대문형무소 안에 있는 17개 여성 감방과 비밀통신 방법으로 연락을 취하며 만세시위를 준비하여 1920년 3월 1일 오후 2시 3·1운동 1주년 기념 만세 투쟁을 감행했다. 당시 간신히 시위를 진압한 일본인 교도관들은 시위를 주도한 자를 색출하려고 여성 수감자들을 고문하는 등 가혹하게 다루었다. 그로 인해 어윤희를 비롯해 주동자들은 혹독한 고초를 겪었고, 유관순은 결국 고문 후유증으로 순국하고 말았다.

어윤희는 서대문형무소에서 온갖 고초를 겪었지만, 당시 서른아홉 살

김향화(1897~미상)
징역 6개월
대통령표창

권애라(1897~1973)
징역 6개월
애국장

신관빈(1885~미상)
징역 1년
애족장

심명철(1896~1983)
징역 10개월
애족장

임명애(1886~1938)
징역 1년6개월
애족장

어윤희(1880~1961)
징역 1년6개월
애족장

유관순(1902~1920)
징역 3년
독립장

노순경(1902~1979)
징역 6개월
대통령표창

노순경 지사의 8호 감방 수감 여부는 미확정, 형량에 3 · 1운동 이후 독립운동 내역은 미포함.
자료: 국가보훈처 독립유공자공훈록, 서대문형무소 역사관

서대문형무소 여옥사 8호 감방 구성원(3·1운동 관련 선고 형량·포상훈격)

이었던 그는 8호 감방의 큰언니로서 중심을 잃지 않았다. 한번은 고문과 회유에 마음이 약해져 일본인 간수의 앞잡이 노릇을 하며 밥을 나르던 여성 수감자의 행동을 따끔하게 질책하여 본인 스스로 잘못을 뉘우치도록 훈계한 일도 있었다. 이후 그는 어윤희의 영향을 받아 서대문형무소 안에서 독립투사들의 비밀 연락원 역할을 했다는 일화도 전한다.

어윤희가 수감되었던 서대문형무소 8호 감방에서는 동료들이 함께 창가도 지어 불렀다. 심명철의 증언에 따르면, 8호 감방에서 창가를 자주 부르자 간수들이 시끄럽다고 제지할 정도였다. 그러나 그들은 창가를 부르며 일제의 모진 고문과 탄압 등 힘든 감옥 생활을 이겨냈고, 한편으로는 감방 안에서 그들이 할 수 있는 최고의 저항이었다. 이를 「8호 감방의 노래」라고도 한다. 창가는 원래 불리던 노래를 권애라 등이 개사한 것으로

보인다. 당시 8호 감방에는 기독교 신자가 많았고, 권애라와 유관순 등이 선교사들이 개교한 기독교계의 이화학당에 다녔다는 사실을 고려하면 「8호 감방의 노래」는 자신들의 기도하는 마음을 담아 찬송가를 개사한 것으로 추정된다.

여기에 개성에서 오화영 목사가 이미 1910년대 무단통치하에서 한영서원韓英書院을 중심으로 애국창가운동에 참여했다가 구금되었던 민족투쟁에 대한 경험도 주목할 필요가 있다.

역사적 의미와 뿌리가 깊은 '애국창가운동'을 이어가다

한영서원은 1906년 10월 미국 남감리교 계열에서 개성에 세운 교육기관이었고, '애국창가운동'의 시작은 1890년대 후반 독립협회의 '애국 가사 짓기 운동'에서부터 비롯되었다. 당시 청년 안창호는 찬송가와 찬미가뿐만 아니라 '노래로 하는 말'인 '창가'가 "공동체의 화합과 단결, 더 나아가 민족 정서의 고양에 막강한 영향력을 줄 수 있다"는 사실을 깨닫고 자신이 직접 가사를 짓고 곡조를 붙이는 작업을 시도했다.

그가 첫 번째로 쓴 가사가 바로 "무궁화 삼천리 화려강산, 조선사람 조선으로 길이 보전하세"라는 「무궁화 노래」였다. 이 가사는 1896년 11월 독립문의 정초식定礎式이 끝난 후 뒤풀이를 겸한 단합대회에서 스코틀랜드의 민요 「올드 랭 사인Auld Lang Syne」 곡조에 맞추어 처음으로 선보였고, 의외로 참여자들로부터 큰 호응을 받았다.

이후 「무궁화 노래」라는 공식 명칭을 얻어 사람들의 입에서 입으로 전달되었고, 이 과정에서 '애국창가운동' 역시 독립운동 차원에서 확산되었다. 개성에서 벌인 애국창가운동도 그 예였다. 당시 창가의 내용은 구체적으로 알 수 없지만, 애국창가운동은 독립운동사에서 그 의미와 뿌리가 상당히 깊었고, 서대문형무소 8호 감방에서 이 운동을 이어간 것이었다.

그러나 「8호 감방의 노래」는 현재 전하지 않아 정확한 내용은 알 수 없다. 다만 심명철이 생전에 아들 문수일에게 구술한 것으로 전하는 두 곡의 창가가 1991년 장수복이 저술한 『선죽교의 피다리』라는 문고판 소책자에 실렸으나 이 책자가 소량만 발간되어 현재는 실체를 확인할 수 없다. 그리고 노래 제목과 가사는 심명철이 문수일에게 알려준 것으로 추정되나 8호 감방에서 붙인 것인지는 확인할 수 없으며, 현재 가사는 찾았으나 곡조를 알 수 없다.

이후 3·1운동 100주년이 되는 2019년, 그 노래가 세상에 알려졌다. 2019년 1월 1일 〈한국일보〉는 "유관순 열사 감옥 동료와 지어 부른 노래, 100년 만에 찾았다"라고 보도했고, 그해 2월 22일 서대문형무소 여자 옥사에서 촬영한 가수 안예은이 「선죽교의 피다리」와 「대한이 살았다」를 함께 엮어 부른 「8호 감방의 노래Women's March」 라이브 영상이 유튜브에 공개되었다. 또 2월 27일에는 이 두 노래를 정재일이 작곡하여 「대한이 살았다」로 제목을 붙여 가수 박정현이 부르고 김연아가 내레이션 한 영상이 유튜브 채널에 공개되었다. 두 곡의 가사는 다음과 같다.

「선죽교의 피다리」
진중이 일곱이 진흙색 일복 입고
두 무릎 꿇고 앉아 주님께 기도할 때
접시 두 개 콩밥덩이 창문 열고 던져줄 때
피눈물로 기도했네 피눈물로 기도했네

「대한이 살았다」
대한이 살았다 대한이 살았다
산천이 동하고 바다가 끓는다
에헤이 데헤이 에헤이 데헤이
대한이 살았다 대한이 살았다

「대한이 살았다」는 전국으로 확산한 3·1운동의 기운과 함께 독립을 기원하는 결기를 보여주는 내용으로 해석된다. 그리고 「선죽교의 피다리」에서 '진중이'는 뜻이 명확하지 않지만, '전중이'의 오기로 추정되며, 전중이는 '징역살이하는 사람'을 뜻하는 은어라고 한다. 그리고 '진흙색 일복'은 '황토색 일본 옷' 또는 '진흙색 일본 옷'으로 죄수복을 의미하는 것으로 추정된다. 또한 "「선죽교 피다리」라는 제목은 정몽주가 고려를 지키다가 죽임을 당한 개성의 선죽교를 뜻하며, 여기에는 나라에 대한 충정의 의미가 담겨 있다. 아마도 8호 감방에 개성 출신이 많아 그렇게 붙인 것 같다"라는 증언 등을 고려하면 개성에서 널리 불렸던 「선죽교의 피다리」의 노랫가락을 재현했을 것으로 추정된다.

흙 한 줌 남기지 않고 세상을 떠나다

1920년 4월 28일 사면령으로 출옥한 어윤희는 사회적 약자의 보호와 여권 신장에 앞장서며 감리교 내에서 여성 지도자로 성장했고, 독립운동을 측면에서 지원하는 다양한 방법을 찾아 스스로 실천에 옮기며 여성 독립운동가로 활동했다. 달리 말하면 실생활과 독립운동이 특별한 차이 없이 일상이 될 정도로 3·1운동은 그의 삶에 다시 한번 커다란 영향을 미쳤다.

그는 비밀리에 독립운동가들에게 여비를 마련해주고, 해외에서 작전을 위해 국내에 잠입한 독립군에게 은신처를 제공하여 안전하게 숨겨주기도 했다. 그리고 육혈포와 탄환 등 무기를 감춰주었다가 전달하는 일이나 국내와 해외의 연락을 이어주는 등 위험을 무릅쓰고 독립운동을 지원했다. 어느 날은 해외에서 잠입한 광복군을 자신의 집에 숨겨주었는데 형사들이 수색하며 행방을 추궁했지만, 너무나도 태연스럽게 행동해서 그냥 돌아간 일도 있었다.

그러나 1920년 10월 대한독립의군부大韓獨立義軍府 군자금 모집 사건에 연루되었고, 1923년 3월 5일 〈동아일보〉에 "개성 북부 예배당 전도부인으로 있는 어윤희 여사는 지난 3일 아침 개성경찰서에 붙잡혀 곧 남천경찰서로 송치하였는데, 모 사건에 연루된 혐의인 듯하다더라"라는 기사가 보이는 등 어윤희는 여러 차례 일제 경찰에게 체포되어 고초를 겪었다. 그러나 그는 항상 당당했고 독립의 정당성을 주장하여 일인들조차 경탄하게 했다. 이 때문에 1927년 남감리교 여선교회에서 해외 선교활동을 결정하고 각지에 선교사를 파송할 때 일본 선교사로 어윤희가 선정되었으나 일제 당국에서 그를 불온사상가로 분류하여 출국을 금지해 다른 사람이 파견될 정도로 어윤희는 일제 관헌의 감시와 통제를 받는 민족운동계의 요주의 인사가 되었다.

어윤희는 1920년대 국내 민족협동전선의 양대 단체인 신간회新幹會와 근우회勤友會 운동에 적극 참여했다. 특히 개성여자교육회, 신간회 개성지회, 근우회 개성지회 등에서 핵심 인물로 활동한 그는 "개성 지역 민족운동의 지도자적 위치에서 민족 문제와 함께 여성 문제를 해결하기 위해 헌신한 여성 독립운동가"로 평가받는다. 1931년 신간회가 해체된 후 그는 일선에 물러나 아동복지사업에 헌신했고, 1937년에는 감리교와 개성 지역 유지들의 지원을 받아 개성에 유린보육원을 설립해 고아들을 돌보는 사회사업을 실천하다가 광복을 맞았다.

광복 후 그는 월남하여 서울 마포에 고아들을 돌보는 시설을 재건했다. 그러나 6·25가 발발하자 부산으로 피난하여 1952년 서강교회 장로로 10년간 시무하기도 했고, 이후 다시 상경한 그는 서울 마포에 서강유린보육원을 설립하여 운영하며 여생을 보내다 1961년 11월 18일 세상을 떠났다. 유족이 한 명도 없었던 그의 유해는 한강에 뿌려졌다.

일본 놈들에게 술 치지 마라!

한편 서대문형무소 8호 감방에는 3·1운동에 참여했던 기생 김향화도 있었다. 김향화의 본명은 김순이로 1897년 경성에서 태어난 것으로 전한다. 이른 나이에 결혼한 그는 이유는 알 수 없으나 이혼한 후 가족을 부양하기 위해 기생이 되어 수원기생조합에 들어갔고, 스물두 살이 되던 해 수원 지역에서 제일가는 예기藝妓로 성장했다. 그리고 이듬해 3·1운동에 참여했다.

1919년 3월 25일부터 4월 4일까지 수원 읍내를 비롯해 군내 각 지역에서 연이어 만세시위가 일어났다. 만세시위에는 수백 명에서, 장이 서는 곳에서는 천여 명이 넘는 군중이 모였다. 일제 경찰은 시위대를 향해 발포하여 수십 명의 사상자가 발생했고, 수백 명이 체포되었다. 3월 29일 수원 읍내 만세시위가 일어났을 때 수원기생조합 소속 기생들은 검진을 받기 위해 자혜병원으로 가면서 경찰서 앞에서 독립 만세를 외쳤고, 돌아오는 길에도 다시 경찰서 앞에서 만세를 부르고 헤어졌다.

당시 김향화는 30여 명의 기생과 함께 만세시위를 벌이다 체포되어 보안법 위반으로 6개월 형을 선고받고 서대문형무소에 수감되었다. 그는 평소에도 "일본 놈들에게 술 치지 마라"고 할 정도로 지조와 의기가 있었다. 후세인들은 이런 그를 '수원의 논개'라고도 했고, "총칼 앞에서도 굴복하지 않은 그는 기생보다는 독립운동가였다"라고 평가했다. 그러나 그는 수감 생활 중 받았던 고문으로 건강이 좋지 못해 형기를 1개월 남겨 놓고 1919년 10월 27일 가출옥하여 수원으로 돌아왔다.

이후 그의 행방은 알 수 없으나 일설에 따르면 "감옥에서 풀려난 그는 일제의 감시가 심해 김우순으로 이름을 바꾸었고, 1935년 경성으로 상경했으나 가족들은 뿔뿔이 흩어졌다"고 한다. 그리고 1950년 사망한 것으로 추정되나 유해에 대해서는 알 수 없으며, 2009년 대통령 표창이 수여되었으나 후손을 찾지 못해 정부에서 보관 중이다.

이외에도 1919년 3·1운동이 일어나자 전국 각지에서 기생조합 소속 기생들이 동참했다. 수원 이외에도 진주·통영·해주 등지의 기생들은 독자적으로 시위를 벌였고, 만세운동을 주동한 기생들은 6개월에서 1년의 옥고를 치르며 고초를 겪었지만 의연하게 대처했다.

진주에서는 3월 19일 진주권번 소속 기생 50여 명이 독립적으로 선두에서 태극기를 들고 촉석루를 향해 시위행진을 벌이며 독립 만세를 외쳤다. 당시 일제 경찰은 주동자 5~6명을 체포하여 구금했는데, 스물두 살의 기생 한금화韓錦花, 1899~?는 손가락을 깨물어 흰 명주 자락에 "기쁘다. 삼천리 강산에 다시 무궁화 피누나"라는 가사를 혈서로 썼다. 1919년 3월 25일 〈매일신보〉는 진주 기생들의 만세시위를 보도하면서 "기생이 앞서서 형세 자못 불온"이라는 제목으로 "십구일은 진주 기생의 한 떼가 구한국 국기를 휘두르고 이에 참가한 노소老少 여자가 많이 뒤를 따라 진행하였으나 주모자 여섯 명의 검속으로 해산되었는데, 지금 불온한 기세가 진주에 충만하여 각처에 모여 있다더라"라고 진주 지역의 분위기를 전했다.

4월 1일에는 황해도 해주에서 읍내 기생 일동이 손가락을 깨물어 피로 태극기를 그려 독립 만세운동을 벌였는데, 일반인까지 합세하여 규모가 3,000명이나 되었다. 4월 2일에는 경남 통영에서 예기조합 기생들이 금비녀와 금반지 등을 팔아 산 광목으로 만든 소복을 입고 허리에 수건을 둘러맨 33명의 기생이 만세운동을 벌였다.

3·1운동에 적극 참여했던 기생 정칠성丁七星, 1897~1958은 이후 사회주의 계열에서 항일독립운동가로 활동했다. 요릿집 손님에게도 독립사상을 설파할 정도로 강단이 있었던 그는 기녀로서 뛰어난 기량을 인정받아 일본 유학까지 다녀왔고, 귀국 후에는 페미니스트·언론인·정치인 등으로 활동했으나 광복 후 월북해서 활동하다가 1958년 국내파 공산주의자 및 사회주의자들을 제거할 때 함께 숙청되었다.

이외에도 일제강점기 기생들은 부당한 화대 착취에 대항하여 악덕 일본인 업주를 상대로 동맹파업을 일으키는 등 단결력을 행사하기도 했고, "조선 청년들의 가슴속에 독립사상을 불 지르는 역할을 톡톡히 했다"라는 평가를 받는 등 절개와 지조를 지키며 나라를 빼앗긴 설움을 일깨워준 의기 있는 기생도 많았다. 그리고 경성에서 가장 유명했던 명월관의 진주 기생 산홍山紅은 돈 많은 중년 신사가 거액의 몸값을 치르고 소실로 삼으려고 하자 "기생 몸값으로 거금을 들일 돈이 있다면 나라를 위해 피 흘리는 젊은이들을 위해 쓰시오"라고 따끔한 충고를 하며 단호하게 거절했다는 일화도 전한다.

3부

적의 심장에 폭탄을 던져라

여성 독립운동가로는 최초로 사형선고를 받다

_안경신

여성 독립운동가들이 적은 이유는

국가보훈처에서 훈장과 포상을 받은 독립유공자는 1만 4329명으로, 그 중 여성은 전체의 1.9퍼센트인 272명에 불과하다. 때문에 일제강점기 독립운동가 하면 대부분 남성의 이름을 떠올리거나 유관순 열사 말고는 딱히 다른 사람이 떠오르지 않을 정도로 여성 독립운동가들은 베일에 가려져 있다. 아마도 그 이유는 여성의 독립운동과 관련해서 기록으로 남긴 자료가 많지 않고, 여성의 활동을 독립운동으로 인정하지 않는 분위기가 있었던 것과도 무관하지 않은 듯하다.

예를 들면 "독립운동을 하는 남편을 묵묵히 내조하며 아이들 교육과 집안 살림을 책임지거나, 상하이 임시정부 등 독립운동 조직의 살림을 도맡아 궂은일을 하면서 군복을 만들고 수선하는 등 의식주와 관련한 일들을 헌신적으로 했다"라는 이야기가 주로 전한다. 물론 무장투쟁과 관련한 이야기도 전하지만, 화약을 만들거나 군자금을 모으고, 도피 중이거나 부상한 독립운동가들을 숨겨주고 치료해주는 등 보이지 않는 곳에서 헌신적으로 독립운동을 지원한 이야기가 대부분이다. 임시정부에서 남성 독립운동가들을 뒷바라지한 조마리아·정정화 등과 광복군이나 조선의용대 대원으로 활약한 이화림·오광심·박차정 등이 그들로, 그들의 활동은 오랜 시간 동안 독립전쟁을 지속할 수 있는 원동력이 되었다는 점에서 의미가 컸음에도 큰 주목을 받지 못했다. 그런 점에서 2015년 개봉한 영화 「암살」은 여성 독립운동가와 관련해서 커다란 의미가 있었다. 일제강점기인 1933년을 배경으로 한 「암살」에서 독립군 저격수로 나온 주인공을 통해 남자현南慈賢, 1872~1933이 새롭게 주목받았기 때문이다.

남자현은 3·1운동 이후 만주로 건너가 독립운동에 참여했고, 만주국 전권대사 무토 노부요시武藤信義를 사살하려다 일제에 체포되어 순국한 여성 독립운동가이다. 그는 여성 독립운동가에 대한 이제까지의 인식을 넘어 무장투쟁에 직접 참여하여 남성 독립운동가와 다를 바 없이 활약했

斷食한지九日만에
人事不省되여出監
保釋出監한武藤大將謀殺犯
新京南慈賢의近況
波瀾重疊한過去와

「단식한 지 9일 만에 인사불성되어 출감」
_보석 출감한 무장대장 모살범 신경 남자현의 근황
(〈조선중앙일보〉, 1933. 08. 26.)

고, '독립군의 어머니'라고 할 정도로 여성 독립운동가에 대해 새롭게 주목하는 계기가 되었다.

대중적으로 잘 알려지지 않았지만, 남자현 외에도 무장투쟁에 직접 참여했던 여성 독립운동가들이 많았다. 평안남도 도청과 평양경찰서 폭탄 투척 사건으로 커다란 주목을 받았던 안경신安敬信, 1888~?도 대표적인 예로 꼽을 수 있다.

1921년 9월 13일 〈동아일보〉에는 "1919년 9월 2일 강우규가 남대문 정거장에서 처음으로 폭탄을 투척하고, 1921년 9월 12일에는 백주대낮에 총독부 2층에 들어가서 두 번이나 폭탄을 던지는 사건이 발생했다. …… 총독부 비서과에서는 던져진 폭탄에 뺨을 맞고도 무사한 사람이 있었다. 폭탄이 터졌더라면 아래층까지 큰일이 날 뻔했는데, 백주대낮에 발생한 사건이라 할 이야기도 매우 많지만, 아직은 이러한 것을 보도할 자유가 없다"라는 기사가 실렸다. 이처럼 일제의 언론 통제로 사건의 전말이 구체적으로 알려지는 데 상당한 시간이 걸렸다.

특히 일제는 무장투쟁에 대한 신문 보도에 대단히 민감했고, 보도를 통제하여 때로는 왜곡하거나 축소하기도 했다. 안경신 역시 시간이 지나면서 신문에서 "강우규 사건 이후 주요 폭탄 투척 사건으로 안경신 등의 평안남도 도청과 평양경찰서 폭탄 투척 사건, 곽재기의 밀양 폭탄 사건, 신의주 정거장 앞에 위치한 호텔 입구에 폭탄 투척 사건이 있었고, 체포된 범인들은 모두 사형선고를 받고 이미 형이 집행된 경우도 적지 않다"라며 연이어 발생한 주요 폭탄 투척 사건을 보도하면서 그의 무장투쟁이 비로소 세상에 알려졌다.

갓난아이와 산모가 체포되어 압송되다

1920년 8월 3일 밤 9시경이었다. 갑자기 천지가 진동하는 듯한 큰 소리가 고요하던 평양 시내를 뒤흔들었고, 놀란 군중은 어쩔 줄을 몰라 우왕좌왕하며 공포에 휩싸였다. 이날은 평양에 야시장이 열리는 날이라 밤늦은 시간에도 거리를 오고 가는 사람이 많아 더욱 혼란스러웠다. 사건 현장에 일제 경찰이 출동했으나 누군가 평안남도 도청에 폭탄을 던지고 사라졌다는 사실만 확인했을 뿐 아무런 단서도 찾지 못했다. 평양 시내 일제의 각 관청과 경찰 당국은 비상경계를 서며 수사에 총력을 기울였고, 눈코 뜰 새 없이 바쁘게 움직이며 혐의자와 연루자들의 체포에 나섰다.

그러나 감옥에 있는 사람들까지 체포자 명단에 올릴 정도로 경황이 없었던 일제 경찰은 진범은 고사하고 단서조차 찾아내지 못하고 시간만 흘러갔다. 일제 경찰은 해를 넘겨 1921년 3월에야 비로소 단서를 찾아내고 범인 체포에 나섰다. 〈동아일보〉는 범인으로 지목한 인물이 체포되고 두 달이 지난 5월 2일 다음과 같이 보도했다.

> ……경찰 당국에서는 밤을 낮으로 죽을힘을 다하여 연구 조사하며 범인 체포에 계속 진력하되 조금도 그 누구의 소위임을 알지 못할 뿐만 아니라 날이 갈수록 조사는 더욱 곤란하여 체포할 길이 망연하던바, 평양경찰서는 3월 2일경에 비로소 무슨 단서를 얻어 가지고 각 경찰서와 연락하여 주야로 대수색을 행한 결과 드디어 (범인이) 함경남도 이원군 내에 숨어 있는 것을 탐지하고 즉시 평양경찰서 고등계 형사들이 출장을 가서 해산하고 집에 누워 있는 안경신(34)이라는 여자와 최용주(30)를 체포한 후 원산을 거쳐 3월 25일 평양으로 압송하여 비밀리에 엄밀한 신

女子爆彈犯

평남도청폭탄범안경신
아히를품에안고감옥에

[illegible]

米議員團訪問時

시위운동을이르키고저

[illegible]

「여자 폭탄범」
_평남도청 폭탄범 안경신, 아이를 품에 안고 감옥에
_미 의원단 방문시, 시위운동을 일으키고자
(<동아일보>, 1921. 05. 02.)

爆彈犯安敬信

평남도데삼부에던젓던
폭탄범련루자들을체포

[illegible]

犯罪事實

[illegible]

「폭탄범 안경신」
_평남도 제삼부에 던졌던
폭탄범 연루자들을 체포
(<매일신보>, 1921. 05. 10.)

문을 행하고 있다…….

안경신은 임신한 몸으로 폭탄 투척에 참여한 후 은신처에서 출산하여 갓 태어난 아기와 함께 있다가 체포되었고, 갓난아기를 강보에 싸서 함께 평양으로 압송되어 비밀리에 심문을 받으며 혹독하게 고문을 당했다.

안경신과 관련한 자료가 거의 없고, 관련 연구가 거의 이루어지지 않아 그에 대해서는 알려진 내용이 극히 제한적이다. 다만 1888년생인 그녀는 체포 당시 서른네 살이었고 평안남도 대동 출신으로 전한다. 그는 평양 숭실학교 예비과를 마치고 평양여고보에 진학하여 기예과 2년을 수료한 후 고향으로 돌아갔다가 1919년 3·1운동이 일어나자 즉시 평양으로 돌아와서 만세시위에 참여했다. 당시 그는 평안남도 도청 정문 앞에서 사람들에게 독립을 주장하며 총독 정치를 비판하는 연설을 했고, 이로 인해 일제 경찰에 체포되어 평양경찰서에서 29일간 구류를 살았다.

이처럼 평소 일제에 대한 저항의식을 지니고 있었던 안경신은 같은 해 11월 감리교에서 활동한 중진 여성 오신도吳信道, 1860~1933 · 안정석安貞錫, 1883~? 등과 함께 대한애국부인회大韓愛國婦人會를 조직하고 평양 본부의 교통부원 겸 강서지회 재무를 담당했다. 당시 대한애국부인회는 3,400원의 군자금을 모금하여 상하이 임시정부로 보내는 등 독립운동을 지원했다. 그러나 1920년 초 동지 106명이 일제 경찰에 붙잡혀 국내에서의 활동에 제약을 받게 되자 안경신은 1920년 2월 김행일金行一(당시 36세)을 따라 상하이로 망명하여 임시정부에서 활동한 것으로 전한다.

여성 독립운동가로는 최초로 사형선고를 받다

몇 달이 지난 5월 임시정부는 미국 의원단이 조선을 방문한다는 소식을 접했다. 임시정부는 일제의 강제 병합으로 부당하게 식민 지배를 받는 국내 상황을 전 세계에 알리고 국제여론을 환기시키기 위해 국내에 비밀 결사대를 파견하기로 결정했다. 이에 안경신은 장덕진張德震, 1898~1924 · 김창수金昌洙(김구) · 문현철文賢哲 또는 文一民, 1894~1968 · 박공 등 5명과 함께 비밀회의를 갖고 평양으로 잠입하여 일제의 관청을 폭파하고 만세시위를 벌이기로 의견을 모았다. 그리고 그해 7월 15일 안경신 등 5명은 상하이를 출발했다. 당시 임시정부 호병무胡炳武가 이들을 집으로 초대하여 폭탄과 함께 권총과 탄환 그리고 여비를 전달한 것으로 전한다.

국내에 잠입한 안경신 일행은 일제 관헌의 눈을 피하려고 도보로 이동했고, 평안북도 초산을 거쳐 8월 1일 평양에 도착했다. 그들은 이동 과정에서 분주하게 수색하던 일본 순사를 만나 격투를 벌이기도 했다. 당시 문현철은 권총으로 순사를 사살하고 폭탄 한 개를 던진 후 대동군 임원면으로 도주했다가 8월 3일 평양에 도착했다. 안경신 일행은 거사를 실행에 옮기기 위해 두 개조로 나누어 평안남도 도청과 평양경찰서에 각각 폭탄을 던지기 위해 헤어졌다. 그리고 8시경에 평안남도 도청에 폭탄을 투척했고, 11시경에 평양경찰서에 폭탄을 투척했다. 당시 도청에 투척한 폭탄이 터져 새로 지은 건물 외벽과 유리창이 깨지며 아수라장이 되었으나, 안경신이 일행과 함께 평양경찰서에 던진 폭탄은 불행하게도 도화선이 비에 젖어 불이 붙지 않아 실패하고 말았다.

이후 안경신 일행은 일제의 삼엄한 경계를 교묘하게 피하여 대동강을 건너 참외밭 언덕에 몸을 숨겼다가 며칠이 지나 다시 평양으로 들어왔다. 그들은 사전에 약속한 장소에서 문현철을 만나 폭탄 한 개를 넘겨받아 다시 거사를 치르려고 했다. 그러나 일제의 경계가 삼엄하여 실행에 옮기지 못하고 그대로 각자 헤어졌다. 이후 네 명의 남성은 각기 경계망을 벗어나 모두 무사히 국경을 넘어 상하이에 도착했다.

그러나 유일한 여성이었던 안경신은 국내에 남았다. 그 역시 해외로 빠져나가려고 했으나 사정이 여의치 않자 일제 경찰의 눈을 피해 멀리 함경남도 시골로 피신했고, 그곳에서 아이를 출산했다. 신문에는 "안경신이 평양경찰서에 폭탄을 투척할 때 임신 7개월이었다"라고 하고, "안경신이 체포될 때 아이가 생후 15일 되었다"고도 한다. 따라서 안경신이 혼자 국내에 남게 된 이유는 만삭의 몸이었기 때문으로 보인다.

한편 사건 발생 7개월 만에 유일한 진범으로 안경신이 체포되자 일제 경찰은 그동안 체포하여 조사하던 혐의자들을 모두 풀어주었고, 안경신의 조사와 재판이 신속하게 진행되었다. 조사 과정에서 안경신이 대한애국부인회를 조직하여 회원 모집과 애국 모금 활동을 벌여 상하이로 보낸 일이 발각되었다. 하지만 명확한 증거를 확보하지 못할 정도로 조사가 미흡했음에도 재판을 서둘렀다.

안경신이 체포된 지 불과 석 달 만인 1921년 6월 10일 평양지방법원에서 최종 재판이 열렸다. 그날 재판부는 안경신에게 사형, 공범으로 체포된 최용주 등 두 명에게는 각각 징역 1년 6월과 1년을 선고했다. 이틀 후 〈동아일보〉는 "독립운동이 시작된 이래 여자의 사형선고는 안경신이 처음인 듯, 그 여자는 방금 젖먹이를 데리고 있다 한다"라며 여성 독립운동가에 대한 최초의 사형 선고 소식과 함께 수감 중에도 모유를 먹이며 아이와 함께 감옥 생활을 하고 있던 안경신의 근황을 보도했다.

女子爆彈犯 安敬信은 死刑宣告
십일평양디방법원에서 공범두명은각각징역에

「여자 폭탄범 안경신은 사형 선고」
_10일 평양지방법원에서, 공범 두 명은 각각 징역에(사진: 사형선고를 받은 여자 안경신)
(〈동아일보〉, 1921. 06. 12.)

재판이 3년이나 걸리다

안경신은 판결에 불복하여 재심을 요청했다. 평양복심법원에서도 아이와 함께 재판장에 나온 그는 전혀 위축되지 않았고, 재판장의 질문에 당당하게 답변했다. 반면 확실한 증거를 확보하지 못한 검사는 안경신에게 죄를 인정할 것을 강요했다. 심지어 1922년 3월 25일 〈동아일보〉에 따르면 검사가 안경신의 죄상을 논거論據하면서 "……더욱이 피고는 여자이므로 여자라는 것은 한번 마음을 결단하면 그대로 쫓아다니는 것이니 피고의 일심 판결의 사형이 정당하다"며 재심을 기각해줄 것을 요청했다. 그러나 안경신의 변호인은 "증거가 불충분하다고 주장했고, 공범이라면 3년 이상 10년 이하 징역에 더할 수 없다"라고 주장하여 공방이 이어졌다.

재판은 6~7차까지 이어지며 해를 넘길 정도로 오랜 시간 동안 진행되었고, 신문에서는 "안경신의 재판이 열리는 날이면 매번 수백 명의 방청객이 몰려들어 재판소 마당을 가득 메웠고, 재판정 안에서는 방청객들의 날카로운 시선이 모두 안경신에게 쏠렸다"라고 보도할 정도로 안경신과 재판 결과에 사람들의 관심이 집중되었다. 그렇게 몰려드는 방청객이 부담스러웠던 재판부는 다섯 번이나 공판을 연기했고, 1921년 10월 26일 최종 판결이 열렸다. 그날 재판부는 "일심 판결을 취소하고 다만 치안방해와 공모죄를 인정하여 징역 10년에 처한다"라고 판결했다. 이에 안경신은 재판장 앞으로 나가 "내가 무슨 죄가 있어 3년간이나 가두어 두었다가 10년 징역에 처하느냐고 소리를 벼락같이 지르며 다시 증인이라도 불러 심문하여 달라"고 거세게 항의했으나 소용이 없었다. 그러나 이것으로 폭탄 투척 사건이 모두 종결된 것은 아니었다.

배후를 밝히기 위해 다른 진범 체포에 혈안이 되었던 일제 경찰은 안경신의 재판이 진행되는 중에도 비밀리에 수사를 계속했다. 재심이 진행 중이던 1921년 6월 26일 〈조선일보〉에 "안경신과 같이 폭탄 투척에 참여한 공범 고유실(여, 30)이 강서군에서 강서경찰서에 체포되었다. ……내용은 비밀에 부쳐 후일 세밀하게 보도하겠다"라는 기사가 실렸다. 그리고 1926년 5월 21일 〈동아일보〉에는 "평남도청 폭탄 투척 사건과 관련하여 6년 만에 진범이 체포되었다"라며 다음과 같은 기사가 실렸다.

> 김예진은 평양 출신으로 상하이 프랑스 조계지에 거주하며 6년 동안 숨어서 지내다 체포되었는데, 평안남도 경찰부에서는 그를 체포하기 위해 해외까지 수색망을 늘리고 고심해오던 중 얼마 전에 상하이 일본 영사관에 폭탄을 던진 사건이 있어 동 영사관 경찰서에서는 그 사건의 범인을 엄중하게 탐문하다가 김예진을 범인으로 체포했는데, 그가 평안남도 도청 등에 폭탄을 던진 사건의 주모자로 판명하고 평남경찰부에 조회

平南道廳投彈
亦是金禮鎭

「평남도청 투탄, 역시 김예진」
_6년 만에 상해에서 체포되었다
도착되는 즉시로 검사국에 호송
-평양으로 호송된 상해의 폭탄범
(《동아일보》, 1926. 05. 21.)

金禮鎭의 軍資募集
평양부근각군으로다니며
平南爆彈共犯은警察이否認

생각나는
安敬信
그의옥중녀는
두눈이멀엇다

상해서온김례진

「김예진의 군자 모집」
_평양 부근 각 군으로 다니며
_평남 폭탄 공범은 경찰이 부인
_생각나는 안경신, 그의 옥중녀는 두 눈이 멀었다
(사진: 상해에서 온 김예진)
(《시대일보》, 1926. 05. 23.)

하여 부산과 경성을 경유하여 재작再昨(그제) 19일 급행열차로 평양에 도착하여 엄중한 경계 중에 평양지방법원 검사국으로 압송했다. 김예진은 3·1운동에 참여하였다가 검거되어 평양형무소에서 징역을 살던 중 5개월 만에 신병으로 가출옥을 허가받아 출옥한 후 다시 권총을 가지고 다니며 군자금 모집 활동을 하다가 상하이로 건너가서 동료들과 함께 평안남도 도청에 폭탄 투척을 논의하고 실행에 옮겼다.

김예진金禮鎭, 1896~1950의 조사 과정에서 복역하고 있던 안경신도 호출되어 조사를 받았다. 그러나 안경신은 김예진을 모른다고 진술했고, 김예진도 범행을 부인했다. 재판에서 김예진은 사건 당시 자신은 평양에 있지 않았다는 사실을 증명해줄 네 명을 증인으로 신청했으나 기각당했고, 김예진의 변호사 역시 줄곧 무죄를 주장했다.

관련자들이 체포될 때마다 사건이 확대되다

김예진의 재판은 범죄를 입증할 만한 구체적인 증거를 제시하지 못해 검사와 변호사 사이에 1년 반이나 공방이 이어졌다. 그럼에도 검사는 15년을 구형했고, 김예진은 "우리를 죽여라"라며 거세게 항의했으나 재판은 그에게 불리하게 돌아갔다. 일제 경찰은 조사 과정에서부터 그의 범행을 기정사실화했고, 검사도 그의 죄를 물고 늘어졌다. 더구나 일제 경찰의 조사 과정에서 그동안 김예진이 독립운동에 참여한 사실들이 밝혀져 죄가 더해졌다. 신문에 이러한 사실들을 연일 보도하자 김예진의 재판 결과에 이목이 집중되었다.

道廳爆破만 無罪로判決
제령위반과 치유법적용
金禮鎭에 二年言渡

在大阪同胞擁護決議

極力保護를反覆言明
王省長代理와會見記

「도청 폭파만 무죄로 판결」
_제령 위반과 치유법(치안유지법) 적용 김예진에 2년 언도
(<동아일보>, 1927. 12. 22.)
※제령: 조선총독이 법률에 대신하여 발표한 명령

신문 보도에 따르면 "김예진은 폭탄 투척 외에도 범죄 사실이 50여 건이 넘었고, 혐의 조서만 1만 5천여 장이나 된다"고 할 정도로 사건이 대단히 복잡하게 확대되었다. 때문에 최종 판결이 몇 차례나 연기되었고, 재판부는 방청객이 몰릴 것을 예상하여 방청 인원에 제한을 두는 등 재판이 통제받는 가운데 1927년 12월 20일 최종 판결을 위한 재판이 열렸다.

그날 김예진은 평남도청 폭탄 투척 사건에 대해서 증거불충분으로 무죄를 선고받고 풀려났으나 일제 경찰은 그를 계속해서 감시했다. 2년 후인 1929년 9월 12일 〈동아일보〉에는 "사건 내용은 알 수 없으나 일제 경찰이 어떤 단서를 잡아 비밀리에 평양에서 일하고 있는 김예진을 체포하여 정주경찰서로 압송했다"라는 기사도 보인다. 이틀 후인 9월 14일 〈중외일보〉에도 "폭탄 혐의범 김예진 또다시 체포, 진남포로 압송……"이라는 제목으로 같은 내용의 기사가 실렸다.

그 이틀 후인 9월 16일 김예진은 무죄로 판명되어 다시 풀려났다. 자료에 따르면 김예진은 임시정부를 비롯해 무장투쟁을 벌였던 독립운동가들과 함께 활동했고, 폭탄 투척에도 동지들과 함께 참여한 것으로 보고 있다. 하지만 끝까지 폭탄 투척에 대한 증거를 찾아내지 못한 일제 경찰은 김예진을 계속해서 감시했고 기회만 있으면 그를 잡아들였던 것이다.

正義府의巨頭 吳東振逮捕押送

오동진이 신의주로 잡혀왔다고

「정의부의 거두 오동진 체포 압송」
_오동진이 신의주로 잡혀 왔다고
(<매일신보>, 1927. 12. 20.)

이후에도 일제는 비밀리에 수사를 계속했고, 1927년 12월에 또 한 사람을 진범으로 체포했다. 1931년 6월 18일 〈동아일보〉는 공판 개정과 관련해 진범에 대해 다음과 같이 보도했다.

> 오동진은 광복군총영을 조직하고 광복군 영장이 되어 활동하던 중 미국 의원단이 조선을 시찰하기 위해 방문한다는 소식을 듣고 상하이 임시정부의 명령을 받아 광복군 군인으로 활동하던 안경신을 비롯 장덕진 등 11명을 선발하여 폭탄 10개와 권총을 주어 조선에 잠입하여 폭동을 일으키게 한 결과 같은 해 8월 안경신과 장덕진 등은 평안남도 도청과 평양경찰서에 폭탄을 투척하고, 정인복 등은 8월 15일 신의주 정거장에 투척하고, 임용일 등은 8월 하순경 선천경찰서에 폭탄을 투척하여 건물을 파괴하고 경관을 살상했다…….

일제 경찰의 자료에 따르면 "오동진은 1927년까지 연인원 1만 명이 넘는 부하를 이끌고 독립군으로 활동하면서 일제 관공서를 백여 차례 습격하여 살상한 사람이 900여 명에 달했다"라고 했고, 그는 김좌진·김동삼과 함께 3대 맹장으로 불렸다.

오동진吳東振, 1889~1944은 당시 프랑스 조계지인 상하이에 머물고 있었다. 따라서 상하이에서 체포한다면 커다란 저항과 외교적 분쟁이 예상되었기에 일제는 오동진의 옛 동료이자 일제의 밀정 김종원을 이용했다. 김종원은 군자금 모금을 빌미로 오동진을 상하이 밖으로 유인했고, 독립군 체포로 이름을 날린 조선인 고등계 형사 김덕기가 참여하여 오동진 체포에 성공하게 된다.

광복 후인 1977년 8월 24일 〈경향신문〉에는 "김덕기는 광복 후 반민특위에서 재판을 받고 반민특위에서 최초이자 유일하게 사형을 언도받았다. 그러나 김덕기가 항소했고, 항소심이 진행되는 과정에서 반민특위가 해산되면서 감형되었다가 다시 석방되었고, 한국전쟁 직전 정릉 부근의 산에 갔다가 추락사했다"라는 기사가 실렸다.

신의주지방법원이 생긴 이후로 드물게 보는 사건이라더라

오동진의 체포는 평남도청 폭탄 투척 사건이 발생한 지 7년 가까이 지나도록 여전히 수사가 진행되었다는 사실을 보여주고 있다. 또한 독립군 내에서도 상당한 위상을 지니고 있었던 오동진이 조사받는 과정에서 이 사건이 안경신 등에 의한 단일 사건이 아니라, 신의주와 선천 등 평안남북도에서 경성의 총독부까지 연쇄적으로 폭탄을 투척하려는 계획의 하나였다는 식으로 확대되었고, 폭탄 투척에 참여한 연루자들도 대폭 늘어났다.

그뿐만 아니라 사건 관련자들이 모두 무장투쟁을 벌였던 독립운동가들이었고, 안경신 역시 상하이에서 광복군 군인으로 활동했다는 등 새로운 사실들이 밝혀졌다. 심지어 조사가 끝나고 재판에 넘겨진 오동진은 재판 중에도 독립운동과 관련한 활동이 계속 더해져 치안유지법 위반, 강도 살인, 방화 등 죄명만 10여 건에 달했고, 예심 기록이 모두 3만 5천여 장이나 될 정도로 방대해졌다.

오동진의 재판은 시작부터 사람들의 주목을 받으면서 그의 활동도 다시 조명되었다. 그는 1919년 3·1운동에 참여하여 수배를 받게 되자 가족을 이끌고 체포의 손길이 미치지 않는 만주로 망명했다. 이후 "간도에 자리 잡은 뒤 국경 지역의 일제 경찰관서를 습격하고 침탈기관을 파괴하는 것은 기본이었고, 10여 년 동안 독립운동에 거의 관계하지 않은 때가 없었다"라고 할 정도로 적극적으로 독립운동을 벌였다. 당시 신문에서도 "오동진이 10여 년 동안 모금한 군자금만 60여만 원에 달했으며, 수천 명의 부하를 거느리고 가지각색의 활동을 하던 사람으로 그 공소 사실의 내용은 실로 복잡하여 신의주지방법원이 생긴 이후로 드물게 보는 사건이라더

被告업시 記錄만 審理
當日로 畢竟結審
公判延期의 辯護士要求도 拒絕
吳東振公判의 後報

求刑은 保留
十四日再開
증거조사는 오만두기로
形便상 하審理更新

永島檢事正
監房에서 面會

◇吳東振公判光景

「피고 없이 기록만 심리, 당일로 필경 결심」
_공판 연기의 변호사 요구도 거절, 오동진 공판의 후보
_구형은 유보, 14일 재개
[사진: 오동진 공판 광경: 법정에 나와 있는 오동진(동그라미 사진), 방청하지 못하고 법정 밖에 운집한 군중(위), 오동진의 동지와 가족(아래)]
(<동아일보>, 1931. 06. 19.)

라"라고 보도했다.

오동진의 재판 결과에 사람들의 관심이 쏠렸고, 그의 재판이 있는 날에는 재판이 열리기도 전인 오전 9시에 이미 300여 명이 몰려들어 정사복 경찰들이 동원되어 질서 유지에 나서야 했다. 재판부에서도 만일의 사태에 대비해 방청객은 물론 신문사 기자들까지 방청을 금지할 정도로 각별한 신경을 썼다. 그뿐만 아니라 거듭해서 재판을 연기하는 바람에 재판이 시작된 지 만 2년 만에 예심이 종결될 정도로 오랜 시간이 걸렸다.

반면 오동진은 감옥에서도 단식투쟁을 벌이며 일제 경찰의 조사에 협조하지 않았고, 재판이 있는 날에는 호송차에서 내리며 수건을 손에 들고 웃는 얼굴로 노래를 부르면서 법정으로 들어갈 정도로 여유를 보였다. 보통 사람 같으면 오랜 재판으로 지칠 법도 했지만 그는 법정에서 심리를 거절하고 만세를 외치며 거칠게 항의하는 등 재판을 받는 동안 조금도 굽힘이 없었다.

오동진의 재판에 독립운동가의 변호를 담당했던 대표적인 변호사 김병

被告를退廷식힌채
審理를繼續進行
피고의완강한재판거절에
吳東振公判續報

一瀉千里的으로
犯罪事實을抄讀

犯行을列擧後
無期役求刑
강도사건이四건
殺人事件이七件

午後부터一般
傍聽解禁

辯護士側도辭退

吳東振公判과殺到한傍聽客

判決은來九日

「피고를 퇴정시킨 채 심리를 계속 단행」
_피고의 완강한 재판 거절에, 오동진 공판 속보
_범행을 열거 후 무기역 구형, 강도 사건이 4건, 살인사건이 7건
_판결은 오는 9일
(《매일신보》, 1934. 03. 04.)

노金炳魯, 1887~1964와 이인李仁, 1896~1979을 포함해 15명이 넘는 변호사가 참여했으며, 공판에서도 10여 명의 변호사가 변론에 나섰다. 그러나 재판은 연기를 거듭한 끝에 1932년 3월 9일 최종 판결에서 오동진에게 무기징역을 선고했다. 이후 평양형무소에서 수감 생활을 했던 오동진은 1934년 20년 형으로 감형되었으나 모진 고문을 당한 끝에 1944년 5월 공주형무소에서 마흔일곱 살의 나이로 사망하고 말았다.

한편 오동진의 재판이 끝난 후에도 일제는 폭탄 투척 사건에 관한 조사를 마무리하지 않았다. 일제 경찰은 사건의 주범으로 지목한 범인을 체포할 때마다 관련자들을 다시 호출하여 신문하는 등 범인 색출과 배후를 밝히기 위해 그야말로 광분했다. 1934년 10월 21일 〈조선일보〉는 "…… 이후 무수한 혐의자를 검거하였고, 대정 8·9년(1919~1920) 사이 허다한 수사비를 써가며 범인 수사를 하였으나 종시 범인의 이름조차 알지 못한 채 오리무중에 빠지고 말았다"라고 비난할 할 정도였다.

사건 발생 15년 만에 또 한 사람이 체포되다

사건이 발생한 지 15년이 지난 1934년 8월 3일 일제 경찰은 또다시 청년 박태열朴泰烈, 1874~?을 진범으로 체포했다. 박태열은 15년의 공소시효 만료를 불과 몇 달 남겨놓고 상하이에서 체포되어 평양으로 압송되었다. 1934년 10월 20일 〈동아일보〉 등에 따르면 "박태열(41)은 6개월 전부터 일제 경찰이 그를 진범으로 지목하여 체포하려고 한다는 소문을 접하고 베이징에 있다가 상하이로 피신했다"고 한다. 그의 체포로 사건이 다시 조명받았는데, 그 내용은 대략 다음과 같다.

平南道廳爆彈投擲犯
今曉, 平壤에 護送
○十五년전 사건의 중요인물
上海서 잡힌 朴泰烈
사진 朴泰烈

「**평남도청 폭탄 투척범 금효**(오늘 새벽)**, 평양에 호송**」
_15년 전 사건의 중요 인물, 상해에서 잡힌 박태열
(사진: 박태열)
(<동아일보> 1934. 10. 20.)

1920년 8월 미국 의원단 일행의 내한을 이용하여 국제여론을 환기할 목적으로 광복군총영에서 국내에 결사대 파견이 결정되어 제3대가 편성되었고, 박태열이 속한 제2대는 장덕진·박태열·문일민·우덕선禹德善·김예진 그리고 안경신 등이었다. 제2대는 평양에 파견되어 국내로 들어오던 중 평남 안주에서 일제 경찰 히가시 노미야 경부의 검문을 당하자 현장에서 사살했다.

평양 시내에 들어온 우덕선·문일민은 1920년 8월 3일 평안남도 경찰부에 폭탄을 던져 일제 경찰 2명을 폭사시키고 청사를 대파했다. 거사 직후 칠성문을 통하여 피신하던 중 마침 그곳을 지나던 순사 요코야마를 사살하고 박태열은 동지 장덕진과 함께 상하이로 귀환했으나 안경신은 함경남도 이원에서 피신 중 체포되어 갖은 악형과 고문을 당한 끝에 징역 10년의 형을 받았다.

박태열이 체포되어 조사받을 때 안경신은 출옥한 후였지만, 다시 끌려가 조사를 받았다. 안경신은 박태열과는 관계가 없다고 부인했으나 검사는 박태열에게 사형을 구형했고, 재판부는 박태열의 혐의가 인정된다며 징역 15년을 선고했다. 박태열은 평양형무소에서 복역하다가 6년 만에 가출옥했다. 그는 출옥 후에도 예비 검속 등으로 29회나 구금당할 정도로 일제 경찰의 감시를 받았고, 광복 후 1950년 6·25가 발발하고 두 달 후인 8월에 북한 공산군에게 붙잡혀 경기도 광주에서 총살당한 것으로 전한다.

한편 안경신은 1927년 12월 14일 형기를 얼마 남기지 않고 8년 만에 가출옥했다. 형무소를 나서는 그에게 기자들이 소감을 묻자 "특별히 느끼는 바는 없습니다. 별로 한 일도 없이 기나긴 세월을 옥중에서 허송세월하였을 따름입니다. 제가 옥중에서 상상하던 바와는 세상이 너무 달라졌습니다. 언제 우리도 남과 같은 빛나는 생활을 하게 될는지요. 이후로 과연 어떤 길을 밟아 나가야 좋을지 모르겠습니다. 그러나 오직 옛날에 가졌던 뜻을 그대로 가지고 나가려 합니다"라며 감개무량한 어투로 말했고, 장덕진이 세상을 떠났다는 기자의 말이 끝나자 "동지를 조상弔喪하는 뜨거운 눈물을 흘리면서 태연히 말끝을 떨었다"고 한다. 장덕진은 평남도청 폭탄 투척 사건의 진범으로 지목되었으나 체포되지 않았고, 안경신이 수감 생활을 하는 동안 상하이에서 사망한 것으로 전한다.

안경신은 출옥 후 박태열의 조사 과정에서 다시 출두한 것으로 보아 국내에 거주한 것으로 보이나 그녀와 관련해서 전하는 자료는 그 이상 없다. 다만 1927년 12월 16일 〈동아일보〉에 따르면 "안경신이 체포되자 석 달이 안 돼서 어머니가 충격으로 돌아가셨다"라고 한다. 그리고 신문에서 안경신이 체포되었을 때 출산한 아이가 딸이라고 보도했으나, 안경신이 출옥한 후에는 "출감 후 여덟 살이 된 아들은 출생 후 제대로 돌봐주지 못해 장님이 되었다"라고 보도했다. 또한 안경신이 언제 사망했는지도 정확히 알 수 없으며, 광복 후 독립운동이 인정되어 정부에서 훈장을 추서했으나 가족이 없어 전달하지 못했다. 따라서 그녀가 체포될 때 출산했다는 아이도 사망한 것으로 보인다.

독립운동을 하면 집안이 3대가 망한다는 말이 있지만, 현실에서는 3대까지 가기 전에 당대에서 대가 끊기는 경우도 많았다. 또한 그들은 세상을 떠나면서 아무것도 세상에 남기지 않았고, 다만 국민에게 나라를 남겼을 뿐이다.

감옥 대장, 거짓말 대장, 배포 대장이라고 불리다

_한훈

육혈포 암살단, 세상을 놀라게 하다

일제는 "1920년 8월 23일부터 미국 의원단이 조선을 방문하여 25일 떠날 때까지 경성에 거주하는 불순분자 1,000여 명을 예비 검속한다"는 명령을 경성 시내 전 경찰서에 하달했다. 미국 의원단의 경성 방문을 기해 독립운동을 하는 지하조직에서 뭔가 일을 꾸미는 것 같은데 좀처럼 꼬리가 잡히지 않자, 음모를 꾸밀지도 모르는 위험인물 전원을 그 기간에 사회에서 격리해 불상사를 예방하려는 의도였다.

8월 22일 오전 9시 30분, 일제의 경찰대가 동대문 밖 창신동에 있던 김상옥金相玉, 1889~1923의 집을 급습했다. 김상옥은 이전부터 지하신문인 〈혁신공보〉를 발행했고, 혁신단 사건으로 일제 경찰의 요시찰 명부에 이름이 오른 독립운동가로 예비 검속 대상자에 포함되어 있었다. 당시 집에 있었던 김상옥은 지붕을 뛰어넘어 일제 경찰의 포위망을 뚫고 무사히 빠져나갔다. 김상옥을 놓친 일제 경찰은 그의 집을 수색했고, 벽장 안에서 암살단 취지문과 경고문, 암살단 가입서와 명부 그리고 암살 대상자 목록 등 각종 전단과 비밀서류가 쏟아져 나왔다. 그날 저녁에는 한훈韓焄, 1890~1950이 거사에 사용할 무기를 전달하기 위해 이동하던 중 김상옥의 집에 들렀다가 들이닥친 일제 경찰을 피해 몸을 숨겼으나 발각되어 체포되었다.

1920년 8월 26일 〈동아일보〉는 "육혈포 암살단 검거, 주모자 김상옥은 달아나고 상하이에서 온 한훈만 잡혀. 미국 의원단이 남대문에 도착할 때 일본 고관 알살하려다 발각되어…… 상하이 임시정부에서 일하던 한훈은 8월 10일 상하이를 떠나 안둥현에 도착했으나 기차로 이동하면 위험할 수 있다고 판단하여 배를 타고 압록강을 건너 개성까지 와서 다시 기차를 이용해 경성으로 들어왔다. 한훈은 경성에 도착한 즉시 김상옥을 찾아가 암살을 모의했다"라고 보도하면서 "김상옥의 집을 수색하여 권총 3자루와 탄환 300발이 함께 나와 일제를 대경실색하게 했다"라는 등 충격적인 보도가 이어졌다.

김상옥을 눈앞에서 놓친 일제 경찰은 배후를 밝히기 위해 한훈을 엄중하게 취조했다. 이 사건을 '육혈포 암살 사건'이라 했고, 한훈 등을 '육혈포 암살단'이라고 했다. 한훈과 김상옥 등이 모의한 암살 계획은 대략 다음과 같았다.

「**육혈포 암살단 검거**」
_주모자 김상옥은 달아나고
상해에서 온 한훈만 잡혀
_미국 의원단이 남대문에 도착할 때에 일본 고관
암살하려다가 발각되어
(《동아일보》, 1920. 08. 26.)

일제에 의해 강제 병합된 후 10년이 되었을 때였다. 상하이 임시정부는 미국 상하 양원 의원 46명이 7월 초 미국을 떠나 8월 5일 상하이를 거쳐 난징·베이징·펑톈성에 들렀다가 8월 24일 경성을 방문한다는 소식을 접하게 된다. 임시정부는 이 기회를 이용하여 "일제는 강제 병합으로 부당하게 식민 지배를 하고 있으며, 우리 민족은 강력하게 독립을 열망하고 있다"는 의지를 전 세계에 알리기 위해 극비리에 암살단을 조직했다.

암살단은 미국 국회 의원단이 남대문에 도착했을 때 환영 인파가 흔들 미국기와 태극기 수십 장을 만들고, 「암살단 취의서」 3,000장도 인쇄했다. 그리고 임시정부로부터 무기를 지원받은 암살단 대원들은 환영 인파 속에 흩어져 있다가 미국 의원들이 열차에서 내려 경성역 광장에서 기념촬영을 할 때 전단을 뿌리고 독립 만세를 외치며 군중을 선동할 계획이었다. 암살단은 사격전에 대비하여 자동차에 폭탄을 싣고 접근하여 사이토 마코토齋藤實 총독을 비롯해 정무총감 등 일제의 고관과 이완용과 송병준 등 친일파를 처단하고 한편에서는 총격전이 벌어지는 동안 관공서와 일제 경찰서 등 일제의 주요 침탈기관에 폭탄을 던져 폭파한다는 세부 계획도 수립했다.

어찌하여 부모의 육신을 깎고 형제의 피를 빠는가

암살단은, 조선인으로 중추원 참의나 일제 고등관이 된 자들에게 배포하기 위한 통고문과 조선인 형사들에게 보내는 다음과 같은 경고문도 준비했다.

군등君等은 조선의 혈통을 받고 배달민족이란 긍지 아래 살아왔거늘 어찌하여 부모의 육신을 깎고 형제의 피를 빠는가! 하늘이 뜻이 있다면 어찌 천벌이 없을 것이며 신이 뜻이 있다면 어찌 재앙이 없을쏘냐! 아금수만도 못한 어리석은 무리여, 그러고도 오히려 생명을 보존코자 하니 개탄치 않을 수 없다. 한번 기회가 오면 누가 너희들의 일편 고기를 회치고 싶지 않을 자 있으며, 한 줌의 소금을 가지고 기다리지 않는 자 있으랴! 그 후에 남을 너희들의 자손은 또한 어이 하려나? 현해탄을 건너 일본으로 보내려는가? 또 어느 지옥의 한 모퉁이에 방황케 하려는가? 오늘날 저 철창에서 신음하는 형제자매들은 모두 누구 때문인가? 그들은 나라를 위해 목숨을 바친 의사들이거늘 군君들은 이 의혼義魂을 죽이는 마귀에 그치려는가? 더 말하지 않겠노라. 부모를 모시고 처자를 거느린 자로서 너희들이 차마 할 수 있는 행동인가 깊이 생각하여 보라. 그러고도 오히려 너희들이 하는 일이 옳다고 하면 옳다고 믿는 대로 행하여 보라.

이 경고문은 지금 읽어도 섬뜩함이 느껴질 정도로 분노의 감정이 생생하게 담겨 있다. 그러나 불행하게도 미국 의원단이 도착하기 하루 전날 일제 경찰의 예비 검속으로 김상옥의 집이 먼저 수색을 당했고 한훈이 체포되고 말았다. 일제 경찰은 경성 시내 전역에 경계를 강화했고, 다음 날 경성역에서 열리기로 예정되었던 미국 의원단 환영 행사를 모두 취소했다.

일제 경찰은 김상옥의 집에서 발견된 비밀문서를 바탕으로 대대적으로 수사를 벌여 혐의자 검거에 나섰고, 24명의 암살단 단원 중 국내에서 군자금 모금 활동을 하고 만주로 돌아가던 김동순金東純, 1894~?을 비롯해 윤익중尹益重, 1896~1963과 신화수申華秀, 1896~? 등 18명을 체포했다. 일제 경찰은 그들을 조사하면서 사건 배후를 캐내기 위해 집요하게 추궁했으나 특별한 소득이 없었다. 당시 일제 경찰이 발표한 1920년 이전 한훈의 행적에 대한 다음과 같은 내용도 그 예였다.

> 피고 한군韓君(한훈)은 일한병합 이래로 배일·독립사상을 품은 채 러시아 블라디보스토크와 만주·관동주 등지를 방황하여 다녔다. ……우연히 모 사업에 착수해 1만여 원의 이익을 얻었고, 조선에 돌아와 전남 용담군으로 가서 도사 행세하는 노인에게 도술을 배우다 대둔산에 들어가 풀뿌리와 나무껍질을 먹어가며 4년 동안 도를 닦았다…….

이 내용에 따르면 "한훈은 1910년 강제 합병 이후 해외로 나갔고, 구체적인 내용은 알 수 없으나 사업으로 큰돈을 벌어 다시 국내로 들어와 기이한 행동을 하며 도인 행세를 했다"라고 한다. 일제 경찰이 발표한 한훈의 행적은 전혀 사실무근은 아니었지만, 여기에는 "한훈의 행적을 비정상적인 사람의 행동으로 폄하하여 암살단의 계획이 허무맹랑하다"라는 점을 강조하려는 의도가 담겨 있었다. 그러나 한편으로는 국내외에서 한훈의 활동은 독립운동과도 연관이 있었으나 일제 경찰은 이를 구체적으로 파악하지 못했고, 한훈의 활동이 그만큼 철저하고 비밀리에 진행되었음을 의미했다.

관련자들이 계속 체포되며 새로운 사실들이 밝혀지다

한훈은 만우, 동열, 조주사, 조선달 등 다양한 가명으로 활동하며 철저하게 행적을 위장했다. 물론 그가 체포되었을 때 경찰에 진술한 과거 행적들도 거짓이었다. 반면 일제 경찰은 한훈을 체포하여 조사하면서 배후를 밝히기 위해 서둘렀으나 수사는 제대로 이루어지지 못했고, 이후 사건 관련자들을 체포할 때마다 새로운 사실들이 더해지면서 사건은 계속 확대되었다.

사건 발생 1주일 만인 1920년 8월 29일 〈동아일보〉는 "윤기중(47)·임상보(45)·김형규(39)·이근영(42) 4명을 체포하여 방금 취조 중인데 범인은 전부 충청도 사람이라 하며 네 명의 체포와 동시에 압수한 무기는 한훈이 가졌던 것과 같은 십연발 육혈포 두 자루와 탄환이 175발이라더라"고 체포된 범인들이 한훈과 연관이 있으며, 암살에 사용될 총기와 탄약이 국내에 들어왔다는 사실을 보도했다.

그리고 같은 해 9월 17일 〈동아일보〉는 "경성을 비롯해 부산과 대구 등 각 도회지에서 중요한 건축물을 부수고 일제의 식민지 정책을 수행하고 있는 주요 기관의 고위 관료들을 암살하고자 동순이라는 가명을 사용한 김일이 중국 지린성 방면으로부터 경성에 비밀리에 들어와 독립단원으로 독립운동자금 모금 책임자인 단장이라 칭했다"라며 또 다른 혐의자를 체포하여 한훈과 관련이 있을 것으로 보고 조사 중이라고 보도했다.

사건 한 달여 만인 9월 20일 한훈은 조사를 마치고 재판에 넘겨졌다. 9월 22일 〈동아일보〉는 "육혈포 암살단 한군(한훈) 외 13명은 검사국에"라는 제목으로 "미국 의원단이 경성에 도착한 것을 계기로 암살단과 만세단을 조직해 경성에서 소동을 일으키려 했던 사건은 사전 예비 검속 과정에서 그만 경찰에 발각돼 미수에 그쳤다"라고 만세시위까지 계획한 사실이 밝혀져 사건 관련자와 사건 내용이 더욱 확대되었다고 보도했다. 그러나 이것으로 끝이 아니었다.

해를 넘긴 1921년 3월 6일 〈동아일보〉는 "박순용(38)이 한국독립군사령부를 조직하여 독립운동을 했다"라며 한훈의 잔당이라고 보도했고, 같은

六穴砲暗殺團

「육혈포 암살단」
_한훈 외 13명은 검사국에
(<동아일보>, 1920. 09. 22.)

해 7월 23일 〈동아일보〉는 "뚝섬 근처에서 인쇄기를 감추어 놓고 암살단 취지서·사형선고문·군자금 수령증 등의 문서를 인쇄하여 작년 8월 24일 미국 의원단이 경성에 들어올 때 한훈·김상옥과 함께 크게 시위운동을 하고자 했던 이섬(34)은 한훈이 체포되고 김상옥이 도주한 후 남들의 눈을 피해 자기 집 뒤에 있던 석굴 속에서 기거하며 기회가 오기를 기다리면서 집에서 몰래 음식과 의복을 갖다주어 1년 동안이나 지내다 동대문 경찰서에 체포되었다"라고 보도하는 등 계속해서 관련자들의 체포와 함께 새로운 사실들이 더해졌다.

한훈도 조사 과정에서 광복회 결사대장으로 활동한 사실이 밝혀져 징역 8년이라는 중형을 받고 서대문형무소에서 수감 생활을 하던 중, 대한광복회 요원으로 활동하며 서도현 등을 처단한 사실이 밝혀져 다시 5년 형이 추가되었다. 이처럼 한훈은 일제강점기에 독립의군부獨立義軍府·광복단·암살단 등에 가담하여 적극 활동하며 평생을 독립운동가로 살았고, 독립운동 관련 자료의 곳곳에서 그의 이름을 발견할 수 있다. 그러나 현재까지 한훈과 관련한 연구가 제대로 이루어지지 않아 일반인에게 잘 알려진 독립운동가는 아니다.

5척 단신 소년, 의병 투사가 되다

1890년 충청남도 청양군 사양면 홍산리에서 둘째 아들로 태어난 한훈은 5척, 즉 152센티미터의 단신으로 야윈 체격에 침착한 성격으로 전한다. 그가 독립운동에 투신하여 평생을 투사로 살게 된 계기는 열일곱 살 되던 1906년 지금의 홍성에서 일어난 홍주의병과 연관이 있었다.

20세기에 들어서면서 국권이 침탈당하자 곳곳에서 의병이 일어났고, 한훈의 고향 청양에서도 농민운동이 일어났다. 특히 청양은 충청남도의 대표적 의병이었던 홍주의병이 봉기했던 지역과 인접해 있었다. 따라서 홍주의병이 봉기했을 때 청양에서도 많은 사람이 가담했고, 한훈 역시 외숙부를 따라 친형 한태석韓泰錫, 1876~1949과 함께 의병에 참여했다.

한훈이 어린 나이에도 일제의 침탈에 비분강개하여 일제를 몰아내고 국권을 회복하려는 큰 뜻을 세우게 된 이유와 관련해서 그의 가족과 일제와의 뼈에 사무치는 사연이 전한다.

홍주성 전투에 참여했던 할아버지가 집에 돌아왔을 때는 임신했던 할머니는 아이를 출산하다가 산모와 아이가 모두 사망한 후였다. 당시 왜경이 의병에 참여한 한훈의 할아버지 집을 감시해서 할머니가 꼼짝하지 못하고 굶었기 때문이었다. 또 한훈의 외숙부는 홍주의병에 가담해 청양 정산의 칠갑산에서 일본군과 싸우다 전사하면서 "끝까지 싸우라"고 유언을 남겼다고 하며, 일제의 강제 병합 때는 "형이 한훈에게 재산의 일부를 떼어주며 독립운동에 앞장서도록 권했다"는 이야기도 전한다.

한훈이 의병에 참여한 초기에는 이용규李容珪, 1859~? 휘하에서 부여·노성·연산·공주 등지를 무대로 활동했고, 1906년 홍주에서 민종식閔宗植, 1861~1917이 항일의병을 일으켰을 때 소모장召募將으로 홍주성 공격에 참전하여 성공하기도 했다. 이후 한훈이 소속된 의병부대는 각지에서 의병을 모아 1천 수백 명의 대부대가 되었고, 일본군을 맞아 3일 동안 혈전을 벌여 일본군 10여 명을 사살하는 전과를 올리기도 했다. 그러나 무기 부족과 훈련 미숙 등으로 83명이 희생되고 145명이 포로가 되어 결국 패퇴하고 말았다.

한훈은 홍주의병이 실패하자 신도안에 은거하면서 비밀결사를 조직했다. 그 무렵 나철羅喆, 1863~1916과 오기호吳基鎬, 1865~1916 등이 을사오적 처단 계획을 세운다는 소식을 접한 한훈은 지방 결사대로 참여하려고 했다. 그러나 나철 등이 일제 경찰에게 체포되어 계획을 실행에 옮기지 못하게 되자 한훈은 1907년 악질적인 만행을 저지르던 직산군수를 처단하고 국경을 넘어 만주로 떠났다. 이것이 그의 첫 망명이었다.

이후 1910년 일제에 의한 강제 병합이 이루어졌고, 민족운동에 대한 일제의 가혹한 탄압으로 독립운동이 어려움에 처하자 국내 독립운동 단체들은 지하로 들어가거나 해외로 나가게 된다. 이후 한훈은 만주에 머물며 많은 독립운동가와 교류하면서 독립에 필요한 구체적인 활동 방안을 모색했다. 이 과정에서 뜻을 같이하는 동지들이 생겨났고, 한훈의 의병 활동은 자연스럽게 독립운동으로 이어졌다. 1910년 채기중과의 만남은 대표적인 예였다.

한훈은 만주에 오래 머물지는 않았다. 1910년 이후 일제의 무단통치로 탄압이 한층 강화되자 국내에서 활동 기반을 구축하기 위해 1911년 다시 국경을 넘었다. 그리고 1912년 말에는 이기상·유장렬·최국일·남병렬과 함께 독립의군부에 가입했다. 독립의군부는 1906년 최익현崔益鉉, 1833~1907과 같이 순창에서 거사했으나 대마도에 유배되었다가 귀환한 전 낙안군수 임병찬林炳瓚, 1851~1916이 조직한 독립군 부대였다. 그들은 총독 데라우치에게 국권 반환 요구서 및 일본군 철병 요구서를 제출하면서 강제 합방과 식민 통치의 부당성 등을 지적하며 "일제의 통치를 원하지 않는다"는 우리의 의지를 분명히 밝혔다. 그러나 일제는 이 요구를 받아들이지 않았고, 임병찬이 체포되어 활동에 제약이 따르자 한훈은 다시 만주로 망명했다.

이후 한훈은 국내외 독립운동 조직을 연결하기 위해 노력하는 등 독립운동 역량 강화에 적극적인 관심을 기울였고, 1913년 12월에는 채기중이 중심이 되어 경상북도 풍기에서 비밀결사 조직이 결성되자 가장 어린 나이로 참여했다. '풍기광복단豊基光復團'이라고도 하는 이 조직은 이미 1912년 말부터 조직의 골격이 갖추어졌고, 초기에는 한훈과 채기중 그리고 김상옥을 비롯해 유창순庾昌淳, 1876~1927, 유장렬柳璋烈, 1878~1966, 강순필姜順弼, 1882~1921(별칭 강병수), 김병렬金炳烈, 1892~1946, 정만교鄭萬敎, ?~?, 정운홍鄭雲洪, ?~?, 정진화鄭鎭華, 1873~1945, 장두환張斗煥, 1894~1921, 황상규黃尙奎, 1891~1931 등 10여 명이 주요 단원이었다. 그들은 대부분 구한말 경상도 북부와 충청도에서 활동했던 의병 출신으로 독립운동을 위해 풍기에 머물렀다. 그들 중에는 『정감록鄭鑑錄』에서 십승지十勝地로 지목한 풍기를 찾아와 임시거처로 삼았던 사람들도 있었다. 따라서 풍기 출신이 거의 없었으나 비밀결사 이름을 '풍기광복단'이라고 한 것도 『정감록』과 무관하지 않았다.

가장 어린 나이로 비밀결사 조직에 참여하다

풍기 지역은 『정감록』에서 말하는 십승지 중 한 곳으로, 십승지는 전쟁이나 천재지변이 일어나도 피해를 입지 않고 안전하게 살 수 있는 열 곳을 말한다. 십승지는 교통이 대단히 불편하여 외부에서 접근하기 힘든 오지가 많지만, 안으로 들어가면 사람들이 생활할 수 있는 적당한 공간과 기후 그리고 먹을 것이 풍부하다는 공통점이 있다. 풍수의 대가로 전하는 남사고南師古, 1509~1571는 풍기의 금계촌을 비롯해 안동 내성, 보은 속리산 산록 증항 부근, 두류산 산록 동점촌, 예천 금당동 동북쪽, 공주 유구천과 마곡천 사이, 영월 정동쪽 상류, 부안 호암, 가야산 만수동, 덕유산 등을 십승지로 꼽았다.

십승지는 서양의 유토피아가 연상되는 이상촌理想村으로 사회가 불안할 때 관심이 더욱 높아졌다. 따라서 조선 후기와 일제강점기에 사람들의 주목을 받았고, 한국전쟁에도 거의 피해를 받지 않았다고 전한다. 현대에도 『정감록』에 주목한 사람들이 전국에서 특정 지역으로 대거 몰려들어 촌락을 형성하는 등 이상촌에 대한 관심이 지속되고 있다. 특히 소백산 남쪽에 위치한 금계촌은 지금의 금계천인 북천과 남천이 남쪽으로 흘러 서로 합치되는 지역으로, 현재의 영주군 풍기읍 금계동·욱금동·삼가동 일대이다. 예로부터 태백산과 소백산 아래는 인재가 많이 배출되고 복을 누리며 잘살 수 있는 곳으로 전하며, 특히 풍수지리적으로 부산대수負山帶水를 이루는 전형적인 명당으로 꼽히는 금계촌은 1970년대까지도 외부와 단절한 채 공동체 생활을 운영하는 등 독특한 생활양식을 유지했던 것으로 전한다. 일제강점기에 풍기가 비밀결사의 결성 장소가 된 이유 역시 이상촌에 대한 관심으로 전국에서 이주민의 출입이 잦아 의병이나 지사들이 은거하여 활동하기 좋은 곳이었기 때문이다.

풍기광복단은 비밀결사의 특징상 뚜렷한 외곽조직을 갖지 않았고, 생업에 종사하며 비밀회합을 통해 진로를 모색하는 등 끝까지 철저하게 비밀활동을 유지했다. 따라서 일제강점기 동안 조직과 활동이 철저하게 은폐되었고, 1918년 대한광복회 조직이 발각되었을 때도 풍기광복단의 결성사실은 노출되지 않았다. 풍기광복단이 세상에 알려진 것은 광복 후 한훈에 의해서였다.

풍기광복단은 1911년 전개된 중국의 신해혁명辛亥革命과 같이 혁명을 통한 새로운 국가 건설을 목표로 무력투쟁을 표방한 독립운동 단체였다. 특히 만주에 독립운동기지 건설 지원을 당면 과제로 삼았던 풍기광복단은 중국 동북 지방과 연락을 유지하며 무기 구입, 군자금 모집, 단원 보강 등을 주요 목표로 활동하면서 장차 무장군대를 양성하여 일제와의 항쟁을 준비했다.

그 무렵 서간도에는 독립군 기지를 건설하고 독립군을 양성하기 위해 많은 이주민이 건너왔으나 흉년과 풍토병으로 큰 어려움을 겪었다. 이에 단원들은 서간도에 독립운동기지를 개척하던 망명 지사들을 지원하기 위해 국내에 활동 기반을 구축하면서 일본인이 경영하는 광산이나 친일 부호를 대상으로 군자금 모집 활동에 적극 나섰다. 이는 국내에 기반을 둔 독립운동 단체가 비밀결사 활동을 통해 국외의 독립운동기지를 지원함으로써 항일독립운동의 국민적 기반을 마련한다는 투쟁 방략에 따른 것이었다. 단원들은 시간이 지나면서 일제 침탈기관을 습격하고 친일 부호를 처단하는 등 암살단과 의열단 활동을 병행하여 큰 성과를 거두었다. 한훈과 김상옥 그리고 채기중이 이에 해당한다.

철저하게 비밀의 원칙을 지키다

풍기광복단원 채기중은 강순필과 함께 자금 탈취 계획을 세워 영월에서 일본인이 경영하는 중석 광산에 광부로 잠입하기도 했고, 경상도 일대에서 친일 부호들을 대상으로 자금을 모금했다. 또한 비밀 연락 거점지로 삼았던 대구의 상덕태상회尙德泰商會와 영주의 대동상점大同商店 그리고 안동지역의 연락처로 제공했던 이종영李鍾韺, 1886~1926의 자택 등을 이용해서 국내 각 지역의 지사와 만주 독립운동기지를 연결하여 연락을 취하며 단원 보강에도 역점을 두었다. 그 과정에서 한훈은 풍기광복단의 우선적 과제였던 독립군의 무장을 위해 1913년 광복단 대표로 직접 만주로 건너가기도 했다. 한훈은 당시 한창섭에게 권총 3정을 구해 귀국하여 곽한일郭漢一, 1869~1936·김재순 등과 비밀리에 논의하여 고종의 밀권密權으로 일본으로 건너가 조선 침략의 원흉을 제거하려고 시도했으나 사전에 계획이 발각되어 다시 펑톈으로 망명하게 된다.

1915년 7월 15일에는 무장독립운동을 대표하는 독립운동가로 대구에서 결성된 조선국권회복단朝鮮國權回復團의 박상진朴尙鎭, 1884~1921 등 젊은 강경파와 통합하여 1910년대 가장 큰 의열투쟁 비밀결사 단체인 대한광복회로 조직을 발전시켰다. 이후 친일 지주와 부호 그리고 악질 일본인을 처단하는 등 가장 규모가 크고 활동 범위가 넓었던 대한광복회는 이전까지 대립 양상을 보인 의병 계열과 계몽운동 계열 간의 결합으로, 동시대에 결성된 비밀결사 중 가장 전투적인 성향을 갖춘 항일단체였고 전국적으로 지부를 갖추고 국내 항일운동을 선도했다.

특히 대한광복회는 의병 장교 출신들을 중심으로 유림儒林과 계몽운동가 등 다양한 분야에서 활동하던 여러 계층의 인물들이 모여 조직되었는데 풍기광복단이 의병적 기질을 가진 인사들이 중심이 된 단체라면, 조선국권회복단은 계몽운동 계열의 인사들이 중심이 된 단체였다. 또한 대한광복회 초기에는 의병 출신이 주도했으나 점차 계몽운동가 등 다양한 계층의 인물들이 가담했다.

대한광복회는 군자금을 모집하기 위해 자산가들에게 고시문을 보내어 자발적인 의연금을 요구했다. 그러나 식민지 권력에 의지하는 자들이 이를 외면하여 군자금 모집이 원활하게 이루어지지 않자, 고시문의 효과를 강화하여 군자금 모집을 좀 더 원활하게 수행하고 동시에 민족적 경각심을 고취하기 위해 악질적인 친일 부호들의 응징에도 적극 나섰다. 그리고 조선헌병대 분소를 기습하여 강제 병합 이후 최초로 일본군부대 습격작전에 성공하는 등 의열투쟁을 병행했다.

한훈은 대한광복회에 참여하여 전라도 지역 책임을 맡아 1919년 3·1운동이 일어나기 전까지 의열투쟁과 군자금 모집 활동에 적극 참여했다. 당시 한훈은 구체적인 활동이 밝혀지지 않을 정도로 비밀리에 임무를 완벽하게 수행했고, 대한광복회는 1917년 말 첫 번째 대상으로 칠곡의 친일 부호 장승원에 대한 응징을 결행했다. 장승원은 의병이 봉기하면 자금을 지원하겠다고 약속했으나 이를 지키지 않고 밀고까지 했던 경북 지역의 대표적 친일 인물이었다. 이후 지역 주민을 괴롭히는 친일 면장으로 악명이 높았던 도고면장 박용하를 처단한 사건을 계기로 대한광복회의 활동이 세상에 알려지게 되었고, 한훈의 활동도 일부가 밝혀졌다.

예를 들면 1916년 5월 김상옥·유장렬·이병호·이병온 등과 함께 보성의 친일 부호 양재성을 처단했고, 1917년 1월에는 낙안군 벌교의 서도현을 처단했다. 그리고 서도현의 오촌 동생 서인선을 납치해 군자금 1만 원 모금했고, 순창의 오성 헌병대 분소를 습격하여 장총 2정, 군도 1자루, 권총 2정을 탈취하는 등 군자금 모금과 의병투쟁을 병행했다.

소문만 무성했던 '육혈포 암살단' 배후들

비밀조직으로 운영된 광복회는 비밀리에 활동을 이어갔으나, 회원이었던 이종국이 배신하고 1918년 1월 천안경찰서에 밀고하여 총사령 박상진을 비롯해 지도부 등 80여 명이 체포되고 말았다. 이후 재판에서 박상진·김한종·채기중·김경태·임세규 등 주요 인물이 사형을 선고받아 형이 집행되었고, 많은 회원이 옥고를 치르게 되어 조직이 거의 와해되었다. 그러나 국내에 남아 있던 단원들은 1919년 3·1운동 이후에도 투쟁을 계속했고, 구사일생으로 살아남은 한훈은 일제의 수사망을 피해 만주로 갔다가 다시 국내를 왕래하며 새로운 항일투쟁 방법을 모색했다.

1919년 3·1운동 이후 상하이에 대한민국임시정부가 수립되자 한훈은 그곳으로 갔다. 그는 임시정부를 지원하며 의열단 활동에 참여했고, 1920년에는 임시정부 요인들과 협의한 뒤 권총과 폭탄을 휴대하고 국내에 잠입했다. 이후 그는 우재룡·권영만 등 대한광복회 핵심 인물들과 함께 대한광복회 재건을 위해 노력하면서 광복단결사대를 조직하여 조선총독의 처형과 대규모 폭파 계획을 추진했고, 홍주의진(홍주의병부대) 출신인 곽한일·김재순 등과 함께 일본으로 건너가 조선 침략의 원흉을 처단하려는 계획을 세우고 군자금 모금 활동을 벌였으나 사전에 계획이 발각되어 다시 만주로 망명했다.

한훈은 만주에서 활동하면서 안창호도 만났다. 1920년 2월 26일 안창호의 일기에 따르면, 그날 한훈은 안창호와 이동휘 임시정부 총리를 비롯한 각계 인사를 초대해 상하이 영안백화점 부속 건물 대동여사에서 만찬을 했다. 그리고 이틀 후 한훈은 안창호를 따로 방문해 독립 방략에 관한 이야기를 나누었다고 한다. 당시 한훈은 임시정부 인사들과의 만남에서 독립군 모집과 암살단 조직을 목표로 결성한 조선독립군사령부에 대한 임시정부의 지원을 호소한 것으로 전한다.

한편 국내외 연결을 통한 독립운동을 중요하게 생각했던 안창호는 1919년 7월부터 임시정부 국내 조직으로 전국 도·군·면에 연통부聯通府를 설치하고, 이듬해 임시정부 신년축하회 연설에서 1920년을 '독립전쟁의 해'로 선포했다. 이후 일제와 독립전쟁을 준비하면서 국내를 중심으로 한 독립전쟁론이 탄력을 받았고, 한훈은 임시정부의 지원을 약속받고 다시 국내로 돌아와 조선독립군사령부 산하의 소규모 조직인 광복단결사대를 결성해 전라도 일대에서 활동하며 군자금 모금을 병행했다. 한훈의 재판 기록에 따르면 "같은 해 7월 임시정부 파견원이자 서로군정서西路軍政署 집법과장 최우송을 중국 안둥현에서 만나 모젤·콜드·브로우닝 권총 3자루와 실탄 300여 발을 건네받았다"라고 하는데, 이는 그가 지속적으로 국내외를 넘나들며 무장투쟁을 준비했다는 예였다.

1920년 8월에는 미국 의원들과 가족 50여 명으로 구성된 의원단이 중국과 한국 그리고 일본을 방문한다는 소식이 전해졌다. 임시정부는 안창호를 홍콩으로 파견하여 미국 의원단을 만나 독립 의지를 전하기 위한 외교적 노력을 했고, 한편으로는 국내에서 비밀결사를 통한 좀 더 강렬한 의열투쟁을 준비했다. 최근에 "한 지사(한훈)가 상하이에서 돌아온 직후인 1920년 3월 조선총독 사이토 처단을 계획할 때에도 막후에서 조정한 이가 도산(안창호)이었다. ……도산은 미 의원단 방한에 맞춰 임시정부의 외교적 노력과 달리 국내에서는 좀 더 강렬한 의열투쟁을 지휘했다"는 사실이 밝혀져 주목을 받았다. 그 무렵 한훈은 4년 전 광복회 활동을 함께했던 동지 김상옥과 국내에서 다시 만났다.

19년 6개월의 긴 수감 생활을 하다

한훈과 김상옥은 1920년 국내에서 결성된 항일 비밀결사인 암살단에 합류하여 김동순 등과 함께 거사 계획을 논의했다. 그들은 임시정부로부터 받은 권총과 폭탄으로 미국 의원단을 환영하기 위해 남대문역에 마중나올 예정인 조선총독과 정무총감을 저격하고, 일제 식민 통치기관에 폭탄을 던진 후 "조선 독립을 위해 일반 민중은 한층 분기해야 한다"라는 내용이 담긴 선언서를 배포하고 독립 만세를 외치며 대규모 군중시위를 벌여 세계에 우리 민족의 독립에 대한 열의를 전달하고 일제의 실상을 폭로하려는 계획을 세웠다.

일제는 강압적으로 국권을 탈취하여 식민 지배를 하고 있으면서도 대외적으로 "평화적으로 병합이 이루어졌고, 조선은 자립적인 국정운영의 능력이 없다. ……조선은 여전히 봉건적이다"라고 홍보했다. 또한 자립 능력이 없는 낙후된 조선을 부각시키면서 "병합 이후 다방면에서 발전하며 조선이 근대화되었다"는 점을 강조하기 위해 각종 통계 수치와 사진엽서 그리고 박람회 등 다양한 방법을 동원했다. 따라서 임시정부는 이러한 일제의 주장이 허구이며 우리 민족의 독립에 대한 염원을 국제사회에 강조하기 위해 거사를 계획한 것이다.

한훈의 재판 과정에서 "임시정부와 협의하고 조선군사령부(광복단결사대) 조직에 착수하여 먼저 군사령부의 장교는 상하이 임시정부로 보내 양성하고 병졸은 간도로 보내 양성하기로 했으며, 또 결사대를 조직하여 그중 처단단處斷團을 선출하여 조선총독·정무총감·이완용·송병준 및 조선인 형사를 암살할 것을 목적으로 했다"는 등 3·1운동 이전에 의열투쟁으로 널리 알려졌던 대한광복회 단원들이 계속해서 활동하고 있다는 사실도 밝혀졌다.

한훈을 비롯한 광복단결사대의 재판 과정이 연일 신문에 보도되면서 사회적으로 커다란 주목을 받았다. 〈동아일보〉는 "한훈은 원래 이 사건의 중요한 수령이니만큼 답변할 때 태도가 매우 냉담하여 다른 피고와 같이 허둥지둥하지 아니하며 피고석에 꼿꼿이 앉아서 입에 미소를 띠고 있었다. 광복단 결사대장으로 활동한 선생은 8년 징역형을 받았으나, 이후 대한광복회 요원으로 서도현 등을 처단한 것이 추가로 확인되어 5년 형이 추가되었다. 그는 수감 생활 중에도 단식을 하며 일제에 저항하는 등 고초를 겪었고……"라며 의연하고 당당하게 끝까지 일제에 저항한 한훈의 감옥 생활과 재판 과정을 보도했다.

한훈은 두 번의 감형으로 1929년 2월 22일 10년 만에 출옥했다. 쇠약해진 몸으로 출옥한 그는 가족의 보살핌으로 건강이 회복되자마자 충청남도 강경에서 신문사 지국장으로 일하면서 같은 해 11월부터 다시 군자금 모금에 나서는 등 독립운동을 멈추지 않았다. 그러나 얼마 되지 않아 일제 경찰에 발각되어 1930년 10년 형을 선고받고 다시 수감 생활을 하다가 10년 만인 1939년 출옥했다. 이후에 다시 체포되어 수감된 그는 일제강점기 35년의 절반이 넘는 총 19년 6개월이라는 긴 수감 생활을 했다.

한훈의 손자 한상길은 2019년 3월 28일 〈한국일보〉와의 인터뷰에서 "할아버지에 대한 동지들의 말에 따르면, '너희 할아버지는 감옥 대장, 거짓말 대장, 배포 대장이었다. 그 이유는 감옥 생활을 오래 해서 감옥 대장이었고, 일제 경찰이 총을 겨누어도 가슴팍에 숨겨둔 육혈포를 쥐고 태연히 지나가곤 해서 배포 대장이었다. 그리고 (자신의 활동을 위장하기 위해) 거짓말을 많이 하고 다녀서 거짓말 대장이다'라고 했다"고 한다.

감옥 대장, 거짓말 대장, 배포 대장이라는 별명을 얻다

한훈은 서대문형무소를 비롯해 광주·전주·대전·대구·신의주 등 전국의 감옥을 전전하며 혹심한 고문과 악형으로 중병을 얻었다. 그러던 중 살아서 출옥하지 못할 것이라고 판단한 그는 죽기로 결심하고 신의주형무소에서 27일간 단식을 했다. 그러나 일제 경찰의 집요한 제지로 실패하자 대전형무소에서 다시 26일간 단식을 하는 등 그에게 타협이란 없었다. 이후 형기 만료를 얼마 남겨 놓지 않고 형집행정지로 풀려난 그는 수감 생활 동안 얻은 병과 일제의 감시로 활발하게 활동하지 못했다.

1939년 한훈은 출소한 후 처음 광복회 활동을 했던 충남 계룡산 남쪽 자락 신도안에서 집을 짓고 살았다. 후에 한훈의 손자 한상길이 할머니와 함께 그 집에서 살았다. 그는 "목재로만 지은 집은 넓은 지하실에서 사랑방과 부엌으로 각각 나갈 수 있었고, 2층 다락에서 사랑방과 부엌 심지어 안방 벽장으로 이어지는 통로가 있는 미로 집이었어요. 가족이 하도 도망을 다니다 보니 탈출하기 쉽도록 지으셨던 거죠"라며 집의 구조가 유달리 특이한 것이 기억에 남는다고 말했다. 한훈은 충남 신도안에 은거하면서 일제의 학병을 거부하고 도피하거나 탈출병에게 은신처를 제공했고, 한편으로는 배일사상을 고취하는 등 독립운동을 지원하는 활동을 했다.

1945년 8월 15일 광복이 되자 그는 독립된 조국에서 여생을 바치기로 결심하고 서울로 올라와 옛 동지들을 만나 대한광복회 재건을 위해 백방으로 뛰어다녔다. 특히 광복 직후 건국단체가 우후죽순으로 난립하고 정부 수립이 지연되는 상황을 우려했던 그는 대한광복회를 재건하여 단장에 취임한 후 임시정부의 이념에 따라 자주적 독립국가의 완성을 목표로 적극적으로 활동했다.

그는 신탁통치 반대 운동을 전개하고, 임시정부를 중심으로 모든 단체가 통합할 것을 주장했다. 그리고 자주·독립 국가의 건설을 위한 우선적인 과제와 구체적인 계획들을 선정하여 실천에 옮기기 위해 전국에 광복회 지부 설치에 나섰다. 당시 대한광복회의 활동은 "방향성을 잃고 방황하던 많은 애국단체의 좌표가 될 정도로 대표적이었다"라는 평가를 받았으나 상황이 좋지만은 않았다. 1987년 2월 11일 〈경향신문〉은 당시의 분위기를 "광복 후 3년 동안 서울시내 간선도로는 차량보다도 시위행렬이 더 많이 지나갔다. 서울운동장은 스포츠 관객보다 정치집회 군중을 더 많이 불러들였다. 정치라는 이름의 대분류가 온 장안에 넘쳐흘렀기 때문이다"라고 묘사했다.

이처럼 광복은 되었지만 다양한 단체가 난립하여 정치적 목적과 이데올로기 등에 따라 친일파 청산에서부터 신탁통치 문제 그리고 자주적인 개혁을 통한 독립국가 건설에 이르기까지 현안 과제들이 달랐고, 같은 문제에 대해서도 중요성과 해결 방법 그리고 우선순위 등의 의견 차이를 좁히지 못했다. 심지어 각 단체 사이에 갈등과 대립이 벌어지면서 한훈의 노력은 가시적인 성과를 이끌어내지 못했다. 그 때문에 한훈은 다시 낙향한 것으로 추정된다.

2019년 3월 26일 〈한국일보〉에 따르면 "한훈은 사망할 때까지 계룡시 신도안에 머물며 일제강점기에 의열투쟁을 벌이다 순국한 동지들의 추도제를 지냈다"고 한다. 이후 그는 세상에 나오지 않았고, 사람들의 기억에서 잊혔다. 이후 한국전쟁이 발발했고, 충남 논산군 두마면 정장리 자택에서 신병을 치료하던 중 9·28 수복 직전에 북한군에 연행되어 행방불명되었다.

목격자의 증언에 따르면 한훈은 논산군 두계역과 대덕군 흑석역 중간에서 북한군에게 피살된 것으로 전한다. 광복 후 그가 광복회를 재건하고 신탁통치 반대 운동을 전개한 것이 전쟁 중 북한군에 납치되어 피살된 원인으로 추정하고 있다. 우리 독립운동사에서 보기 드물게 '의병·의협·의열의 방략을 취한 독립운동가'로 평가받는 한훈의 죽음은 너무도 허망했다.

독립운동이라는 말만 들어도 머리가 아프다

한훈의 가족 역시 평생 핍박과 수난에 시달렸다. 물론 그 이유는 독립운동가의 가족이었기 때문이다. 한훈은 의병 활동을 하던 시기에 부여에서 유응두를 만나 혼인했다. 이후 부인은 독립운동을 하는 남편을 묵묵히 지원했고, 남편이 20여 년을 복역하는 동안 자녀를 데리고 전국의 형무소를 다니며 옥바라지를 했다. 한훈의 손자 한상길은 "할머니는 할아버지가 서대문형무소에 계실 때 인왕산 바위를 베개 삼아 주무시고, 남의 집 신세를 져 가며 힘겹게 살았다고 말씀하셨다. ……할머니와 함께 보따리 장사를 하며 다닌 아버지는 초등학교도 다니지 못했다"라고 전했다. 그리고 한상길은 다음과 같이 자신의 아버지 이야기도 들려주었다.

> 다섯 살 때였나, 대전형무소에 어머니와 함께 아버지를 뵈러 갔는데 면회를 안 시켜주었어. 사정사정해도 안 시켜줘서 형무소 밖으로 나왔는

데, 어머니가 나를 때리고는 "아버지 보고 싶다고 울어야지, 왜 보고 싶다 한마디도 안 하느냐"고 혼냈던 기억이 나. 그런데 내가 아버지 얼굴 한 번이라도 봤어야 보고 싶지…….

한훈의 부인은 일제 경찰의 고문에도 시달렸다. 한훈의 아들이 한훈의 손자에게 한 이야기에 따르면 "어머니는 빨래해서 널지도 못하고 물기만 짠 옷을 보퉁이에 넣어 도망 다녔다. ……어머니는 하도 경찰에게 뺨을 많이 맞아 나이 마흔에 귀를 잡쉈다. ……경찰이 할머니를 매달아 놓고 고문하는 바람에 팔이 남보다 훨씬 길었다"고 한다. 그러나 부인 유씨는 남편을 대신해서 무기를 옮기는 일을 돕는 등 독립운동을 지원했다. 손자 한상길은 "하루는 할머니가 권총을 다리에 매고 한참 걸으니 피부가 벗겨져 피가 흐르는 걸 일제 경찰이 보고 '왜 치마 밑에 피가 흐르느냐?'고 추궁하자 할머니가 월경혈이라고 둘러댔다고 하셨다"는 일화도 소개했다.

그뿐만 아니라 집안 살림은 입에 풀칠하기도 힘들 정도로 어려웠고, 독립운동을 했던 남편으로 인해 친정 식구까지 괴롭힘을 당했다. 심지어 남편의 오랜 감옥 생활로 부인 유씨는 두 번이나 스스로 목숨을 끊으려고 했다. 한훈의 아들은 "어머니는 독립운동이라는 말만 들어도 머리가 아프다고 하셨어요"라고 기억했다.

한훈의 후손들도 삶이 평탄하지 못했다. 한훈의 손녀 한정수는 "독립운동을 하는 집안이라는 이유로 국민학교도 다니지 못할 뻔한 걸 어머니가 옆집에 사는 학교 교사에게 게장을 담가주고 김치도 담가줘서 간신히 들어갔지만 '도둑놈 딸'이라는 급우들의 놀림과 따돌림을 당해야 했어요. 어머니에게 '왜 아버지가 도둑놈이냐'고 물어도 어머니는 '나중에 알 거다. 시방은 말 못한다'라며 달래주셨어요. 할아버지가 군자금을 모금하는 등 독립운동을 했다는 사실은 해방 후에야 알았지요. ……독립운동하면 삼대가 망한다는 말이 있잖아요. 특히 할아버지처럼 국내에서 독립운동하신 분은 자식들이 학교를 제대로 다닐 수 없어 나중에 잘살기도 힘들고. 우리 가족도 그랬어요"라고 지난날을 회상하면서 "그래도 후회는 없다"라고 했다.

독립운동가의 가족이 겪었던 심정을 모두 헤아릴 수는 없지만, 그 심정을 짐작하기에 충분하다. 그런데 한훈의 집안은 광복 후에도 독립운동과의 인연이 이어졌다. 그야말로 뼛속까지 독립운동을 새기게 하는 예이다.

죽어서도 각별한 인연을 이어가다

한훈이 체포된 날 포위망을 뚫고 도피한 김상옥은 경성에서 3개월 동안 숨어 지냈다. 그는 동지들이 체포되었다는 소식을 듣고 유치장을 파괴해 그들을 구출할 계획을 세웠다. 그러나 혼자서는 역부족임을 깨닫고 1920년 10월 상하이로 망명했다. 이후 상하이에서 김구·이시영·조소앙·조완구·신익희·김원봉·윤기섭 등과 다시 의거를 계획하고, 1922년 11월 비단장수로 위장하여 상하이 부두에서 영국 상선에 올라 안둥으로 향했다. 그는 의열단 단장 김원봉金元鳳, 1898~1958이 마련해준 권총 3자루와 실탄 500발을 비단 상자에 감쪽같이 감추고 국내 잠입에 성공했다.

그러나 우리 독립운동사에서 무장투쟁과 관련해 곳곳에서 이름이 등장할 정도로 왕성하게 활동했던 김상옥의 최후는 그야말로 처절했다. 1923년 김상옥은 일제의 포위망에 걸려들자 양손에 권총을 들고 주위 집들의 지붕을 타고 도망가며 총격전을 벌였다. 당시 수백 명의 일제 헌병대

奉天에根據地를置한 暗殺團長金相玉의陰謀

三坂通을包圍하고

犯人은田村刑事를射殺逃走

凄慘한現場

潛伏處가妹兄의家

犯人이逃走한後

南山을徒步로安靜寺에隱身

檢事出動

潛伏한孝悌洞에서 犯人遂射殺

犯人射殺當時의

實弟引致

金永鎭으로 變名한犯人

金相玉의 連累檢擧

侵入經路判明

犯人은最後로自宅訪問

不可解의 暗號團名

「봉천에 근거지를 치한(둔) 암살단장 김상옥의 음모」
_단원을 경성에서 모아 가지고 크나큰 일을 하여 평생에 목적하던 계략을 성공하고자
_남산을 도보로 안정사에 은신, 맨발로 남산에 쌓인 눈을 밟아가며 죽을힘을 들여 안정사에 가서 숭늉 한 그릇에 목을 축여
_범인은 최후로 자택 방문, 효제동으로 들어오던 길에 마지막 자기 집을 찾아가서…
(사진: 1월 22일 아침 김상옥이 경관에게 사살된 효제동 집, 동그라미 사진은 총에 맞아 죽은 김상옥의 사체)
(<매일신보>, 1923. 03. 16.)

와 경찰을 상대로 혼자 맞섰던 김상옥은 지붕 위에서 주민들에게 “주인장 이불을 좀 주시오. 이불을 뒤집어쓰고 탄환을 피해 몇 놈 더 쏘아 죽이고

나도 죽을 테니"라고 외치며 격렬하게 싸웠다. 그러나 혼자서 감당하기에는 무리였던 김상옥은 인근의 화장실로 숨었으나 총격전이 계속되어 총알이 한 발밖에 남지 않게 되자 자신의 머리에 총구를 대고 방아쇠를 당겼다. 이렇게 해서 김상옥은 세 시간 동안의 교전을 마치고 장렬한 최후를 맞았고, 가족이 그의 시신을 수습했을 때 몸에 열한 발의 총상이 있었다고 한다.

한훈과 김상옥은 육혈포 암살단 사건에 참여했지만, 처음부터 함께 암살 계획을 공모한 것은 아니었다. 미국 의원단의 경성 방문을 기해 거사를 도모하는 단체는 암살단뿐만이 아니었다. 당시 암살단은 길림군정서吉林軍政署로부터 무기를 대량으로 입수하기로 되어 있었는데 계획에 차질이 생겨 무기와 탄약을 구입할 수 없게 되자 한훈은 김상옥이 이미 국내에 반입한 무기를 공유한 것이었다. 한훈과 김상옥이 풍기광복단에서 같이 활동한 인연이 있었고, 두 사람 모두 암살단의 활동에 적극적이었기에 가능한 일이었다.

두 사람의 인연은 한훈이 대전을 지나다 약품을 판매하며 예수교를 전도하던 김상옥을 만나면서 시작된 것으로 전한다. 주경야독으로 자수성가에 성공한 김상옥은 동대문에 있던 야학에서 공부하면서 교류하게 된 사람들을 통해 독립운동에도 관심을 기울이게 된다. 이후 그는 3·1운동에 적극 참여했다가 1919년 8월 종로경찰서에 체포되어 고초를 겪었다.

그러나 다행히 증거불충분으로 10월에 풀려난 그는 신문 발간과 같은 온건한 방식으로는 독립을 쟁취할 수 없다고 판단하고 더욱 적극적이고 직접적인 투쟁 방법을 모색하게 된다. 이후 사업 기반이 어느 정도 자리가 잡히자 본격적으로 독립운동에 뛰어들면서 동생 김춘원金春園, 1891~1933에게 사업을 맡기고 충청·전라·경상 삼남 지방으로 떠돌며 기독교 전도를 겸한 약장사를 다녔다. 김상옥이 한훈과 만난 것도 그 무렵이었다.

두 사람은 후에 자식들이 장성하면 사돈 관계를 맺기로 약속했다. 그리고 1952년 그 자녀들이 한훈이 생전에 거주했던 신도안 집에서 혼인하여 그 약속은 지켜졌지만 정작 두 사람은 결혼식에 참석하지 못했다. 손녀 한정수의 증언에 따르면 "어머니(한훈의 딸)는 남편과 서로 얼굴 한번 보지 못한 채 결혼했다. 전쟁 통이라 남편 집에서 아무도 오지 못해 어머니만 참석하고 동네 사람들이 잔치 음식을 준비해줬다"라는 이야기를 들었다고 말했다.

대구 중심가에서 폭탄이 터지다

_장진홍

조선은행 대구지점에 폭탄이 배달되다

1927년 10월 18일 오전 11시 50분경 대구 중심가에 있는 조선은행 대구지점 건물 옆에서 폭탄이 터졌다. 조선은행은 조선총독부 산하에 설립되어 식민 지배의 비용을 조달했던 수탈기관이었다. 그날의 폭발로 은행 창문 70여 개가 박살 나고 은행원과 일제 경찰들이 중상을 입었다. '장진홍 의거' 또는 '대구 조선은행 폭탄 투척 사건'이라고 하는 그날의 의거는 일제 침략의 전위기관으로 정치·경제·문화 분야의 주요 기관에 폭탄을 투척하여 침체하던 항일투쟁의 분위기와 독립운동에 대한 각성을 촉구하려는 의도에서 거행되었다.

의거를 주도한 장진홍張鎭弘, 1895~1930은 1926년 1월부터 고향 친구 이내성李乃成, 1893~1927과 함께 치밀하게 준비했고, 의거 후 해외로 탈출할 계획이었다. 그러나 이 계획은 처음부터 난관에 부딪혔다. 무엇보다도 거사를 위해 다량의 폭탄을 구하는 것이 문제였다. 해외에서 폭탄을 구하는 방법이 있었지만, 비용이 많이 들었고 국경을 통과하는 것도 쉽지 않았다. 결국 장진홍은 폭탄을 직접 제조하기로 했다. 그는 조선보병대朝鮮步兵隊 군인으로 복무했고, 제대 후 남·북만주를 왕래하며 약품 판매 행상을 한 경험도 있었다. 또한 모험심이 강했던 그는 거사를 준비하던 동지들 사이에서 폭탄 제조 적임자로 지목되었다.

폭탄 제조 비용으로 50원을 지원받은 장진홍은 1927년 4월경 경북 경산군 경산시장에서 이내성의 소개로 일본인 호리키리 모사부로堀切戊三郎를 만나 폭탄 제조법을 전수받았다. 사회주의자였던 호리키리는 사회제도의 불합리함을 역설하면서 "이것을 변경하기 위해서는 관공서·은행·부호 등에게 폭탄을 투척하여 혁명 촉진의 방법을 취하지 않으면 안 된다"라고 주장한 인물로, 장진홍에게 자금도 지원한 것으로 전한다.

장진홍은 1927년 6월 경북 영천에 거주하던 박문선에게 소개받은 고바야시 미네지小林峯治로부터 15원을 주고 다이너마이트 30개와 뇌관 30개, 도화선 등을 구입했다. 그리고 칠곡의 봉화산에서 실험용으로 제조한 폭탄의 성능을 직접 시험한 후 자신의 집에서 냄비·솥·괭이를 분쇄해 파편을 만들고 다이너마이트 뇌관 도화선을 사용하여 폭탄을 제조했다. 완성된 폭탄은 자동차를 이용해서 경상북도 도청, 경상북도 경찰부, 형무소, 지방법원, 조선은행 대구지점, 조선식산은행 대구지점, 동양척식주식회사 대구지점, 칠곡의 친일 부호 장길상(대한광복회에서 사살한 친일 부호 장승원의 아들)의 집 등 일제의 침탈과 연관이 깊은 9곳에 투척할 계획이었다. 장진홍은 거사를 위해 황진박黃鎭璞, 1888~1942과 박관영朴觀永을 동지로 포섭했다. 그러나 이들이 사양하여 폭탄 투척을 도와줄 운전수를 구할 수 없게 되자 경상북도 도청, 경상북도 경찰부, 조선은행 대구지점, 조선식산은행 대구지점 등 4곳으로 표적을 줄였다.

10월 17일 장진홍은 폭탄을 나무상자에 넣고 보자기로 싼 후 자전거로 이동하여 대구에 거주하고 있던 매형 김상한의 집에 가서 하루를 묵었다. 그리고 다음 날인 10월 18일 부상을 치료한다는 이유로 대구의 덕흥여관에 투숙하여 네 개의 나무상자에 폭탄을 넣어 도화선에 불을 붙이고 신문지로 포장했다. 장진홍은 여관 종업원 박노선朴魯善을 불러서 포장한 상자를 건네며 "시내 남산정에 있는 길전상회에서 보내는 벌꿀 5근이 포장된 선물이니 경상북도 경찰부장 이시모토, 경상북도 도지사, 조선은행 대구지점장, 식산은행 대구지점장 앞으로 속히 배달해달라"고 부탁했다.

대대적인 검거 선풍이 일어나다

박노선은 가장 먼저 조선은행 대구지점으로 가서 직원 요시무라에게 지점장 앞으로 보내는 선물이라며 상자를 전달했다. 그런데 포병 출신이었던 요시무라는 화약 냄새를 구분할 줄 알았다. 그는 상자 안에서 화약이 타는 냄새가 느껴지자 나무상자를 열어보았고, 폭탄이 나오자 도화선을 끊고 다른 세 개의 상자와 함께 건물 앞 공터에 내놓았다. 그리고 곧바로 경찰에 연락했고, 신고받은 대구경찰서 고등계 주임과 순사 10여 명이 출동하여 나머지 세 개의 폭탄 상자를 열어 도화선을 끊으려는 순간 폭탄이 연이어 터졌다.

장진홍의 계획은 성공하지 못했지만, 사상자까지 발생하며 백주(대낮)에 대구 시내 한복판에서 폭탄이 터진 것만으로도 대단히 충격적인 사건이었다. 일제 관헌은 사건이 일어나자 "경상북도로서, 아니 조선 전체로서 신기록을 만든 미증유未曾有의 사건, 본 사건은 일본·조선·러시아·중국 각국 각지를 넘어 그 내용도 풍부하고 파란곡절이 많고 또한 그 예를 보지 못한 엽기적 사건이다"라며 흥분했다.

일제 경찰은 사건 현장에서 폭탄을 배달했던 박노선을 체포했다. 그러나 주모자의 행방은 묘연했고, 사건의 단서조차 찾아내지 못했다. 이후 범인 색출에 혈안이 된 일제 경찰은 1,600여 명이라는 대규모의 경찰을 동원하여 수사를 벌이면서 한편으로는 신문 보도를 통제하는 등 엄중하게 보안을 유지하여 사건이 세상에 알려지는 것을 차단했다.

하지만 진범은 고사하고 단서조차 찾아내지 못한 일제 경찰은 대구를 중심으로 활동하던 독립운동가들을 잡아들였다. 그 과정에서 영남 지역을 중심으로 독립운동을 하던 요시찰 인물 100여 명이 검거되는 등 대대적인 검거 선풍이 일어났고, 경상북도 안동 출신으로 식민지하의 민족적 비운을 소재로 강렬한 저항의지와 민족정신을 장엄하게 노래한 대표적 저항시인이자 민족시인으로 평가받는 이육사李陸史, 1904~1944(본명은 이원록李源祿)도 이 사건에 연루되어 체포되었다.

이육사에 대한 관심과 연구는 문학에 치중되어 있고, 그중에서도 시詩에 관한 연구가 주를 이루고 있을 뿐 독립운동가로 활동했다는 사실은 잘 알려지지 않았다. 그러나 이육사는 성장 과정부터 독립운동과 연관이 깊었다. 그는 항일의식이 투철했던 집안에서 태어나 성장했고, 그가 성장한 원촌마을과 이웃한 하계마을은 안동 지역에서 대표적인 독립운동가를 배출한 곳이었다. 그뿐만 아니라 이육사의 외가 임은林隱 허씨許氏 집안 역시 다수의 독립운동가를 배출했다. 특히 이육사는 외숙 허규의 영향을 크게 받은 것으로 전한다. 그리고 보문의숙과 백산학원에서 공부하며 교유했던 인간관계는 그가 독립운동에 참여하게 된 직접적인 계기가 되었다.

이육사가 독립운동을 구체적으로 시작한 시기는 일본 유학을 다녀온 후였다. 그는 1925년 대동청년단 출신들과 독립운동을 시작한 것으로 전하며, 1934년 6월에는 의열단에 연루된 혐의로 체포되어 조사받으며 대나무로 살점을 떼어내는 고문을 받는 고초를 겪기도 했다.

특히 이육사는 암살단 조직과도 연관이 있었는데, 중국을 왕래하며 독립운동가들과 만나 앞으로의 활동 등을 논의하고 다시 국내에 들어와 1920년대 대동청년단과 한주학파寒洲學派 출신들과 함께 독립운동에 참여한 것으로 보고 있다.

당시 암살단에는 이육사의 형 이원기와 동생 이원일 등 형제들이 함께 참여했고, 일제 경찰은 조선은행 대구지점에서 폭탄이 터진 이듬해인 1928년 10월 이 사건과 관련해서 이육사와 그의 형제들을 비롯한 여러 관련자를 체포하여 조사했다. 그러나 이육사는 장진홍이 체포되자 1929년 5월 4일 보석으로 풀려났고, 이후에도 대구에서 기자 생활을 하면서 독립운동을 계속했다. 때문에 이육사와 관련된 암살단은 조선은행 대구지점 폭파 사건의 진범을 찾아내지 못한 일제 경찰이 자신들의 잘못을 덮기 위해 조작한 것으로 보는 견해도 있으나, 이육사의 암살단 조직 관련 자료는 장진홍 의거와 관련한 재판 기록에도 보이는 등 전혀 무관한 것으로 보이지는 않는다.

진범 검거가 거의 절망 상태에 빠지다

광복 후인 1963년 12월 18일 〈동아일보〉는 "이육사와 연관된 암살단이 장진홍 의거와 밀접한 연관이 있다"라고 보도했으며, 이후 일제의 「예심결정서」에 기록된 암살단의 조직 과정과 활동이 자세하고 당시 이육사의 행적과도 일치한다는 등의 연구 결과들이 나왔다.

또한 "청년들을 모집하여 광둥 군사학교에 유학시키고 만주 지역 미개지 개척과 함께 실력을 양성하여 혁명으로 독립을 쟁취한다"는 목적을 실행에 옮기기 위해 독립자금 모금 활동을 하다가 이른바 'ㄱ당 사건'으로 투옥되어 있던 장하명이라는 이름을 사용했던 장택원의 진술로 장진홍을 진범으로 확정한 것으로 전한다. ㄱ당에서 ㄱ은 한글의 첫 번째로 한국의 바탕을 의미하는 것으로 해석하며, 1928년 5월 대구·경북 지역에서 활동하던 장택원·문명식·노차용·이강희·정대봉·유상묵 등이 조직한 항일 비밀단체였다.

이처럼 장진홍 의거는 직간접적으로 많은 독립운동가와 단체가 연관되어 있었으나 철저하게 비밀을 지켰기 때문에 일제 경찰은 수사에 대단히 어려움을 겪었다. 장진홍은 도피 과정부터 대단히 치밀했다. 그는 폭탄을 전달한 후 약품 판매상으로 변장하여 즉시 여관을 나왔고, 김상한의 집에 들러 쓰고 있던 모자를 벗어버리고 두루마기로 갈아입었다. 그리고 신속하게 대구를 벗어나 칠곡 부근에서 의치 네 개를 빼버리고, 신발도 미리 준비해둔 구두로 갈아 신는 등 인상착의를 바꾸고 경북 선산으로 이동해 은신했다.

장진홍은 계획했던 결과를 이끌어내지 못하자 은신처에서 또 다른 계획을 세우고 1927년 12월 안동에서 친척인 약품 판매상 장용희를 동지로 규합했다. 이후 경찰서와 은행 등 안동 지역에 있는 일제의 주요 침탈기관을 파괴하기로 계획했으나 장용희가 병사하면서 중단되고 말았다. 하지만 장진홍은 포기하지 않고 1928년 1월 영천 읍내에서 여인숙을 경영하고 있던 김기용金基用, 1883~1938(일명 김명숙金明淑)에게 자신이 조선은행 대구지점 폭파 범인이라고 밝히고 동지로 규합했다.

장진홍은 영천경찰서와 영천 읍내 부자 이인석의 집에 폭탄을 던지기로 모의하고 다이너마이트 다섯 개와 뇌관 여섯 개로 폭탄 두 개를 제조해서 김기용에게 전달했다. 그러나 김기용이 폭탄 투척의 기회를 노리다가 검거되어 실행에 옮기지 못했다.

장진홍은 일제의 수사망을 피해 1928년 3월 일본으로 건너가 안경공장을 운영하던 동생 장의환의 집에서 1년 동안 머물렀다. 당시 그는 오사카·도쿄·히로시마 사이를 왕래하며 도쿄의 귀족원과 경시청 건물에 폭탄 투척 계획을 세우고 폭약을 구하려고 시도했다. 그러나 1929년 2월 14일 피신 중이던 일본 오사카 이카이노쵸에서 경상북도 경찰부에서 파견한 형사대에 체포되고 말았다. 이후 오리무중에 빠졌던 '장진홍 의거'는 수사에 진전을 보였고, 1929년 12월 28일 언론 통제가 해제되어 진상이 보도되면서 구체적인 내용이 세상에 알려졌다. 1929년 12월 28일 〈동아일보〉와 〈조선일보〉는 "2년 넘게 종적을 알 수 없었던 장진홍과 이내성 등은 우연한 일이 사건의 실마리가 되어 극적으로 체포되었다"라며 다음과 같이 보도했다.

> 장진홍은 자전거로 이동하면서 손에는 손풍금을 쥐고 등에는 약을 짊어지고 칠곡군 인동면을 중심으로 가까이는 선산·장천·구미 등의 시장과 멀리는 경상남북도의 시장을 돌아다니며 약장사를 했다. 경찰은 그를 이상한 사람이라고 꿈에도 생각하지 못했고, 경상북도 경찰들이 진범을 잡으려고 1년 넘게 온갖 애를 썼지만 특별한 성과 없이 진범 검거가 거의 절망 상태에 빠져 있을 때인 1928년 8월 일본 오사카 경찰 당국에서 이상한 사람 같아 보인다며 경북 칠곡 출신 약품 판매상 장진홍(34)에 대한 신원 조회를 의뢰했다. 조회를 받은 본적지 경찰서는 처음에는 별

大邱爆彈事件

「大邱」 재작년十月十八日大邱에서돌발한朝鮮銀行支店에爆彈을전달한事件은, 그후사건되며 [illegible] 一切[illegible]을금지하고, 그동안[illegible]에서 [illegible], 今年二月大邱에서[illegible]되는[illegible] [illegible]까지체포하야 一段落을[illegible]한바大邱地方法院에서 [illegible] 豫審하여오든바 지난十二月九日로써豫審이終結되얏는대同事件의내용과그동안의경과는大略다음과갓다

鮮銀에配達된 爆彈裝置한木櫃

檢査中三個는爆發 小使와巡査等重傷

鮮銀을筆頭로 道廳도爆破計劃

大膽無敵한犯行

上等兵 [illegible]

營業上 [illegible]

漆谷邑 [illegible]

四十錢 [illegible]

同志者 [illegible]

數百人 [illegible]

三年만에야 眞犯人逮捕

共謀者總十五名中 三名은이미自殺

三年間 [illegible]

藥師菴 [illegible]

表面化 [illegible]

警察部 [illegible]

大邱爆彈事件 豫審決定書內容

[illegible]

主犯張鎭弘과金明淑 (軍服)

主犯張의家族과本家

檢事廷端緖는 大田胃散甬

주범은대판에서붓잡혀

[illegible]

谷城地稅納入 成績多少不良

[illegible]

忠南道靑年團 漸次普及方針

[illegible]

爆彈配達當時의大邱鮮銀支店

南大門火災 [illegible]

九州視察團 [illegible]

「대구 폭탄 사건」

_조은에 배달된 폭탄 장치한 목궤 검사 중 3개는 폭발, 소사와 순사 등 중상(내용은 검열 삭제됨)

_조은을 필두로 도청도 폭파 계획

_3년 만에야 진범인 체포, 공모자 총 15명 중 3명은 이미 자살

_대구 폭탄 사건 예심 결정서 내용

(사진: 위 왼쪽부터 주범 장진홍과 김명숙, 주범 장의 가족과 본가, 폭탄 배달 당시의 대구 조은지점 (<매일신보>, 1929. 12. 29.)

생각이 없었으나 우연히 폭탄 사건을 기억해내고, 직업이 약품 판매상이라면 폭탄 제조와 연관이 있을지도 모른다는 생각이 들자 무언가 이상하다는 느낌이 들었다. 사건 발생 당시 다방면으로 수사를 진행했고, 이 과정에서 폭탄통이 위산통이라는 사실을 발견하고 약장사와 연관성이 있을지도 모른다는 생각이 들어 사건 발생 당일에도 대구 지역 약장사들을 조사하면서 그들의 거취를 조사한 적이 있었기 때문이다. 하지만 별로 신통한 소득을 얻지 못했던 경찰은 범인이 경찰의 감시권 밖에 있었을 가능성을 떠올리고 덕흥여관 종업원이 진술한 범인의 인상과 거취에 대해 세밀하게 재조사를 했고, 이상한 점이 발견되자 1928년 12월 본격적인 수사에 들어갔다. 그리고 해를 넘겨 1929년 2월 초 경상북도 경찰부는 일본 오사카로 경찰을 파견하여 장진홍을 압송하여 취조한 결과 뜻밖에도 그가 범인이라는 사실이 밝혀졌다.

나의 현주소는 대구형무소 제6감방이다

경상북도 경찰부는 장진홍을 체포한 후 형사를 시골 사람으로 변장시켜 장진홍의 필적으로 쓴 편지를 가지고 김기용(김명숙)의 집으로 갔다. 변장한 형사가 편지를 내보이자 김기용이 읽어본 후 숨겨두었던 폭탄 다섯 개와 여비 2원까지 주었다. 형사들은 그 자리에서 김기용을 체포했다. 그리고 장진홍을 도운 일본인을 검거하면서 그의 집을 수색하여 지붕 밑에서 도화선 30자(약 9미터)와 다이너마이트 십수 개, 화약류 등을 발견했고, 장진홍의 집에서도 놀랄 만큼 많은 폭탄 제조기구를 찾아냈다. 당시 신문에서는 "그들의 계획과 행동이 귀신같이 교묘했고, 수색도 어렵게 하여 증거를 찾아낸 경찰도 놀랐다. ……장진홍도 경찰이 자신들을 범인으로 알아낸 것을 의외로 생각하며 크게 놀랐다"라고 보도했다.

조사를 마친 일제 경찰은 "이들은 국제공산당과 연락하며 범행을 위한 역할을 분담하여 폭파 실행은 장진홍이 맡고, 총참모는 이내성이 그리고 일본인도 중대한 임무를 수행했다"라며 이들 세 명을 주범으로 발표했다. 그러나 일제 경찰의 발표는 정확하지 않았다. 이내성과 일본인은 장진홍이 체포되자 자결했고, 장진홍은 대구형무소에 수감되어 조사받았으나 일제 경찰의 조사에 사실대로 응하지 않았다. 장진홍은 오히려 자신을 조사하는 조선인 형사에게 "한민족의 피를 받고도 일제 경찰의 주구가 되어 동족의 해방운동을 이다지도 방해하는 악질 조선인 경관의 죄상이야말로 나의 죽은 혼이라도 용서할 수 없다"라고 질타했다. 법정에서도 그는 사형을 선고한 재판장에게 항의하며 돌을 던지고 의자를 던지려고도 했다. 1930년 4월 25일 〈중외일보〉는 그때의 광경을 "사형 언도 받은 폭탄범 재판장에 투석 폭행"이라는 제목으로 보도했다.

장진홍의 재판은 사람들의 주목을 받았다. 장진홍의 재판이 있는 날이면 재판이 시작되기도 전에 방청객이 몰려들어 대혼잡을 이룰 정도였다. 이에 따라 불상사가 일어날 것에 대비하여 검사는 재판에서 장진홍에 대한 이름과 주소 등 신분을 확인하는 조사를 끝내고 사실 심리에 들어가기 전에 "이 사건의 내용 심리가 치안을 방해할 염려가 있다"라는 이유를 들어 비공개 재판을 요청하여 재판이 열린 지 불과 10분 만에 비공개로 진행되기도 했다. 그뿐만 아니라 가족까지 재판 방청을 금지당해 장진홍은 법정에 들어서면서 가족을 잠깐 스쳐 지나가며 얼굴을 볼 수밖에 없었다. 당시 장진홍은 가족에게 "나는 밥 잘 먹고 잘 놀고 있으니 내 걱정은 조금도 말라"며 오히려 그들을 위로했다. 하지만 자식 걱정으로 애를 태우

大邱天地를震動케한

鮮銀支店爆彈事件

張鎭弘等公判明日開廷

朝鮮人과日本人의合作行爲

三名自殺、九名만出廷

導火線이타는爆彈

蜂蜜로行員에傳達

폭탄세개가련겁허터지어

當時의戰慄할光景

步兵隊上等兵으로

滿洲서○○運動에加擔

共產黨員으로秘命띄고入國

擧事까지의經路

出廷할被告住所姓名

◇…대구폭탄사건주범장진홍

「대구 천지를 진동케 한 조은지점 폭탄 사건」
_장진홍 등 공판일 개정, 조선인과 일본인의 합작 행위
_3명은 자살, 9명만 출정
_도화선이 타는 폭탄, 봉밀로 행원에 전달, 폭탄 세 개가 연거푸 터져, 당시의 전율할 광경
_보병대 상등병으로 만주서 00운동에 가담, 공산당원으로 비명 띠고 입국, 거사까지의 경로(사진: 대구 폭탄 사건 주범 장진홍)
(《중외일보》, 1930. 02. 03.)

大邱爆彈事件主犯

張鎭弘에死刑言渡

다음은징역오년으로부터

◇일년이상두명과벌금형오명◇

大邱地方法院에서

「대구 폭탄 사건 주범 장진홍에 사형 언도」
_다음은 징역 5년부터 1년 이상 두 명과 벌금형 5명
(《중외일보》, 1930. 02. 18.)

던 부모는 그가 체포된 후 세상을 떠나 안타까움을 더했다.

법정에 선 장진홍은 오랜 감옥 생활로 얼굴은 창백했지만, 몸은 건강하고 대답하는 목소리도 매우 활발하고 당당했다. 1930년 2월 17일 대구지방법원에서 최종 판결을 하는 날 수백 명의 방청객이 몰려들었고, 재판을

방청하지 못한 사람이 200명이나 될 정도로 대혼잡을 이루었다. 그리고 정사복 경찰들이 혹시 있을지도 모르는 불상사에 대비하여 법정 안에서 그야말로 물샐틈없이 경계를 섰다. 그날 법정에 선 장진홍은 재판장이 피고의 주소와 이름을 묻자 "나의 현주소는 대구형무소 제6감방이다"라고 답했고, 재판장이 선고하기 위해 장진홍을 일으켜 세우자 그는 먼저 방청석을 향해 서서 "내가 잡힐 때까지 여러 사람에게 괴로움을 끼쳐서 대단히 미안하오"라고 정중하게 인사했다. 그리고 재판장이 사형을 선고하자 즉시 방청석에서 울고 있는 친족을 향해 목소리를 높여서 "아무 염려할 것이 없다"라고 말하고 퇴장했다.

이후 그는 가족과 친지들의 권유로 재심을 청구했으나 같은 해 7월 21일 고등법원에서 기각되어 사형이 확정되었다. 당시 장진홍에게 적용된 죄는 폭발물 취체 규칙 위반, 치안유지법 위반, 살인미수 등이었다.

형무소에서 갑자기 사망하다

장진홍 의거에 참여했던 김기용은 징역 5년, 황진박과 박관영은 징역 1년 형을 받았고, 그 외 단순 가담한 것으로 밝혀진 정해용·이봉식·박문선은 벌금 50원, 정방봉은 벌금 30원 등의 유죄 판결을 받았다. 이렇게 해서 이 사건은 계획에서부터 실행까지 주변의 도움을 받아 장진홍이 혼자 주도한 단독 범행으로 마무리되었다. 그러나 관점을 달리하면 일제가 장진홍 의거의 배후 관계를 끝내 밝혀내지 못했고, 장진홍을 비롯한 관련자들이 그만큼 철저하게 비밀을 유지했음을 의미했다. 장진홍이 체포되자 이내성과 호리키리가 곧바로 자결했고, 장진홍은 경찰 조사가 시작되자 자신의 행적을 자백하면서 자결한 이내성과 호리키리와의 관련성만 언급한 것이 그 예였다. 즉 장진홍은 그들의 사망을 알고 있는 상태에서 비밀유지를 위해 스스로 자백했을 가능성이 충분했다.

그런데 고등법원에서 상고가 기각되어 사형이 확정된 지 열흘 후인 1930년 7월 31일, 장진홍이 옥중에서 갑자기 사망하여 의문을 불러일으켰다. 그때 장진홍의 나이 불과 서른다섯 살이었다.

8월 1일 〈중외일보〉는 "사형 집행일 앞두고 장진홍 돌연 사망"이라는 제목으로 장진홍의 사망 소식을 보도했다. 그리고 다음 날인 8월 2일 〈조선일보〉는 "평소 건강하던 장진홍이 돌연 급사하였다. 사회적 이목을 집중시켰던 사건으로 사형 집행을 기다리고 있던 그는 '29일 아침 돌연 독방에서 뇌출혈이 일어나 넘어졌다가 31일 새벽 5시경 사망했다'고 대구형무소 당국자가 발표했다. ……최근 장진홍을 면회한 가족들은 '건강 상태가 대단히 양호했다며 급사한 것을 심히 이상하게 생각되어 시체를 찾아오는

死刑執行日앞두고
張鎭弘突然死亡
最近까지身體는健康
死體取下卽時
檢屍바들豫定

「사형 집행일 앞두고 장진홍 돌연 사망」
_형무소에서는 뇌출혈이라고 변명, 가족들은 믿을 수 없다 하며 의문시
_최근까지 신체는 건강
_사체 취하 즉시 검시받을 예정
(〈중외일보〉, 1930. 08. 01.)

대로 의사의 감정을 의뢰할 작정이다'라고 했고, 가족 중 한 사람은 '수의까지 못 입게 하고 감옥 수의를 입혀 그냥 장사 지내라 함으로 그것이 더욱 의심이 난다'라고 했다"라며 장진홍의 갑작스러운 죽음에 의문을 제기했다.

대구형무소 안에서도 장진홍의 사망 소식이 알려지자 재소자들이 의문을 제기하며 항의했다. 7월 31일 오후 8시 30분경 장진홍의 시신을 운반하려고 했을 때 흥분한 1,500여 명의 재소자가 일제히 함성을 지르고 감방을 파괴하며 소동을 일으켰다. 8월 2일에도 오후 8시 30분부터 약 5분간 일제히 만세를 외치는 등 소동을 일으키자 당황한 간수들이 진압에 애를 먹다가 9시가 되어서야 진정되었으나 재소자들은 단식투쟁을 벌이며 다시 농성을 벌였다.

형무소 관계자들은 수감자들의 반발에 대책을 세우기 위해 고심했다. 1930년 9월 12일 〈동아일보〉에 "주동자들을 고발하여 9월 10일 대구지방법원에서 광주학생사건으로 수감되어 있던 학생들이 장진홍의 사망으로 인한 옥중에서 소란을 일으켰다며 기물파손죄로 6명이 재판을 받았다"라는 기사가 보인다. 당시 사람들의 주목을 받았던 학생들의 재판은 8월 29일 공개재판으로 일정을 잡았다가 재판소 사정을 이유로 연기되었고, 9월 2일 비밀리에 개정하기 위해 재판 하루 전날 밤 10시에 비로소 변호사에게 재판 일자를 통지했다가 검사의 요청으로 다시 9월 11일로 재판 일정이 변경될 정도로 재판부가 대단히 민감하게 반응했다.

10월 25일 재판에서는 주동 학생들에게 주소와 성명 등을 물은 후 심문에 들어가려고 하자 피고인석에 있던 윤장혁이 손을 들어 재판장을 향해 고함을 치며 "우리는 재심 공판을 포기하겠다. 당신과 같은 재판장에게 심리받는 것은 반드시 우리 피고인에게 불리할 터이므로 당신에게 재판받을 필요가 없다"라며 이미 심문을 마친 한 사람을 제외한 5명이 모두 퇴장해버렸다. 이에 재판장은 "그러지 말고 공평한 재판을 할 터이니 심리를 받으라"고 권유했으나 효과가 없었고, 법정은 대혼잡을 이루었다. 결국 그들에게 징역 8개월이 더해졌고, 학생들은 모두 추가된 형량까지 수감생활을 더하고 만기 출옥했다.

또 하나의 의문, 과연 단독 범행이었나

장진홍은 체포된 직후부터 계속해서 자결을 시도한 것으로 전한다. 그는 이미 일본에서 호송되는 도중에 자살을 기도했고, "왜적의 손에 죽임을 당하지 않겠다고 결심한 그가 모아둔 수면제를 한꺼번에 삼켜 자결을 시도했다"고 전하는 등 일제 경찰의 조사를 받는 과정에서도 자결을 시도해 절명 상태에서 발견되기도 했다. 그리고 그는 조선총독에게 "너희들 일본제국이 한국을 빨리 독립시켜주지 않으면 너희들이 멸망할 날도 멀지 않을 것이다. 내 육체는 네놈들의 손에 죽는다 하더라도 나의 영혼은 한국의 독립과 일본 제국주의 타도를 위하여 지하에 가서라도 싸우고야 말

張鎭弘死體出獄
檢屍안코漆谷으로
유족들의끗업는애통오열리에
시체는그의고향칠곡으로운반
千餘罪囚는高喊騷動

「장진홍 사체 출옥, 검시 않고 칠곡으로」
_유족들의 끝없는 애통 오열리에 사체는 그의 고향 칠곡으로 운반
_천여 죄인은 고함 소동
(《중외일보》, 1930. 08. 02.)

겠다"라는 편지를 보내기도 했다. 그럼에도 그의 갑작스러운 죽음은 분명 의문이었고, 때문에 많은 사람이 죽음에 의문을 제기하다 고초를 겪었지만, 장진홍의 죽음은 여전히 의문으로 남았다.

장진홍 의거에 관한 연구 역시 현재까지 미진한 편이다. 무엇보다도 자료의 부족으로 그의 생애와 의거 배경 등을 밝히는 데 한계가 있다. 그러나 장진홍 의거는 1920년대 후반 경북 지역에서 전개된 대표적 의열투쟁이었고, 1925년 나석주羅錫疇, 1892~1926 폭탄 의거와 1928년 조명하趙明河, 1905~1928 의거와 함께 1920년대 후반기 민족의식을 고취한 3대 의열투쟁으로 꼽힌다.

조명하 의거는 1928년 5월 14일 조명하가 타이완 타이중台中에서 일본 육군대장 구미노미야 구니요시久邇宮邦彦王에게 독검으로 부상 입힌 사건을 말한다. 구미노미야는 일왕 히로히토의 장인이자 군부와 정계의 거물로, 당시 타이완에 주둔한 일본군 부대를 검열하고 타이베이台北로 떠나는 길이었다. 조명하는 반년 전에 타이완으로 건너와 일본인 가게의 점원으로 일하고 있었다. 일찍부터 항일운동에 투신하기로 결심했던 그는 야마가미 타이완 총독을 격살하기로 계획을 세우고 보검을 구입하여 독약을 발라 놓고 기회가 오기를 기다렸다. 그러던 중 구미노미야가 타이완으로 온다는 소식을 듣고 계획을 변경했다. 거사 당일 그는 환송 군중 속에서 뛰쳐나와 구미노미야에게 일격을 가했다. 그러나 수행원의 제지를 받자 재빨리 독검을 구미노미야에게 던졌다. 어깨에 칼을 맞아 부상당한 구미노미야는 온몸에 독이 퍼져 앓다가 8개월 뒤에 사망했고, 거사 현장에서 체포된 조명하는 타이완고등법원에서 사형을 선고받고 형이 집행되어 먼 타국에서 스물네 살을 일기로 순국했다.

한편 장진홍의 죽음은 조선은행 대구지점 사건이 그의 단독 거사가 아니었다는 사실과도 연관이 있는 것으로 보는 견해도 있다. 이와 관련해서는 그의 성장 과정과 그동안의 활동도 주목된다.

장진홍은 1895년 6월 6일 경상북도 칠곡군 인동면 문림리(지금의 경북 구미시 인동)에서 삼형제 중 장남으로 태어났다. 그가 태어나 성장한 인동면은 인동 장씨들의 집단 거주지로, 1929년 12월 28일 〈동아일보〉에 따르면 "장진홍과 이내성의 본적지인 칠곡군 인동면은 실로 표면에 나타나지 않은 배일촌排日村이다. 어쩐 일인지 거기는 지금이라도 주재소 순사나 보통학교 교원 이외에 장사나 농민이나 일본 사람의 그림자라고는 볼 수 없는 것이 사실이다. ……진평동은 기독교인의 마을로 이름 있는 곳이다."

이러한 분위기는 장진홍의 성장기에도 영향을 미쳤고, 인명학교에서 수학하면서 독립운동과 인연을 맺게 된다. 인명학교는 1905년 경북 칠곡군 인동면의 구제동교회에서 설립한 사립학교로, 장진홍은 그곳에서 이내성과 함께 공부했다. 특히 장진홍은 교사 장지필張志必, 1869~?과의 만남을 통해 항일의식을 형성하게 된다. 장지필은 자신이 직접 만든 창가로 배일사상을 고취하는 등 학생들에게 많은 감화를 주었고, 제자들이 독립운동의 길로 나서는 밑거름이 되었다. 장지필은 지역의 독립운동 단체와도 관계를 유지했고, 장진홍 역시 이후의 활동 과정에서 장지필과 관계를 유지했던 것으로 전한다.

3·1운동을 국제사회에 알리기 위해 조사에 나서다

장진홍은 인명학교에서 수학한 후 1914년 4월 조선보병대에 입대하여 3년 동안 근무했다. 일제는 1904년 '대한제국 군제의 쇄신과 경비 삭감'을 구실로 대한제국 군대를 감축하기 시작했다. 그리고 1907년 정미 7조약을 체결한 후 대한제국 군대를 완전히 해산시키고 육군 1개 대대를 황궁 수비를 담당하는 친위대로 유지하다가 1910년 강제 병합 후 조선보병대로 명칭을 바꾸었다. 조선보병대는 기병과 보병으로 구성되었으나 1913년 기병대가 폐지되고 보병만 유지되었으며, 매년 50~100명을 모집했다. 조선보병대

朝鮮人軍隊
最後解散式
【今八日朝鮮步兵隊解散】
◇老將校눈엔暗淚

(사진은해산식광경)

「조선인 군대 최후 해산식」
_금 8일 조선보병대 해산, 노장교 눈엔 암루
(<동아일보>, 1931. 04. 09)

는 연령과 신체조건뿐만 아니라 일본어·조선어·한문 시험을 통과해야 선발될 수 있었고, 일정한 급여가 지급되었다. 그러나 순종이 사망한 1926년 이후 더 이상 충원하지 않다가 1931년 해산되었다.

장진홍이 조선보병대에 들어간 이유는 전하지 않는다. 다만 그는 제대 후 곧바로 만주 방면으로 가서 1916년부터 대한광복회에 가입하여 활동했고, 1918년에는 중국 펑텐으로 떠나 김정묵金正默, 1888~1944 · 이국필李國弼과 독립운동에 대한 방략을 논의한 후 이국필과 함께 러시아 하바롭스크로 건너가 동포 청년 70여 명에게 군사 교육을 시키면서 조선보병대의 경험을 살려 『보병조전步兵操典』을 참고하여 군대 양성에 힘썼다. 블라디보스토크에 주둔하고 있는 일본군을 상대하기 위해서였다. 그들의 노력으로 100여 명의 한인 적위대赤衛隊가 조직되었고, 공산주의 인터내셔널을 추구하는 러시아 적군과 함께 하바롭스크 방위 전투에도 참여했다. 그러나 하바롭스크가 혁명 이전의 질서를 추구하는 러시아 백군에 점령되면서 해산되었고, 장진홍은 러시아 적군과 백군의 전투가 격화되자 다시 국내로 돌아왔다.

장진홍이 국내로 들어 온 시기는 정확히 알 수 없다. 다만 1919년 3월 이후 국내에 들어와 3·1운동에는 직접 참여하지는 않았던 것으로 보인다. 이후 그는 부산에서 조선일보 지국을 경영하기도 했고, 약장수로 위장하여 전국을 순회하며 정세를 살피기도 했다. 그뿐만 아니라 그는 3·1운동이 일어났을 당시 일제가 저지른 만행을 조사하기 위해 논과 밭을 매각해서 600여 원의 자금을 마련하여 서적 행상을 가장해 전국을 돌아다니며 일본군의 학살·방화·고문 등의 상황을 상세하게 조사했다. 그리고 조사한 내용을 1919년 7월 김상철에게 전달했다. 김상철은 경북 출신 미군 하사관으로 당시 인천에 입항한 미 군함에 머물고 있었다. 장진홍은 그에게 미국으로 돌아가면 조사한 내용을 영문으로 번역해서 세계 각국에 배부해달라고 의뢰했다.

장진홍이 3·1운동에 관심을 기울인 이유 중에는 그의 고향 칠곡의 대표적 만세운동과 연관성이 있을 것으로 보는 견해도 있다. 1919년 3월 7일 대구 계성학교 학생 이영식李永植, 1894~1981이 「독립선언서」 20매를 가지고 고향 칠곡으로 왔고, 이영식은 이내성과 함께 인동교회 목사 이상백李相佰, 1886~?의 집을 찾아가 논의하여 만세시위를 거행하기로 약속했다. 그리고 1919년 3월 12일부터 14일까지 칠곡 진평동 만세운동이 일어나 영남 지역에서의 만세운동이 학생층에서 시작되어 지방의 군 단위까지 확산되는 계기가 되었다. 이후 이내성이 1년 6개월의 형을 받는 등 주모자들이 체포되어 6개월에서 1년 6개월의 형을 선고받고 대구형무소에서 옥고를 치렀다.

이처럼 장진홍이 국경을 넘나들며 보여준 활동을 감안하면 그가 조선보병대에 입대한 이유는 무장투쟁의 준비 과정으로 해석된다. 따라서 장진홍 의거 역시 단독 의거가 아니라 그가 활동했던 독립운동 조직과 연관이 있었을 가능성이 충분하며, 특히 1920년대 중반 경북 지역에서 전개된 독립운동과 밀접하게 관련되었던 것으로 보고 있다. 즉 당시 장진홍과 이내성의 활동은 장지필과 김정묵, 그리고 그들과 연계된 김창숙金昌淑, 1879~1962과 밀접한 관련이 있었던 것으로 추정된다. 장지필과 김정묵은 상하이에서 김창숙과 함께 활동했고, 김창숙이 주도한 제2차 유림단 의거 당시 국내에서 활동한 적도 있었기 때문이다. 그뿐만 아니라 김정묵은 1925년 7월 김창숙과 만나 국내에서 군자금 모금을 협의하고 국내외 연락 책임을 맡았다. 그리고 김창숙과 장지필·김정묵은 모두 한주학파이면서 의열단과도 관계가 있었다.

가족에게도 시련이 이어지다

장진홍에게는 약장사였던 둘째 동생과 10년 전 일본으로 건너가 오사카에서 시계상(또는 안경공장)을 운영한 셋째 동생이 있었다. 그리고 고향에는 부인과 아들 둘, 딸 하나 등 삼남매가 살았다. 그런데 장진홍이 사망한 후에도 그는 물론 유족에게 시련이 이어졌다.

1930년 11월 7일 〈조선일보〉에는 "장진홍이 사망하고 5개월이 지난 1930년 11월 초 (모 인사가) 경상북도 칠곡에 거주하는 장진홍의 유족을 찾아와 장남 장형옥(17)에게 자신을 칠곡군 인동면 주재소원이라고 밝히면서 '너의 아버지가 미결에 있을 때 일심으로부터 상고까지 비용이 513원이니 그 돈을 만들어내라. 만일 돈이 없거든 토지·가옥이라도 방매하여 속히 납부하라'고 독촉하며 '불낙不諾이면 재판소의 명령이니 차압이라도 하겠다'라고 하며 그날부터 매일 와서 독촉을 하여 장남이 대구로 나와 유지 아무개를 찾아다니며 상의 중이라고 한다"라며 장진홍의 재판과 관련해서 거액의 비용을 독촉하여 가족을 난감하게 한 일도 있었다.

또한 광복 후인 1949년 5월 19일 〈조선일보〉에는 "반민특위反民特委 재판에서 일제강점기에 순사를 지낸 남학봉(55)이 일제 국책에 순응했을 뿐이라며 괴진술을 하다"라는 장진홍과 관련한 기사가 실렸다. 남학봉은 1913년 경상북도 잠업회에서 교사로 근무하다가 1916년 일제의 순사보가 되어 일제강점기 동안 경상북도 보안과 순사를 거쳐 고등계 형사가 되었고, 이후 경주·대구·포항 등의 경찰서에서 사법주임 등으로 근무하며 경부까지 승진했다. 그가 경주경찰서에서 경부로 재직하던 1935년에는 총독부가 시정 25주년을 기념하는 표창자를 선정했을 때 거기에 포함되는 등 약 20여 년간 일제의 경찰로 재직한 악질 형사였다. 특히 그는 재직 중 유림계의 대부 김창숙이 상하이 임시정부의 군자금을 조달하는 것을 발견하고 체포하여 30~40일 동안 6~7회에 걸쳐 고문하여 14년의 체형을 받게 했고, 광주학생운동 관련 학생들을 다수 검거하여 고문하고 3년 형을 받게 했으며, 장진홍을 체포하여 사형당하게 했다.

그런데도 그는 재판장의 사실 심문에 대해 "나는 경찰 봉직 중 왜놈들의 국책을 순행한 일이 없으며, 따라서 경찰에 20년이나 봉직했어도 은급恩給(연금)도 안 받았다"라며 끝끝내 혐의를 부인했다. 그러면서 그는 "자신이 순사가 된 이유는 부모가 고생하는 것을 보고 출세를 기도하였던 것이다. ……고등계 형사를 지내는 동안 민족적 양심에 비추어 그 자리를 벗어나려고 무한히 노력했다는 등 능란한 구변으로 요리조리 피하느라 애를 썼다. ……그는 뻔뻔스럽게 애국자 연했으나 유림 사건과 장진홍 사건만은 검찰의 추궁에 마지못해 시인했다"고 한다.

남학봉은 1949년 반민족행위특별조사위원회가 활동을 시작하면서 가장 먼저 체포자 명단에 포함될 정도로 일제에 적극 협조한 인물로, 1949년 1월 29일 대구로 파견된 수사관이 남학봉을 자택에서 체포하여 서울로 압송하여 조사한 후 재판에 넘겼다. 그러나 한 달 만인 2월 28일 반민특위에서 '증거불충분'으로 불기소되어 석방되었다. 이에 "증거불충분이 말이 되느냐"는 항의를 받는 등 물의를 빚자 3월 3일 특별검찰부에서 재구속하여 조사했으나, 반민특위 활동 중지로 끝내 처벌받지 않았다.

홀로 압록강을 건너 국내에서 무장투쟁을 벌이다

_이수흥

국내외를 넘나들며 지속적으로 무장투쟁을 벌이다

3·1운동 이후 만주 지역에는 망명한 청년들이 군사훈련을 받기 위해 입대를 자원하여 많은 독립군 부대가 편성되었다. 그들은 지속적으로 국내외를 넘나들며 일제에 항거했다. 1920년 6월에는 봉오동에 이어 청산리에서 일본군을 대파하는 승전보가 국내에도 전해졌다.

1920년에 들어서면서 일제는 독립군을 소탕하기 위해 중국 정부를 위협해 공동으로 독립군 토벌 작전을 감행했다. 그러나 특별한 성과를 올리지 못하다가 같은 해 8월 봉오동 전투에 대한 보복으로 '간도 지방 불령선인 초토화 작전'을 세우고 간도 지역에 정규군을 투입했다. 토벌군은 10월부터 다음 해 5월까지 8개월 동안 항일운동의 근거지로 지목된 마을과 학교, 교회를 불태우고 한인을 대학살하는 만행을 저질렀다. 당시 장암동獐巖洞에서 일본군이 벌인 만행을 목격한 사람은 다음과 같이 증언했다.

10월 29일 새벽에 무장한 일본군 보병 부대가 마을을 포위하고 산적散積한 밀짚 위에 방화하며, 남자라면 노인과 어린이를 가리지 않고 집 밖으로 끌어내어 모두 사살하고, 채 죽지 않은 자는 불 속에 집어넣고, 집 안에서 울면서 이 비참한 광경을 보는 사자死者의 어머니와 처자의 가옥을 또 불 질러 전 마을이 불타고 말았다. 그들은 이와 같이 여러 마을을 모두 없애버린 다음 주둔지 병영에 돌아가 천황 탄생일을 축하했다.

또한 일본군은 마을을 습격하여 주민들을 교회 마당에 집결시킨 후 청장년 33명을 독립군 부대와 내통했다는 이유로 교회 안에 가두고 불을 질러 모두 학살했다. 1920년 12월까지 북간도에 출동한 일본군 제28여단은 "조선인 522명을 죽이고, 조선인 가옥 534채를 불태웠으며, 재산피해액은 6만 6850엔으로 추정된다"라는 기록을 스스로 남겼다.

1925년 6월에는 중국 만주 지역 군벌 세력의 지도자 장쭤린張作霖과 조선총독부 경무국장 미쓰야 미야마스三矢宮松 사이에 「미쓰야 협정」이 비밀리에 체결되었다. 당시 만주 지역에는 많은 한인이 거주하고 있었고 독립군들도 조직을 재정비하면서 활동하고 있었다. 때문에 일제의 대륙 침략 정책과 만주에 인접한 조선 통치에 지장을 초래하자 만주 지역의 지배자 장쭤린과 독립군 단속과 체포에 관한 교섭을 추진하여 다음과 같은 협약 체결에 성공하게 된다.

- 한국인의 무기 휴대와 한국 내 침입을 엄금하며, 위반자는 검거하여 일본 경찰에 넘긴다.
- 만주에 있는 한인 단체를 해산시키고, 무장을 해제하며 무기와 탄약을 몰수한다.

• 일제가 지명하는 독립운동 지도자를 체포하여 일본 경찰에 인도한다.
• 한국인 취체取締(규칙, 법률, 명령 따위를 지키도록 통제함)의 상황을 상호 통보한다.

「미쓰야 협정」에는 이외에도 "독립운동가를 체포하면 반드시 일본 영사관에 넘기고 일제는 그에 대한 대금을 지불하며, 장쭤린은 상금 중 일부를 반드시 체포한 관리에게 주어야 한다"라는 내용도 포함되어 있었다. 이후 상금을 노린 만주 군벌 세력과 관리들은 일반 농민까지 잡아들일 정도로 독립군 적발에 혈안이 되었다.

또한 협약 체결로 독립군들의 무기 소지와 지도부 체포에 대한 압박이 더욱 강화되었다. 특히 참의부參議府 등 해외에서 국내 진공 작전을 비롯한 무장투쟁을 벌이던 독립군들은 대외적으로 활동에 큰 타격을 받았고, 안으로는 중국 관헌의 단속에도 대비해야 하는 등 안팎으로 협공을 받았다. 일제의 통계에 따르면 독립군의 국내 진공 횟수가 1924년 560여 건, 1925년 270건, 1926년 69건, 1927년 16건, 1930년 3건으로 급감할 정도로 독립군의 국내 진공 작전이 1925년 이후 급속히 위축되었다.

단신으로 압록강을 건너 국내에 잠입하다

독립운동에 대한 일제의 탄압이 더욱 강화되면서 국내 항일투쟁 방식에도 변화가 생겨났다. 1935년 3월 14일 〈조선일보〉에 따르면 "이해는 순종 승하를 비롯해 6·10만세사건 그리고 권총 사건도 많아 4월 이래 매월 2~3건씩 발생했다"고 한다. 당시 권총 사건에는 군자금 모금이나 친일 분자 척결 등 독립운동가들이 국내에서 의열투쟁을 벌였던 사건들도 포함되어 있었다. 특히 1926년 이수흥李壽興, 1905~1929이 국내에서 벌인 무장투쟁 이후 군자금 모금 활동과 관련한 권총 사건이 지속적으로 발생했다. 심지어 신문 뭉치 등을 들고 마치 권총인 것처럼 위장하여 일반 가정집이나 전당포에 침입하는 단순 강도들까지 자신이 독립군이라며 이수흥을 모방할 정도였다.

이수흥은 1926년 5월 26일 혼자 압록강을 건너 국내로 잠입했다. 당시 스물두 살의 청년 이수흥은 대한민국임시정부 육군주만참의부大韓民國臨時政府陸軍駐滿參議府(약칭 참의부) 제2중대 소속 특무정사였다. 참의부는 설립할 때부터 무장투쟁을 목표로 했고, 1920년대 중·후반에 압록강 건너 남만주 지역을 근거지로 활동했다. 만주 지역의 대표적인 무장단체인 삼부三府, 즉 참의부·정의부正義府·신민부新民府에서 벌인 항일 무장투쟁 가운데 3분의 2 이상이 참의부에서 수행할 정도로 참의부는 무장투쟁에 가장 역점을 두었다. 반면 정의부와 신민부는 무장투쟁보다 교민의 자치 활동에 더 많은 노력을 기울이는 등 군정부로서의 기능보다 자치기관으로서의 기능을 수행한 것으로 평가받는다.

참의부는 1923년 8월 통의부에서 갈라져 나와 1929년 해체될 때까지 7년여 동안 활동했다. 그들은 남만주 현지에서 무장투쟁도 수행했지만, 주둔지인 남만주 지역에서 가까운 압록강을 건너 평안도 일대에서 전투를 벌이는 등 대부분은 국내 진공 작전을 펼쳤다. 참의부는 정의부 등 다른 독립군 부대에 비해 전투 횟수가 잦고 출동 주기가 짧은 '속전속결'의 게릴라전과 유격전 형식으로 일제의 군부대를 습격하거나 관공서를 파괴하여 식민 통치 질서를 교란했고, 군자금 모금과 일제 군경 및 밀정과 친일파 숙청에도 나섰다.

그뿐만 아니라 만주에 거주하는 한인과 내국인에게 항일사상을 선전하여 항일투쟁 의지를 고무시키는 등 "참의부 독립군의 대일 무장항쟁은 한민족 독립투쟁사에서 가장 처절하고 빛나는 역사의 한 페이지를 장식했다"라는 평가를 받는다. 따라서 일제는 그들을 소탕하기 위해 집요하게 추적했다. 1927년 10월 18일 〈동아일보〉는 "평북 일대를 무대로 군자금을 모금하고 독립운동을 홍보하던 만주 지역 참의부 제3중대 별동대 6명이 평북 지역에 진입하자 15개 경찰서가 총동원되어 3명을 사살했고, 나머지 3명은 500여 명의 일제 경찰에게 포위되어 8일 동안 굶주린 채 항거하다가 끝내 체포되었다. ……일제 경찰은 무려 4개월 동안 작전을 펼치며 수사비용으로 4만 원이라는 거금을 썼다"라고 보도했다.

경성 시내 파출소에서 총격을 가하다

국내로 들어온 이수흥의 활동도 참의부의 국내 진공 작전 가운데 대표적인 무장투쟁에 해당했다. 이수흥은 참의부 부대 근거지인 중국 펑톈성을 출발하여 압록강을 건넜다. 그는 부대를 출발하기 전부터 치밀하게 계획을 세워 은밀하게 국내 침투를 시도했다. 당시 이수흥은 모젤 권총 1정과 실탄 147발 그리고 브라우닝 구식 권총 1정과 실탄 29발을 휴대하고 있었다.

그의 목적은 한 해 전인 1925년 3월 16일, 지안현集安縣 고마령古馬嶺에서 참의부 간부들이 모여 국내 진입 작전을 위한 군정회의軍政會議를 개최하던 중, 초산경찰서에서 출동한 일제 경찰의 급습을 받자 포위망을 돌파하기 위해 육탄전을 벌이는 등 네 시간여 동안 결사적으로 항전했으나 전사자가 속출하여 남만주 지역 독립군 항전사에서 최대의 참변으로 알려진 '고마령(구마

링) 참변'으로 전사한 직속상관 제2중대장 최석순崔碩淳, ?~1925을 비롯한 동료 29명의 원수를 갚고, 조선총독과 일제의 고관들을 격살하는 등 국내에서 의열투쟁을 벌여 침체한 무장투쟁의 분위기를 되살리는 데 있었다. 그리고 그는 국내에서 부호들로부터 군자금 모금도 계획했다.

무사히 압록강을 건넌 이수흥은 걸어서 고향인 경기도 이천으로 향하는 길에 황해도 평산군 안성면 발참리에서 김상렬의 집에 들렀다. 이수흥은 모젤 권총을 들이대며 자신을 만주에서 온 독립군이라고 신분을 밝히고 군자금 500원을 제공할 것을 요구했다. 그러나 김상렬이 가지고 있는 돈이 없다고 거절하여 소득 없이 집을 나와 경성으로 향했다.

이수흥이 경성에 도착했을 때는 순종의 장례 기간으로, 일제는 곳곳에서 검문·검색을 하는 등 경계를 한층 강화하고 있었다. 이수흥은 삼엄한 검문을 피해 움직였으나 밤 11시경 동소문파출소 앞을 지나가다 근무 중이던 도쿠나가 마사루 형사에게 권총을 소지한 것이 발각되었다. 상황이 다급하게 되자 이수흥은 즉시 모젤 권총을 꺼내 사격을 가하여 형사의 대퇴부 등에 중상을 입히고, 순사의 추격을 차단하기 위해 파출소 안으로 들어가 권총을 쏘고 유유히 현장을 벗어났다.

그날 사건은 1926년 7월 12일 〈동아일보〉에 "재작(그제) 권총 청년이 동소문파출소를 습격, 빗발 같은 탄환에 순사 중상, 범인은 오리무중, 검사도 출동하여 현장 조사, 범인은 대담하게도 사람의 왕래가 빈번한 때에 습격하고는 유유히 시내로. ……청년은 모자도 쓰지 않은 상고머리에 흰 작업복을 입고 동소문 방면으로부터 들어와서 동 파출소 앞에 서 있던 전기덕 순사를 권총으로 쏘자 순사는 즉시 소리를 지르고 휴게실을 거쳐 숙직실로 들어가던 중 그 청년은 휴게실까지 따라 들어가며 권총 여덟 발을 쏘아 순사의 양편 팔에 각각 한 군데씩, 바른쪽 다리에 세 군데, 왼편

다리에 한 군데 도합 여섯 군데에 부상을 입히고 시내 방면을 향해 자취를 감추어 버렸다……"라고 보도되었다.

목격자의 증언에 따르면 "청년은 파출소 안에서 순사에게 총을 쏜 후 총을 든 채로 밖으로 나와 많은 사람을 향하여 총을 내두르며 조금도 다른 기색이 없이 고등상업학교 앞 다리까지 가서는 손에 든 권총을 호주머니에 넣고 천천히 걸어갔다"고 한다. 당시 총소리가 요란하여 거리가 먼 성북동까지 소리가 들렸고, 총소리를 듣고 달려온 사람이 있을 정도로 많은 사람이 몰려들었다. 사건 발생 후 출동한 일제 경찰은 현장에서 수집한 탄환 등을 전문가에게 의뢰해서 감정한 결과 독일제 16연발 모젤 최신식 권총으로 밝혀졌고, 검사까지 현장에 나와 조사했다. 하지만 범인은 물론 범행 동기 등을 짐작조차 할 수 없어 난감해했다.

경성 시내에서 일제의 파출소 안에까지 들어가 경찰에게 총격을 가하는 사건이 발생했고, 사람들이 몰려든 가운데 유유히 종적을 감춘 사건은 많은 사람을 놀라게 했지만, 가장 당황한 것은 일제 관헌이었다. 일제 경찰은 곧바로 경계를 강화하며 범인 색출에 나섰으나 이수홍은 비웃기라도 하듯 이미 경계망을 유유히 뚫고 경성을 빠져나간 후였다.

100명의 혐의자를 조사했으나 진범은 그림자도 보이지 않다

이수홍은 경성을 빠져나와 이천에 거주하던 유택수柳澤秀, 1902~1929를 만나 함께 은행을 습격하기로 모의하고 9월 7일 안성에 도착했다. 그러나 그날은 마침 일요일이라 계획을 실행에 옮기지 못했다. 이수홍은 계획을 변경하여 지역의 부호 박승륙의 집으로 가서 자신을 신문기자라고 소개하며 면회를 요청했다. 박승륙의 아들 박태병이 나오자 이수홍은 독립운동을 위해 국내로 진공한 독립군이라고 자신의 신분을 밝히고 군자금 제공을 요구했다. 그러나 박태병은 요구를 거절하고 오히려 이수홍을 붙잡으려고 달려들었다. 이수홍은 재빨리 유택수가 소지하고 있던 브라우닝 권총을 넘겨받아 박태병을 쏘았다. 박태병은 그 자리에서 사망했고, 총소리를 듣고 집 안에 있던 사람들이 달려 나왔다. 이수홍은 다시 2발을 발사하여 그들을 위협하며 집을 빠져나왔고, 이천으로 피신하여 또 다른 계획을 모의했다.

한편 일제 경찰은 "이수홍이 당시 박태병의 몸에서 현금 600원을 강탈했다"고 발표했다. 그러나 훗날 이수홍의 진술에 따르면 "사망한 박태병의 몸을 수색하여 주머니에서 현금 600원이 나오자 유택수가 가지고 가려고 했으나 내가 이를 만류했다. 유택수가 '왜 만류하느냐?'고 묻기에 나는 '그것을 가지고 가면 남들이 나중에 알게 되더라도 군자금을 모금하는 우리를 살인강도와 같이 여길 것이며, 또한 그것을 가지고 가다가는 철통같은 경계망에 걸리기 쉽고 걸리더라도 도피할 수 없으니 당당히 스스로 주지 않는 돈을 그 사람을 죽이기까지 하고 돈을 강탈할 필요가 없다'고 말하고 그냥 나왔다"고 했다.

9월 28일 오후 1시경 이수홍은 경기도 여주군 흥천면 외계리에 있는 이민응의 집을 찾아가 용무가 있다며 면회를 신청했다. 이민응을 만난 이수홍은 독립운동을 위해 입국한 독립군이라고 자신의 신분을 밝히고 군자금을 요청했다. 하지만 이민응은 "자선사업에 종사하고 있어 자금 조달이 어렵겠다"라고 거절하여 이수홍은 목적을 달성하지 못하고 집을 나왔다.

그러나 이민응이 교묘하게 자신을 속였다는 사실을 알게 된 이수홍은 10월 20일 오후 2시 30분경 이천군 백사면 현방리에 소재한 이민응의 식산회사로 찾아갔다. 그러나 사람들이 빈번하게 회사를 드나들어 응징하기 어렵다고 판단한 이수홍은 식산회사를 나와 인근에 있던 이천경찰서 현방경찰관 주재소를 습격하기로 계획을 변경했다. 혼자 주재소로 들어간 이수홍은 마침 사무를 보고 있던 경기도 순사부장 모리마쓰 다게노의 흉부를 향해 권총을 쏘았다. 그러나 총알이 비켜나갔고, 순사부장과 함께 있던 고사카 후지타로 등 2명이 급하게 후문으로 도주했다. 상황이 여의치 않게 되자 이수홍도 재빨리 주재소를 빠져나왔다. 이수홍은 이외에도 조선인들에게 징수한 세금 등 공금을 탈취할 목적으로 백사면사무소로

京城에 拳銃殺人鬼突現

授恩洞大路邊典當舖襲擊

大成號主人의 實兄을 射殺

이십오일저녁일곱시반번개와갓치낫하나 돈을내라다가불응한다고권총을발사햇다

神出鬼沒하는怪漢의行跡

物的證據를안남겨 徹夜活動도歸水泡

檢擧된容疑者中엔 被殺者妻甥도잇다

◇범인이드러갓든수은동대성호전당포◇

京城全市를包圍한 千餘의武裝警官

犯人은 拳銃名手

市內富豪貴族 家宅警戒嚴重

◇비명횡사한전기영군◇

十數名 證人

仁川署에서도 急速大活動開始

아버지일흔 三甥妹의哀哭聲

體府洞에도 拳銃强盜出現

銃彈의正體알고자 全氏屍体는解剖에

「경성에 권총 살인귀 돌현 수은동 대로변 전당포 습격, 대성호 주인의 실형(친형)을 사살」
_25일 저녁 7시 반 번개와 같이 나타나 돈을 내라다가 불응한다고 권총을 발사했다
_신출귀몰하는 괴한의 행적
_물적 증거를 안 남겨, 철야 활동도 귀수포
[사진: 범인이 들어갔던 수은동 대성호 전당포(왼쪽 위), 비명횡사한 전기영 군(오른쪽 동그라미)]
(《매일신보》, 1926. 10. 27.)

들어갔으나 상황이 여의치 않게 돌아가자 총격을 가한 후 수원으로 피신하여 잠시 몸을 숨겼다.

이후 유택수를 다시 만난 이수홍은 함께 경성으로 올라와 군자금 모금을 위해 전당포를 습격했고, 이수홍과 헤어지면서 브라우닝 권총과 실탄 25발을 넘겨받은 유택수는 10월 25일 오후 9시경 경성 중심부에 있던 수은동 전익영 집으로 갔다. 마침 내실에 있던 전익영의 형 전기영을 만난 유택수는 군자금 5천 원을 요구했다. 그러나 전기영이 요구에 응하지 않고 밖으로 도주를 시도하자 그를 저격하고 집을 빠져나왔다. 그 무렵 이수홍은 아버지가 사망했다는 소식을 전해 듣고 비밀리에 수원으로 가서 장례를 치른 후 다시 이천으로 이동했다.

나는 일제의 재판에 목숨을 구걸하지 않겠다

이수홍은 7월부터 10월까지 경성과 경기도 일대에서 활동하며 이천군 읍내면 중리에 있던 유택수와 유남수柳湳秀, 1905~? 형제 집에 머물렀다. 유남수는 1926년 4월부터 조선일보 이천지국 기자로 근무했고, 이수홍과는 어린 시절부터 친하게 지낸 죽마고우였다. 이수홍은 유남수 형제의 지원을 받으며 식민 통치의 심장부인 경성과 경기 지역에서 과감하게 무장투쟁을 벌였다. 그가 국내에 잠입한 후 벌인 주요 사건은 황해도 평산군 사건, 동소문파출소 습격 사건, 안성 부호 살인 사건, 여주 이민응 사건, 이천면 서기 사살 사건, 백산면사무소 사건, 수은동 전당포 습격 사건 등으로 수개월 동안 일제 관헌의 삼엄한 경계를 조롱하며 흔적도 남기지 않고 신출귀몰하게 움직이며 전무후무한 일을 벌였다.

일제 경찰은 2천여 명의 대규모 인원을 동원하여 대대적인 수색을 벌이는 등, 이수홍을 체포하기 위해 동원한 인원만 3천여 명이 넘었으나 단서조차 찾아내지 못했다. 이천경찰서 가와마타 서장은 "사건 현장에서 범인의 신장이 5척 단신이었다"라는 말을 듣고 관내에 거주하는 신장이 5척(약 152센티미터) 되는 사람들을 모조리 조사하게 할 정도로 범인 색출에 광분했다.

1926년 11월 17일 〈동아일보〉에 "범인은 물샐틈없는 일제 경찰의 경계망을 교묘하게 뚫고 신출귀몰하게 도피했고, 경기도 경찰부에서는 2~3천 명의 경찰이 잠을 자지 못하고 수색하며 조금만 수상하거나 밤늦게 길을 가는 사람이 있으면 계엄령을 실시한 것처럼 엄중히 취조했으나 범인은 그림자도 보이지 않고, 복잡한 정보와 공연한 밀정의 보고만 꼬리가 달려 통의부원이니 정의단이니 해외에 있는 무슨 단체니 하여 조금만 혐의 있으면 붙잡아다가 며칠을 잠을 재우고 가택을 수색하여 경성에서만도 근 100여 명의 혐의자를 취조했으나 진범은 그림자도 못 보던 중이다"라는 기사가 실릴 정도로 수사에 진전은 보이지 않았고, 대규모 경찰이 동원되었음에도 사건은 미궁 속으로 빠지는 듯했다.

경성에 있으면 불리할 것으로 판단한 이수홍은 일제 관헌의 눈을 피해 이천으로 가서 읍내에 있던 당숙 이상설의 집으로 몸을 피했다. 그러나 현상금에 눈이 먼 이준성의 밀고로 결국 이수홍과 유남수 형제가 체포되고 말았다. 이준성은 이상설의 아들로 이수홍의 육촌 동생이었다.

1926년 11월 17일 〈조선일보〉는 이수홍의 체포 과정을 보도하면서 "1926년 11월 7일 새벽부터 수십 명의 무장 경찰들이 비밀리에 이상설의 집을 포위하고 이수홍을 체포하려고 하자, 이수홍은 태연하게 웃음을 띠고 나오면서 '나는 권총도 이미 동지들에게 주었으니 그대들이 두려워할 만한 무기는 없으며, 본래 죽기를 각오하고 들어온 길일 뿐 아니라 더욱이

嚴重한 護送下에 警察部留置場에 收容

외투로 얼굴을 싸고 옹위하야 十二日下午二時着京

珍奇한 猛獸求景하듯 警察界頭腦參集

殺傷犯行一覽表

授恩洞事件 即死者一人

利川事件 死傷各一人

安城事件 死傷各一人

東小門事件 重傷者一人

平山事件 富豪脅迫

變裝服

범인이 숨엇든집

三個月間寢食頓忘

犯人護送中에 展開된 喜活劇

범인의 습격밧은집들

「엄중한 호송하에 경찰부 유치장에 수용」

_외투로 얼굴을 싸고 옹위하여, 12일 오후 2시 경성 도착

_진기한 맹수 구경하듯 경찰계 두뇌 참집

[사진: 범인의 습격받은 집들. 위에서부터 동소문파출소, 벽사면주재소, 벽사면 면사무소, 수은동 전당포(오른쪽), 범인이 숨었던 집. 위는 이수흥이 숨었던 집, 아래는 공범 류의 형제가 숨었던 집]

(<매일신보>, 1926. 11. 17.)

다소 목적까지 달성했으니 지금 죽어도 조금도 원통하고 부끄러울 일이 없으니 어서 가자'라며 유유히 손목을 내밀어 경관에게 묶였다는데, 그의 대담하고 유유한 태도에는 당시 체포하던 경찰들도 놀라지 않을 수 없었

다더라"라며 이수흥은 체포되는 순간까지도 당당했다고 전했다.

한편 일제 경찰은 사회적 여파를 우려하여 이수흥과 관련한 사건들의 보도를 통제하다가 8월 중에야 해제할 정도로 비밀 유지에 각별하게 신경을 썼다. 이후 신문에서는 "5척 단신의 청년이 일제의 간담을 서늘케 했다"라며 그동안 이수흥의 활동을 구체적으로 보도했고, 이수흥의 재판이 시작되자 그의 얼굴이라도 한 번 보려고 사람들이 몰려들었다.

구차하게 사는 것은 세상에 치욕을 남길 뿐이다

이수흥의 재판에 사람들의 관심이 집중되자 재판의 진행에도 영향을 미쳤고, 재판은 해를 넘기며 시간을 끌었다. 1928년 6월 27일 〈동아일보〉는 "사건 공판은 재작년 겨울 피고 세 명 모두 이천에서 잡힌 이래 3년이 지났고, 금번 28일에 경성지방법원에서 재판이 열린다"라며 이수흥이 체포된 후 3년이 지나도록 재판이 열리고 있다는 사실과 함께 "……사건 공개 여부는 아직 미상이나 사건이 워낙 중대하고 복잡할 뿐만 아니라 동 사건의 주인공 이수흥이 중국 만주 방면에 근거를 둔 통의부 중요 인물인 만큼 당국자도 사건 공판을 신중히 하는 중……"이라며 일제 당국에서도 이수흥의 재판에 대단히 신경을 쓰고 있다고 보도했다.

그리고 다음 날인 1928년 6월 28일 〈중외일보〉는 "금일! 이수흥 공판, 근기 일대에 신출귀몰하여 수천 경관을 전율케 하던 권총범(이수흥)과 종범 2명(유택수 형제)과 같이 출정. ……혼자 국경을 넘어 국내에 잠입한 후 권총으로 6명을 살상, 조선에 들어올 때도 중대한 사명을 띠고……"라며 그동안 이수흥의 활동과 함께 그의 재판에 주목했다.

單身으로越境侵入한
李壽興初審公判開廷
六名殺傷한拳銃犯三名
起訴罪名은治維違反等

廷外는騷亂
廷內는緊張
미명에방텽군중
법원문전에쇄도

訊問은李壽興부터
事實大概는是認!
미소를띄우며심문에응답
東小門派出所襲擊만否認

百五十餘名
一齊히退學願提出

◇사진◇(상좌)공판정×는리수흥(상우)동소문사건에저격바든덕영순사(하좌)방텽권을엇고자쇄도한군중(하우)공판정에드러가는리수흥외두피고

事實이라면
重大한不合理
今村殖産局長談

授恩洞事件
이것은내가햇소
目的은朝鮮○○이오

拳銃藏匿한事實은
李를救하라는友誼
情的人物柳濟秀의陳述

李壽興柳澤秀
兩名에死刑求刑
오후에다시개뎡한후
◇…柳濟秀안懲役二年

柳의兄弟
握手呼泣
긴장한법뎡에
演出된劇的場面

言渡期日은
來七月五日!
三時十五分에閉廷

「단신으로 월경 침입한 이수흥 초심공판 개정」

_6명 살상한 권총범 3명, 기소 죄명은 치유(치안유지법) 위반 등

_정외는 소란, 정내는 긴장, 미명에 방청 군중 법원 문전에 쇄도

_심문은 이수흥부터, 사실 대개는 시인! 미소를 띠며 심문에 응답, 동소문파출소 습격만 부인

_수은동 사건, 이것은 내가 했소, 목적은 조선00이오

_권총 장닉한 사실은 이를 구하려는 우의

[사진: (위 왼쪽) 공판정의 ×는 이수흥, (위 오른쪽) 동소문 사건에 저격받은 덕영 순사, (아래 왼쪽) 방청권을 얻고자 쇄도한 군중, (아래 오른쪽) 공판정에 들어가는 이수흥 외 두 피고]

(<중외일보>, 1928. 06. 29.)

또한 1928년 7월 26일 〈신한민보〉에는 "중첩한 의심 구름 속에서 이수홍 등의 공판이 열리어"라는 제목으로 "사건이 워낙 세상의 이목을 끌어 3~4개월 동안의 재판에 수천 명의 경찰이 총동원되었고, 이날 재판은 중대 공판으로 관할 종로서에서도 법정에 대한 만반의 경계를 논의한 결과 공판이 열릴 제3호 법정은 물론 재판소를 중심으로 정사복 경관 30~40명이 엄중하게 경계한다더라"라며 이수홍 재판에 대한 관심과 우려를 담은 기사가 실렸다.

이처럼 일제 경찰은 재판이 열리는 동안 만일의 사태에 대비하여 경계를 강화했고, 법원에서는 혼란을 방지하기 위해 재판이 열리는 28일 아침 6시에 방청권을 배부하여 방청객을 100명으로 제한하는 등 재판이 열리기 전부터 각별하게 신경을 썼다. 재판이 열리자 예상대로 많은 사람이 몰려들어 재판정 밖은 소란스러웠고, 재판정 안에서는 긴장감이 흘렀다.

하지만 이수홍은 여유가 있었다. 신문에서는 "심문에 대해 이수홍은 대개는 사실을 시인! 미소를 띠며 심문에 응답, 동소문파출소 습격만 부인. '수은동 사건, 이것은 내가 했소, 목적은 조선○○(독립)이오……"라며 재판 과정을 구체적으로 보도했다. 특히 이수홍은 모든 사건은 자신이 단독으로 행한 것으로 유택수·유남수 형제는 자신과 공범이 아니라고 부인했다. 그러나 검사는 이수홍과 유택수에게 사형, 유남수는 징역 2년을 구형했다.

신문에서는 "이수홍은 대략 50여 건의 사건과 관련되어 있었고, 치안유지법과 총포화약취체령 위반, 공갈미수, 살인강도, 살인미수 등의 죄가 적용되었다. 그와 관련한 기록이 총 2만여 장에 달할 정도로 대단히 복잡하고 큰 사건으로 최종 판결은 다소 지연될 것으로 보이며, 사형을 면하기 어려울 것으로 예상된다"라고 재판 결과를 예측했다.

그러나 수개월 동안 최종 판결을 위한 재판이 열리지 않자 이수홍은

李壽興柳澤秀에 昨日死刑의宣告
류남수는장역이년에처하얏다
末廣裁判長이言渡

宣告刹那에 兩人의態度
침착한리수흥의태도
柳澤秀는또喜劇

否認은 法廷뿐
재판장의말

「이수흥 유택수에 작일 사형의 언도」
_류남수는 징역 2년에 처하였다
_선고 찰나에 양인의 태도, 침착한
이수흥의 태도, 유택수는 또 희극
(<매일신보>, 1928. 07. 11.)

'빨리 재판을 열어달라'는 청원서를 제출했고, 1928년 7월 예상대로 이수흥은 경성지방법원에서 사형을 선고받았으나 재심을 청구하지 않았다. 이는 경성지방법원이 생긴 이래 세 번째였다. 첫 번째는 사이토 총독을 저격한 강우규姜宇奎, 1855~1920였고, 두 번째는 의병대장 허위許蔿, 1855~1908였다.

독립운동사의 한 면을 장식하다

일제 경찰은 이수흥을 체포한 후 배후를 캐기 위해 혹독하게 심문했다. 그러나 이수흥은 온갖 고문에도 굴복하지 않았다. 그는 최후 진술에서 "나는 일제 재판부에 목숨을 구걸하지 않겠다. 내가 기필코 대한독립을 성취하려 했더니 원수들의 손에 잡혀 일의 열매를 못 맺고 가는 것이 원통할 따름이다. 우리 동포 여러분들은 끝까지 싸워 우리나라의 독립을 성취하여 주시기 바란다"라고 당당하게 말했다. 그리고 그는 자신의 변론을 맡은 이종성李宗聖, 1890~1956 변호사에게 "이미 저지른 사건을 구구히 변명할 필요도 없고, 설혹 구구히 산다는 것은 세상에 치욕을 남길 뿐이오. 차라리 단두대에 청혼淸魂이 되어 더러운 세상을 벗어나겠다"라고 편지를 보내는 등 이미 죽음에 초연해 있었다. 다만 그는 재판받는 내내 유택수 형제는 억울하다고 변호하며 그들을 풀어줄 것을 요구했다.

이수흥은 3년 동안 재판받으며 서대문형무소에서 틈틈이 시를 짓는 등 의연하게 수감 생활을 했다. 그리고 1928년 12월 서대문형무소에서 교수형이 집행되었다. 그때 그의 나이 불과 스물네 살이었다. 유택수에게도 사형이 집행되었고, 유남수는 1928년 7월 징역 2년형을 선고받고 옥고를 치렀다.

이수흥은 일반인에게 잘 알려진 독립운동가는 아니다. 그 이유는 이수흥과 관련한 자료가 부족하고, 그가 혼인하지 않고 활동하다 스물네 살의 젊은 나이에 순국한 것과도 연관이 있다. 지금까지 알려진 자료에 따르면 이수흥은 1905년 경기도 이천군 읍내면 창전리에서 출생했다. 이후 이천 공립보통학교에 입학하여 신학문을 공부했으나 부모의 이혼으로 마음

絞首臺를앞두고 最後의一場演說

리수흥은감상록수백페이지끝에 그날아츰에마지막한시를적엇다

李壽興等最後光景

兩人의屍體는 柳澤秀實父에

오늘차저가기로작뎡해

警備隊組織

경찰부내에예비부대설치◇

四十三個建物把守

一日警戒로

樂善齋改築

高麗共產員 西北에潛入?

경성을거처간듯하다고 各警察은去處嚴探

金錢을强奪

面書記自殺

朝鮮人婦女十二名을 絕海孤島에誘致籠絡

昨日曉頭에도 本町署檢索

靑春男女情死

路上의怪拳銃

스포ㅡ쓰

「교수대를 앞두고 최후의 일장연설」
_이수흥은 감상록 수백 페이지 끝에 그날 아침에 마지막 한시를 적었다
_이수흥 등 최후 광경
_양인(두 사람)의 사체는 유택수 실부(친부)에
(《동아일보》, 1929. 03. 01.)

의 상처를 받아 열세 살 때 자퇴했고, 열네 살에 입산하여 수년 간 승려 생활을 한 것으로 전한다. 그러나 아버지의 만류로 열여덟 살에 하산했고, 이듬해 만주로 건너갔다. 이후 지린성에서 김좌진 장군이 사관 양성을 목적으로 세운 신명학교에 다닌 것으로 추정된다. 그때가 1923년 3월 말경이었다.

1927년 이수흥의 재판 기록에 따르면 "그는 1923년 7월 말경 대한통의부에 참여하여 무장투쟁을 시작했다"고 한다. 이후 그는 일제의 탄압이 강화되었음에도 단독으로 압록강을 건너 국내 진공 작전을 감행했다. 비록 완벽하게 목적을 달성하지는 못했지만, 일제 식민 통치의 심장부였던 경성과 경기도를 왕래하며 파출소도 서슴없이 습격하여 일제 경찰을 총으로 쏘는 등 연이어 과감한 활동을 전개했다는 점에서 우리 독립운동사에서 무장투쟁의 쾌거로 평가받기에 충분하다.

일찍부터 무장투쟁의 선봉에 섰던 의열단 단장 김원봉은 평소에 "우리 단이 노리는 곳은 도쿄와 경성 두 곳으로, 우선 조선총독을 계속해서 대여섯 명을 죽이면 그 후계자가 되려는 자가 없게 될 것이고, 도쿄 시민을 놀라게 함이 매년 2회에 달하면 우리 독립 문제는 반드시 그들 사이에서 제창되어 결국은 일본 국민 스스로가 한국 통치를 포기하게 될 것이 명약관화하다"라며 지속적인 무장투쟁의 중요성을 강조했다. 그리고 이수흥은 이를 직접 실행에 옮기며 입증했다.

한편 이수흥을 밀고한 후 경찰서장에게 금일봉을 받았던 이준성은 광복 후인 1949년 3월 인사동 자택에서 반민족행위특별조사위원회에 체포되어 마포형무소에 수감되었다. 그때 이준성의 나이 마흔여덟 살이었다. 그러나 그는 보석으로 풀려났고, 반민특위가 해체되면서 처벌받지 않았다.

4부

항공모함보다도 강한 무기가 있다

24년 만에 귀국한 유학파 마술사에 열광하다

_김문필

유학파 마술사의 귀국이 주목받은 이유는

1924년 6월 30일 〈조선일보〉에 "조선인 초유의 세계적 기술사(마술사), 러시아에서 유학한 김문필 씨. 이제까지 일본인이나 서양인의 마술을 보고 신출귀몰한 재주에 감탄했으나 그에 견줄 만한 조선 사람의 재주를 보지 못했다. 그러나 일본의 마술 공연단인 덴카쓰天勝 일행보다 더 심오한 재주를 가진 김문필(51) 군이 경성에 도착했다"라는 기사가 실렸다. 이외에도 신문에서는 연일 해외 유학을 떠났다가 24년 만에 마술사가 되어 고국을 방문한 김문필金文弼, 1873(?)~?을 소개하면서 1년 전 국내에서 대성황리에 공연했던 대표적인 일본인 마술 공연단 덴카쓰보다 뛰어나다고 평가하는 등의 보도가 이어졌다.

또한 경성 지역 유지 30여 명이 국일관에 모여 김문필의 후원회를 조직하고 이사 13명을 선출하는 등 공연 지원에 적극 나선 것도 흔히 있는 일은 아니었고, 김문필의 공연은 매번 관객이 만원을 이루어 "조선예술단으

朝鮮最初의 朝鮮人奇術團

유지삼십여명이모히여 김문필군후원회를조직

世界的奇術家 金文弼君

◇세계순유이십팔개년 ◇배혼긔술이이백여종

「조선 최초의 조선인 기술단」
_유지 30여 명이 모여 김문필 군 후원회를 조직

「세계적 기술가 김문필 군」
_세계 순유 28개년, 배운 기술이 2백여 종

(〈매일신보〉, 1924. 06. 30.)

로는 처음으로 대성황을 이루었다"고 한다. 심지어 그의 공연은 "마술 공연만이 아니라 조선 공연예술계에 새로운 화두를 던졌다. ……김문필은 조선인 최초의 세계적 기술사"라는 찬사를 받았다.

관객 역시 그의 뛰어난 재주에 감탄과 갈채를 보냈고, 사람들의 입을 통해서 김문필과 그의 공연에 대한 소문이 퍼져 나갔다. 순종도 김문필의 소문을 듣고 그를 초청하여 공연을 관람했다. 1923년 6월 6일 〈동아일보〉는 "순종이 덴카쓰 마술 공연단을 초청하여 창덕궁 인정전에서 관람했다"라며 일본 공연단에 순종이 보인 적극적인 관심을 보도했는데, 1년 후인 1924년 10월 16일 〈동아일보〉에는 "예술단 인기 집중, 왕 전하께서도 어람御覽. ……창덕궁 전하께서는 가상히 여기사 일간 그 일행을 궁중으로 불러 어람하신다더라"라며 김문필의 공연에 대한 순종의 각별한 관심을 보도했다.

藝團出演
人氣集中
王殿下께서도御覽

「예단 출연과 인기 집중」
_왕 전하께서도 어람
(《동아일보》, 1924. 10. 16.)

여기서 '어람'은 왕이 공연단을 불러 직접 관람하는 것으로, 순종과 함께 왕가의 친척과 귀족 및 이왕직李王職(일제강점기 왕실 관련 사무 일체를 담당하던 기구) 고등관도 배석하는 큰 자리였다. 그런데 신문 기사에서 순종을 '창덕궁 전하'라는 표현한 것이 눈길을 끈다. 이 시기는 일제의 식민 통치가 강화되어 왕의 존재는 나라를 대표하는 것이 아니라 거처하는 공간인 창덕궁이라는 호칭을 사용했고, 왕실은 없어지고 이왕직이라는 하나의 기구에 속해 있었기 때문이다.

그럼에도 김문필의 마술 공연을 순종이 직접 초청하여 관람했다는 것은 국내에서 실력과 유명세를 동시에 인정받았다는 의미가 있었고, 특히 이제까지 일본인 공연단이 주로 국내에 들어와 순회공연을 했기 때문에 순종의 초청은 공연의 홍보뿐만 아니라 또 다른 의미가 있었다.

달리 말하면, 김문필과 그의 공연이 극찬받은 데는 이유가 있었다. 기본적으로 김문필은 같은 민족이었고, 외국에 나가 유학한 여러 나라 말이 가능한 엘리트 출신 마술사였다. 여기에 마술에 대한 관심이 고조되던 시기에 다양한 마술 종목을 갖추고 본격적으로 마술사의 이름을 직접 내걸고 국내에서 공연을 시작한 것은 김문필이 처음이었다. 그뿐만 아니라 공연단의 조직과 운영 등 공연 외적인 부분에서도 서양에서 볼 수 있었던 첨단(?) 기법을 활용하는 등 국내 공연예술계의 활성화에도 직접적인 영향을 미쳤다.

예를 들면 김문필은 국내에 들어오자마자 20여 명의 소년소녀를 모아

'조선예술단'을 창설하여 함께 공연했고, 동아일보사의 후원으로 입장료 50퍼센트를 할인해주는 독자 할인권을 배포하는 등 운영 면에서도 각별한 신경을 썼다. 그뿐만 아니라 후원회를 비롯해 경성 시내 각 단체와 실업기관, 신문기자 등 여론 형성에 영향을 미치는 500여 명의 대규모 인사를 초청하여 먼저 시범 공연을 하는 등 공연 홍보에도 최신의 방법을 동원했고, 공연이 단기간에 끝난 것이 아니라 장기간 짜임새 있게 이루어졌다.

마술 공연, 근대와 민족주의와도 연관이 있었다

김문필은 천도교 제1대 교조 수운대선사(최제우) 100주년 기념일 행사에도 초청되어 공연했다. 1924년 10월 28일 〈동아일보〉는 "관계자들이 성대하게 행사 준비에 눈코 뜰 새 없고, 지방에서도 상경하여 준비하여 5~6천 명이 모일 것으로 예상된다. ……낮과 밤에 가설무대를 설치하여 김문필 일행의 마술 공연이 있다"라며 천도교 최고의 기념일에 김문필의 공연이 있다고 보도했다. 그날 김문필의 공연에 예상보다 훨씬 많은 수만 명의 군중이 모여들었고, 공연도 성공리에 마쳤다.

그리고 해를 넘겨 1925년 1월 22일 〈조선일보〉에 "정월 초순부터 7일간 목포에서 공연했다"라는 소식을 전하는 등 김문필은 '조선예술단'이라

大盛況의紀念式
수만군중이모이어섯다
水雲大師百年紀念式光景

「대성황의 기념식」
_수만 군중이 모였다, 수운대사 100년 기념식 광경
(사진: 기념식 광경)
(〈시대일보〉, 1924. 10. 29.)

는 이름으로 경성 외에도 전국의 주요 지역을 돌며 순회공연을 했고, 가는 곳마다 공연은 대단히 성공적이었다.

1925년 3월 11일 〈동아일보〉에는 "각 지방 순회공연을 마치고 온 김문필은 동대문 밖 고학당의 건축 자금 모금을 위한 공연에 참가해 인기를 확인했다"라는 기사가 보인다. 이 공연은 경성에서 공부하던 고학생들의 거처를 마련하기 위한 자선 공연이었다. 당시 고학생들은 동대문 밖 옛날 도수장屠獸場(총독부 의원 동물사육장) 터에 직접 흙담을 쌓고 창문을 만들어 움집을 짓고 몇 년 동안 기거해 왔는데, 움집이 철거되어 고학생들이 길거리로 쫓겨나게 되자 관계자들이 김문필에게 도움을 요청했던 것이다.

딱한 사정을 전해 들은 김문필은 적극 후원할 것을 약속하고 3월 15일부터 4일간 경운동 천도교기념관에서 마술과 소녀가극 등을 공연했다. 공연장은 관람객들로 대성황을 이루었고, 김문필은 "기금이 모일 때까지 조선을 비롯하여 일본의 큰 도시까지 순회할 계획이다"라며 단순히 일회성 자선 공연이 아니라 일본 공연까지 계획할 정도로 어렵게 공부하는 학생들을 위해 적극 나섰다.

김문필은 고국을 방문하는 과정에서도 자선 공연을 하여 당시로서는 상당한 거금을 해외에 거주하는 어려운 동포들을 위해 지원했다. 신문 보도에 따르면 하얼빈에서 3일간 공연하여 2,400원의 수입을 그곳 조선 동포의 학교에 기부했고, 다시 창춘에 도착하여 공연 수입 2,000원을 역시 그곳의 동포 학교에 기부하는 등 장래 나라를 이끌어갈 젊은이들의 교육에 각별한 관심을 기울였다.

이처럼 김문필은 고국을 방문하는 과정뿐만 아니라 국내에 들어와서도 남다른 행보를 보이며 장기간 공연을 했고, 특히 동아일보사를 비롯해 경성 지역의 유지들 그리고 종교운동과 애국계몽운동을 벌였던 천도교의 지원을 받았다는 점도 주목할 만하다. 김문필의 공연에서 민족적 자부심과 함께 문화운동과 같은 근대와 관련된 복합적인 의미들을 발견할 수 있기 때문이다. 김문필의 공연이 일본인 공연단을 대표하는 덴카쓰 공연단과 비교된 것도 그런 이유에서다.

대중오락의 전성기를 맞아하다

덴카쓰 공연단은 서양과 근대를 상징하는 공연단으로, 국내에서도 가장 인기 있는 공연단이었다. 그들은 한번 국내에 들어오면 장기간 머물면서 경성을 비롯해 전국 주요 지역을 순회하며 바쁜 일정을 소화했고, 흥행을 보증했던 그들의 공연을 유치하기 위해 주요 극장에서는 적극적인 관심을 기울였다. 김문필이 고국을 방문하기 1년 전인 1923년 6월 초 그들은 경성의 경성극장에서 공연하여 흥행에 성공했고, 6월 12일부터 14일까지 인천에서 3일간 공연을 마치고 다시 15일부터 경성의 인사동 조선극장에서 오후 6시부터 매일 네 시간씩 5일간 공연한 것이 그 예였다.

공연단의 입장료도 비교가 되었다. 공연 입장료는 다양한 장비의 구입과 관리 그리고 많은 인원을 거느린 공연단의 운영과 직접적인 관련이 있었고, 한편으로는 공연단의 수준 등 공연단의 자부심과도 무관하지 않았다. 따라서 입장료 책정은 상당히 민감한 문제였다.

덴카쓰 공연단은 국내 공연에서 특등석 1원, 일등석 70전, 이등석 50전, 삼등석 30전으로 다른 공연보다 입장료가 두 배나 비쌌던 것으로 전한다. 그런데도 덴카쓰 공연은 평균 관객 1,000명을 넘겼고, 1,200명이 넘는 날도 있을 정도로 연일 대만원을 이루었다.

「조선예술단 출연과 동아일보 독자 우대 할인」
_2층 2원은 1원, 아래층 1원은 50전(사진: 가극단)
(<동아일보>, 1924. 10. 15.)

김문필 공연의 경우 입장료는 동아일보사의 후원을 받아 독자들을 대상으로 50퍼센트 할인하여 2층은 2원에서 1원, 1층은 1원에서 50전이었고, 연일 대만원을 이루었다. 참고로 1920년대 고등보통학교 한 달 수업료가 2원 50전 정도였는데, 수업료 부담으로 고등보통학교 진학을 포기하거나 진학 후 수업료를 내지 못해 학교를 자퇴하는 일도 적지 않았다는 점을 감안하면 당시 1원은 부담 없는 액수가 아니었다.

덴카쓰 공연단은 경성에 도착하면 화려한 의상과 각종 진기한 공연 도구 등을 보여주는 전단지를 돌리고 공연단이 거리 퍼레이드를 벌이는 등 대중에게 신기한 볼거리와 함께 호기심을 자극하며 홍보에 각별한 신경을 썼다. 특히 여기에는 '근대를 상징하는 신문물'이라는 의미가 담겨 서양에 대한 동경심을 불러일으켰고, 신문에도 공연단의 방문이 결정되는 순간부터 공연을 마치고 경성을 떠날 때까지 앞다투어 이러한 의미를 담아 덴카쓰 관련 기사로 도배했다.

김문필 역시 이에 뒤지지 않을 정도로 공연과 관련해서 다양한 방식을 시도하며 대중의 주목을 받았고, 신문에도 연일 그의 공연 관련 기사들이 실렸다. 그렇게 김문필의 공연은 "국내에서 마술 공연을 유행시키는 데 일조했다"라는 평가를 받았는데, 여기에는 근대 민족주의와 대중문화의 전성기라는 관점에서도 중요한 의미가 포함되어 있었다.

마술은 옛날 용어로 환술幻術 또는 환희幻戱라고 한다. 그러나 과거 우리의 전통 공연문화에서는 발견하기 힘든 분야였다. 반면 중국이나 일본에서는 비교적 발달한 분야였다. 그래서 "환술 공연이 없는 나라는 동아시아 삼국 중 한국이 유일하다"라고 할 정도로 우리나라의 환술은 공연예술계에서 차지하는 비중이 크지 않았다. 우리나라의 마술 공연은 주로 근대에 들어와서 외부를 통해서 소개되었고, 이전까지 접하지 못했던 새로운 경험으로 사람들의 호기심을 자극했다. 특히 사람들을 상대로 영업하는 직종에서는 대유행 현상까지 일어났다. 평양 출신 기생을 중심으로 만들어진 경성의 다동기생조합이 그 예였다.

당시 기생은 일패와 이패로 이뤄진 집단으로, 그들은 몸을 파는 부류와 구분되었다. 그들은 가곡과 가사 그리고 궁중무용을 익히고 연행演行했던 고급 기생이었고, 영업을 위해 사회에서 유행하는 화젯거리에도 관심을 기울였다. 그들은 마술 공연에 사람들이 열광하자 일찍부터 관심을 보였다. 이미 1910년대에 다동 기생들이 홍보한 선전 문구에는 서구적 외모의 여배우를 강조했던 일본의 공연단 덴카쓰를 모방한 내용과 함께 마술 공연과 관련한 내용이 담겨 있다.

덴카쓰가 국내에서 공연하며 누렸던 인기의 중심에 마술이 있었다는 점에 주목한 다동 기생들은 근대적 이미지를 도입했고, 마술을 배워 손님들 앞에서 재주를 부리기도 했다. 1915년 11월 10일 〈매일신보〉에는 "마술로 유명한 덴카쓰 공연단이 공연할 때 다동기생조합에서는 기생들에게 배우게 했던바, 설도·명옥·학선·추얼·계향 등이 잘했던 모양인데, 이들은 조선관의 기생 연주회 중에 간간이 4~5종의 기술을 선보인다"라는 기사도 보인다.

마술 공연에 열광한 또 다른 이유가 있었다

국내에서 마술은 시간이 지날수록 더욱 유행했고, 마술을 배우는 사람도 늘어났다. 1910년대 말에는 활동사진과 창극단의 주무대였던 광무대光武臺 설립 10주년 기념공연에 일본에서 다년간 습득한 조선인 기술자(마술사) 일행이 와서 밤마다 성황리에 공연했고, 1920년대 중반에 들어서면서 자신의 이름을 걸고 마술단을 조직해 공연하는 조선인들도 등장했다. 김문필이 대표적인 예였다. 그러나 김문필을 제외하면 대부분 외국에 유학하지 않고 일본인에게 배우든가 독학으로 마술을 익혀서 공연했다. 그들은 관객의 갈채를 받기도 했지만, 극단 운영은 오래가지 못했다. 기본적으로 마술에 대한 기술적 문제와 공연단 운영 등 경제적인 문제가 가장 큰 요인이었다. 반면 김문필은 뛰어난 실력을 기반으로 일제의 식민 지배라는 역사적 현실에서 큰 영향을 미쳤다.

신문 기사 등에 따르면 마술과 마술사를 기술과 기술사라고 표현하고 있다. 여기서 기술은 한자로 奇術이 아닌 技術로 "일본에서 무대 기술을 배운 한국인 기술자들이 귀국하여 무대가 보다 효과적으로 연출되었다"는 의미가 담겨 있다. 따라서 연출이나 기술을 담당했던 사람들로 잘못 해석할 정도로 마술과 마술사가 국내에 들어와 대중오락의 전성기를 맞는 과정에서 일본의 영향을 크게 받았다.

일제는 마술을 신문물의 상징으로 식민 통치에도 활용했다. 즉 마술 공연단의 국내 공연 활동을 근대의 선진 문화를 홍보하는 수단으로 활용했고, 여기에는 일제의 식민 통치를 합리화하려는 의도가 담겨 있었다. 국내에서 이러한 의미가 담긴 마술의 등장을 가장 구체적으로 확인할 수 있는 것이 1915년 개최된 조선물산공진회朝鮮物産共進會였다.

1915년 9월 11일부터 10월 31일까지 경복궁에서 개최된 '시정 5년 기념 조선물산공진회'는 1910년 강제 병합 이후에 열린 조선총독부의 최대 사업 중 하나로, 일제는 강제 합병 이후 5년 동안을 '시정 5년 기념'이라며 그동안의 성과를 강조하기에 바빴다. 예를 들어 일제는 "낙후된 조선이 일제에 의해 문명개화의 혜택을 누리고 있다"라고 국내외에 대대적으로 홍보하면서 "자신들이 받아들인 근대화를 뒤처져 있던 조선에 혜택을 주어 발전하도록 돕는 것이 자신들의 책무이고, 조선의 진정한 평화와 독립은 일제의 틀 안으로 들어와 순응하는 것이 순리이며, 더 나아가 동양 평화를 이루어야 한다"라고 강조했다. 그러나 실제로는 근대라는 문명·개화의 꿈에 현혹되어 제국주의의 폭력에 짓밟힌 것에 지나지 않았다.

조선총독부는 조선물산공진회를 통해 시정을 홍보하면서 조선에서 생산되는 물품의 전시부터 영화와 공연단의 유치까지 다양한 볼거리를 함께 제공하며 많은 관객을 불러 모았다. 물론 당시 전시된 조선의 생산품은 일제의 근대화라는 혜택을 입었다는 점을 강조하거나 일제의 근대화와 대비되는 전근대적 생산품의 낙후성을 보여주려는 의도가 담겨 있었다.

공연도 예외는 아니었다. 특히 경성협찬회에서 운영한 연예관이 대표적이었다. 볼거리를 제공하기 위한 공연시설로 연예관과 조선연극장을 설치했는데, 조선연극장에서는 우리의 전통 공연예술이 펼쳐졌고 연예관에서는 연희를 공연했다. 그리고 공진회에서 설치한 부대시설에서는 서구에서 들어온 영화, 연극, 곡마단, 마술 등 다양한 공연으로 관람객을 매료시키며 화제를 불러일으켰다.

식민 통치의 홍보 수단으로 삼다

연예관은 영추문迎秋門 내 가장 광활하고 관람객의 이동에 편리한 장소를 선정해서 건설되었고, 경성협찬회의 적극적인 후원으로 일본인 마술단 덴카쓰 일행도 초청되어 공연했다. 〈매일신보〉는 덴카쓰 공연을 대대적으로 홍보하면서 마술 공연을 '근대화를 상징하는 신문물'의 하나로 강조하며 대중의 호기심을 자극했다. 덴카쓰 공연단의 단장은 강제 병합 이전에 이미 조선을 방문한 적이 있는 쇼쿄쿠사이 덴이치의 양딸로, 일본 마술계의 떠오르는 스타였다.

그녀의 마술 공연은 거리 예능의 일종인 속임수를 쓰는 마술이 아닌 대극장에서 연행하는 근대적인 공연물이었다. 여기에 덴카쓰와 그 일행이 풍기는 '모던한 이미지'는 신파극과는 차원을 달리하며 관객의 감성을 자극했고, 신문에서는 이를 다양한 화젯거리로 삼아서 "단순히 마술 공연의 유행을 넘어 사회적 현상이 되었다"라고 평가했다.

경성협찬회가 이처럼 물량 공세와 함께 많은 사람을 투입하여 덴카쓰 공연 홍보에 적극적으로 나선 이유가 있었다. 표면적으로 "조선의 물산을 장려하고 진흥하는 데 있다"라며 사회적 관심을 유도하는 것이 목적이라고 내세웠지만, 여기에는 1910년 강제 합병을 기준으로 전후를 비교하며 "일제의 식민 통치로 조선과 조선인이 혜택을 받고 있다"라는 인식을 심어

「천승(텐카쓰) 양의 출연」
_10일부터 연예관에
(사진: 연예관에 출연할 기술사 천승 일행)
(〈매일신보〉, 1915. 10. 09.)

주어 식민 지배를 정당화하려는 조선총독부의 의도가 숨어 있었다. 예를 들어 농업이나 광업 같은 분야의 생산량이 증가했고, 일본을 통해 수입되고 이식된 근대적 문물과 교육·과학·의료 등 각종 제도의 발전상을 강조하여 식민 통치를 대내외적으로 미화하려는 의도가 포함되어 있었다.

공진회에서 열린 덴카쓰의 마술 공연은 이러한 의미를 자연스럽게 전달하는 데 효과적인 방법이었고, 대중 사이에 대단한 인기와 함께 유행을 일으키며 대성공을 거두었다. 예를 들면 우리 문화나 사회 현실에 대한 관심보다 서양의 마술에 대한 관심이 곧 근대의 선진 문화를 상징하는 것으로 주목했고, 사회적으로 유행을 불러일으킬 정도였다. 또한 공진회가 기획한 공연이 끝난 지 불과 10일 정도 지났을 때 간단한 마술을 공연할 수 있는 기생이 생겨났고 마술을 배우려는 사람이 점점 더 늘어난 것도 그러한 분위기를 반영하는 사례였다.

1920년대에 이르러 조선인으로 구성된 마술단이 등장했다. 그들은 전국을 순회하며 공연했고, 국경을 넘어 한인들이 거주하는 간도 지방의 룽징에서도 공연할 정도로 마술 공연이 유행했다. 심지어 마술에 대한 관심이 유행으로 이어지자 새로운 부작용도 발생했다. 공연단의 수입을 노리는 자들이 생겨난 것이 그중 하나였다. 1920년 10월 26일 〈매일신보〉에는 "조선인 마술사 5~6명이 남쪽 지역에서 함경도 각지로 다니면서 재주를 부리고 회령에서 철도를 이용해 함경북도 상삼봉 지역에 들어갔다가 두만강을 건너 룽징에 가서 며칠 동안 공연하고 현금 140~150원을 벌었는데, 두만강 근처에서 '불량선인'을 만나 돈을 빼앗기고 요술통도 빼앗겼다는 소식을 전했다"라는 기사도 보인다.

심지어 3·1운동 이후 일제의 감시와 통제가 강화되면서 간도 지방 등 우리 동포가 거주하는 해외 지역을 정탐하기 위해 공연단을 밀정으로 활용했다. 어떤 곳에서는 공연단이 밀정 집단으로 오해받아 공연 수입은 물론 공연에 사용하던 마술 도구들을 빼앗기는 일도 발생했다. 수익금을 빼앗긴 공연단은 운영에 직접적인 어려움을 겪었지만, 마술 도구를 빼앗겨 더 큰 타격을 입었다. 마술 도구는 가격도 비쌌고, 시중에서 쉽게 구할 수 있는 것이 아니었기 때문이다. 더구나 마술은 도구가 없으면 공연할 수 없었기 때문에 공연단은 모든 것을 포기할 수밖에 없었다.

이외에도 단지 수입을 챙기기 위해 수준 이하의 공연으로 관객을 우롱하는 일도 발생했고, 마술사를 사칭한 사기꾼들이 기승을 부리기도 했다. 일찍부터 같은 수법으로 여러 번 사기를 쳐서 사회적 물의를 일으켰던 김덕원도 그런 사람 중 하나였다. 그는 전형적인 뻥튀기 수법으로 돈을 횡령했는데, 정도가 대단히 심각했다.

1920년 6월 23일 〈매일신보〉와 5년 후의 〈동아일보〉 기사에 따르면 "김덕원은 자신을 전문적인 마술사로 소개하면서 '불치병도 낫게 해주고 돈도 불려줄 수 있다'는 거짓말로 사람들을 현혹했다"고 한다. 그의 구체적인 사기 수법은 이러했다. "누군가가 돈을 맡기면 봉투에 넣어 책 틈에 넣어두었다가 그 금액의 두 배가 되는 돈을 넣은 봉투와 바꿔치기하는 수법으로 처음에는 사람들이 맡긴 적은 금액을 2~3배씩 불려주면서 믿게 만든 다음 2천 원이라는 거액을 맡기자 그대로 도주해버렸다." 이 사건으로 김덕원은 체포되어 징역을 살고 나와서도 다시 사기행각을 벌였고, "5년 뒤에 같은 방법으로 사기를 치다 붙잡혀 징역 2년 형을 받았는데, 김덕원은 이에 불복하고 항소했다"고 한다.

러시아와 유럽에서 활동하며 실력을 인정받다

이처럼 마술에 대한 부작용에도 불구하고 마술은 여전히 인기가 있었다. 특히 주로 일본인 등 외국인의 공연으로 인식되었던 마술을 조선인이 공연한 것은 주목받기에 충분했다. 더구나 조선인 공연단은 단순히 기예만 보여준 것이 아니라 단체를 결성하여 전국을 다니며 순회공연을 하는 과정에서 교육 계몽 등 일종의 문화운동을 벌였고, 이를 통해 민족적 자부심을 심어주기도 했다.

천도교의 후원을 받았던 박창순朴昌淳은 "국내는 물론 안둥현 등 한인들의 해외 거주지를 순회하며 공연하여 대성황을 이루었고, 어린이들을 대상으로 대단히 흥미로운 볼거리를 제공하면서 교육적으로도 활용했다"라고 한다. 그뿐만 아니라 안둥과 신의주에서 노동자 야학 기금 모금이나 공회당 건축비를 보조하기 위한 자선 공연도 열렸고, 개성에서는 수해 구제민 돕기 음악대회에 동정(찬조) 출연하는 등 우리 민족을 돕기 위한 다양한 자선 공연도 열렸다. 비록 자선 공연이었지만, 공연에는 일제에 대한 저항의식과 민족적 자부심이 담기기도 했고, 이러한 분위기는 가는 곳마다 환대를 받으며 흥행의 성공에 큰 힘이 되었다.

1924년 6월 30일 〈매일신보〉는 김문필의 공연을 소개하면서 "그의 기술이 우리 눈에 만족지 못한 점이 있더라도…… 아 그래도 군(김문필)은 조선 사람이다. 모자란 점이 있다면 이를 배양하여 완전한 지경에 이르게 하는 것도 우리의 책임이다"라며 민족적 자부심과 함께 김문필의 앞날을 위해 힘을 실어줄 것을 당부하기도 했다.

하지만 많은 공연단이 흑자를 내지 못했던 것으로 보인다. 그들은 기금이나 후원금 모집에 초빙되는 일이 많았고, 다른 행사에 동정 출연하여 대단히 낮은 금액을 받고 공연하는 등 대부분 제대로 값을 받지 못했다. 심지어 주최 측에서 장소만 준비해주면 입장료 외 모든 수익을 가져가기 때문에 공연단 측에서는 남는 것이 별로 없었다. 그런데도 수입을 고려한 계획적인 공연보다 학교를 짓고 어려운 지역 주민을 돕는 자선 공연을 먼저 생각했다. 그런 이유로 대부분의 조선인 공연단은 재정적으로 어려움을 겪었고, 공연 물품이 모자라 권번 기생의 동정 출연까지 받았다. 그 때문인지 신문에서도 그들에 관한 기사는 보이지 않으며, 공연단과 관련한 자료도 찾아보기 힘들어 모처럼 조성된 공연단이 그대로 해산되었는지, 아니면 어려운 살림을 유지하며 공연을 지속했는지 등 구체적인 활동은 알 수 없다.

이러한 점들을 감안하면 김문필의 등장은 특별한 의미가 있었다. 그는 국내에서 마술이 크게 유행하기 전에 러시아에 유학하여 마술을 배웠고, 이후 유럽 각국을 순회하며 공연했으며 멀리 인도까지 다녀오는 등 그의 경험은 서구 문물의 표상이던 마술을 더욱 친숙하게 만들었다. 달리 말하면 '신문물과 첨단'으로 인식되었던 그의 공연은 한낱 볼거리가 아니라 방금 배달된 서구 문명으로 받아들이기에 충분했다. 그리고 그의 공연을 보고 일본의 덴카쓰 공연단과 비교하며 민족적 자부심을 느끼기도 했다.

우리 공연에 대한 자부심이 담기다

1921년 5월 21일 〈동아일보〉는 덴카쓰 공연이 열린다는 소식을 전하면서 "마술계의 여왕"이라는 표현을 썼는데, 3년 후인 1924년 6월 30일 〈동아일보〉는 "김문필은 덴카쓰 일행보다 더 심오한 재주를 가졌다"라고 평가했다. 이러한 평가는 기본적으로 김문필의 뛰어난 재주가 있었기에 가능했지만, 한편으로는 민족의식이 작용했고 더 나아가 그의 활동의 이면에는 어떠한 방식으로든 독립운동과도 무관하지 않았을 것이라는 추론도 가능하다.

김문필이 고국 방문 과정에서 한인들의 거주 지역에 연이어 자선 공연을 열어 성공리에 마쳤고, 국내에서도 지역 유지들과 동아일보사 그리고 천도교 등에서 상당히 발 빠르게 그를 지원했던 것도 이러한 추론에 힘을 실어주고 있다. 또한 김문필이 러시아에서 공부한 유학생이라고는 하지만, 그가 일찍이 고국을 떠나게 된 이유가 우리의 슬픈 역사적 경험과 무관하지 않은 듯하다.

평안북도 초산에서 태어난 김문필은 스물세 살에 러시아로 유학을 떠난 것으로 전한다. 그러나 신문에서는 "열세 살에 고향을 떠나 러시아로 유학했다"라고도 하고, "김문필이 고국을 떠난 지 24년 만에 방문했다"라며 당시 그의 나이를 쉰한 살로 소개했다. 따라서 그가 언제 고국을 떠나 러시아로 갔는지에는 시간상 차이가 있지만, 김문필이 고국을 방문한 1924년을 기준으로 24년 전이면 그가 러시아로 떠난 시기는 1900년을 전후한 시기로 보인다. 그리고 그 시기에 그가 러시아로 떠났다면 단순히 공부하기 위한 유학으로 보기에는 무리가 있다.

1914년의 제1차 세계대전과 1917년의 러시아 혁명은 식민지가 된 아시아의 많은 국가와 국민에게 민족주의에 대한 자각 등 강렬한 인상을 심어 주었다. 러시아 혁명 시기에 이미 25만 명의 조선인의 이주가 이루어질 정도였고, 1920년대를 전후한 시기에는 신문에서도 소련에 있는 대학의 유학 정보를 제공했다. 특히 그 시기에 소련은 사회주의에 관심을 지닌 젊은 이들의 주목을 받았다.

1925년 10월 16일 〈동아일보〉에 "소련에서 공부하는 것이 예전보다 매우 유리하다. ……소련 교육기관은 모두 노동자 본위이기 때문에 부잣집 출신이나 놀고먹는 사람에게는 비싼 교육비를 받고, 그 수도 줄이고 있다. 반면 노동하는 학생은 무료로 공부할 수 있다. 소련 유학을 목적으로 하면 노동자가 될 결심을 하지 않고는 견디기 어렵다. 그렇지 않으면 차라리 영국으로 가는 것이 더 편리하고 학비도 싸게 들 것이다"라고 조언하는 기사가 실리는 등 국내에서 소련 유학에 대한 관심이 높아졌다.

그러나 1900년 이전의 시기, 즉 초기 이민자들의 상황은 달랐다. 1870년을 전후한 시기에는 함경도에 대기근이 드는 등 우리나라 북부 지역에서 발생한 자연재해와 부패한 관리들의 학정과 수탈이 극심해지자 먹고 살기 힘들어진 주민은 가족을 데리고 압록강과 두만강을 건넜다. 그들은 황무지를 개간하여 농사를 짓기 위해 새로운 정착지를 찾아 이곳저곳으로 떠돌았으며, 그들 중 연해주 등 러시아 땅으로 이주하는 사람도 적지 않았다.

김문필과 그의 가족 역시 그러한 이유로 이주했고, 김문필은 스물세 살 때 알렉산드르 대학에 입학한 것으로 보인다. 이후 7년간 문학을 연구하다가 예술단을 따라 멀리 프랑스로 갔고, 그곳에서 최면술과 기술을 익혀 본격적인 마술사의 길에 들어섰으며, 파리 여인과 결혼하여 유럽 각국과 남으로 인도까지 다니며 경험을 쌓았고, 공연 종목이 150여 가지에 이르는 등 천재적인 재주를 인정받았던 것으로 보인다.

3년 후 러시아 유학생 마술사의 공연이 열렸으나

김문필은 러사아어·에스파냐어·독일어 등 7개 국어가 가능한 보기 드문 엘리트였고, 러시아 황실의 상을 받을 정도로 러시아에서도 실력을 인정받았다. 그러나 러시아 혁명이 일어난 후 재산을 모두 잃고 단신으로 빠져나온 그는 타국을 돌아다니며 활동하다가 고국을 방문했다. 하지만 공연이 끝난 후 그와 관련한 자료를 찾아볼 수 없어 그가 언제 고국을 떠났는지, 그리고 이후 그의 활동 등에 대해서는 더 이상 알 수 없다. 그런데 김문필이 고국을 방문한 지 3년 만인 1927년 러시아 유학생 김완실金完實이 고국을 방문하여 마술 공연을 했다. 당시 신문에서 그의 고국 방문을 보도하면서 그의 공연은 관심과 기대를 모았다. 특히 김완실은 여러 가지 면에서 김문필과 비교되었다.

김완실은 함경북도 명천 출신으로, 세 살 때 가족이 러시아로 이주했다. 이후 그는 러시아에서 공부하여 공학도가 되었으나 러시아 혁명 이후 만주와 시베리아 지역을 표류하다가 30년 만인 서른세 살의 나이에 고국을 방문했다. 그는 대학 시절 학생들을 모아 흥행단을 조직할 정도로 마술에 관심이 대단했고, 공연하여 갈채를 받기도 했다. 이러한 경험을 살려 전문 공연자가 된 그는 "고국에서 천연기술단이라는 단체를 결성하여 요술과 마술, 소년소녀 가극을 가르쳐서 공연할 계획이다"라고 발표해 주목을 받았다.

1927년 12월 17일 〈매일신보〉에는 "공학도 출신인 만큼 마술을 과학적으로 연구했으므로 김문필보다 나을 것이라는 자신감도 내비쳤다"라는 기사도 보인다. 같은 날 〈동아일보〉는 김완실을 공예학교 출신으로 소개하면서 "무대배경과 의상 등 자신의 손으로 못 만드는 것이 없었다"라고

天然技術團
불원공연한다

함북명천(明川) 사람으로 로서아『모스크바』에서 오랫동안 공학(工學)을 전공한 김완실(金完實)(三○)씨는 금번 귀국의 길로 만주와 서백리아에 표류하다가 수년 전에 고국을 차저 방금 시내 현저동(峴底洞)에 두류하는데 어려서부터 마술(魔術)과 기타에 대하야 만흔 취미를 가지고 연구하얏스며 김씨가 『모스크바』공과학교에 재학할 때 휴가를 리용하야 학생들을 모아 흥행단(興行團)을 조직하야 오지리 아리 근방으로 순회한 일도 잇

「천연기술단 불원 공연한다」
(<매일신보>, 1927. 12. 17.)

보도하며 기대를 모았다.

그러나 그의 공연에 관한 기사가 더 이상 보이지 않아 공연 내용과 관객의 반응이 어떠했는지 알 수 없다. 다만 김문필은 물론 박창순 등 조선인 마술 공연 기사와도 비교될 정도로 신문 기사가 적은 것으로 보아 그의 공연이 단발성에 그쳤던 것으로 보인다. 아마도 그 이유는 덴카쓰 공연에 이어 김문필의 공연 이후 마술에 관한 관심이 어느 때보다 높았던 시기에 러시아에서 유학한 공학도 출신 마술사에 대한 기대와 호기심은 대단했으나 김완실의 공연이 관객의 욕구를 충족시키기에는 한계가 있었던 것으로 보인다. 그래서 그의 공연은 주목받지 못했고, 자선 공연과 같은 후속 일정이 이어지지 못했던 것 같다.

마술 공연은 종목의 특성상 소재와 재료의 활용뿐만 아니라 공연단의 운영에서부터 홍보 그리고 무대에서 공연의 극적 구성과 쇼맨십도 필요했다. 따라서 전문성과 경륜을 쌓은 것이 아니었던 김완실의 공연은 전문 마술가가 아닌 공학도로서의 마술 공연으로 상당한 보완이 필요했을 것으로 보인다. 그런 점에서 당시 서른세 살의 김완실과 유럽과 인도를 비롯해 러시아에서도 공연 경험을 쌓으며 인정받았고 노련미까지 갖춘 오십대의 김문필은 분명하게 비교가 되었다.

이에 대해 "마술의 재료를 다루는 점에서는 비등할지 몰라도 공연예술로서의 마술은 김완실에게는 낯선 경험이었을 것이다. 마술을 공연예술로서 인식하지 못하고, 단조로이 마술을 하고 소년소녀 가극을 무대에 올린 것만으로 공연을 낙관했던 그의 무모함이 흥행 성공을 가져오진 못했을 것으로 보인다"라고 평가하기도 한다. 달리 말하면 그 무렵 마술 공연에 대한 관심과 함께 관객의 수준이 높아지면서 이른바 "마술단의 시대가 도래했다"라고 할 정도로 마술 공연에 대한 사회적 분위기가 향상되었음을 의미했다. 그리고 김완실과 또 다른 차이점으로 동포를 위한 김문필의 자선 공연과 독립운동과의 연관성도 추론해볼 수 있다.

우리말과 글은 적의 항공모함보다 강하다

_정태진, 이극로

홍원역에서 불심검문으로 시작되다

일제가 태평양전쟁을 일으킨 다음 해 어느 날이었다. 함흥의 홍원경찰서 소속 형사 야스다가 홍원역에서 불심검문을 하고 있었다. 야스다는 조선인으로 한국 이름은 안정묵이었다. 안정묵은 친구 지창일을 기다리고 있던 박병엽을 멈춰 세웠다. 박병엽은 일본 유학생으로 홍원에 살고 있던 지역 유지의 아들이었다. 박병엽이 불심검문에 퉁명스럽게 응대하자 야스다는 그를 경찰서로 연행하여 심문하고 집까지 수색했다. 그러나 특별히 수상한 단서를 찾아내지 못하자 그 집에 살고 있던 함흥영생고등여학교 학생 박영희의 일기장까지 뒤졌다.

형사들은 일기장에서 일본어로 쓴 "국어를 상용常用하는 자를 처벌하였다"는 내용을 발견하고 꼬투리를 잡았다. 당시 국어는 일본어였다. 형사는 "왜 국어를 썼는데 혼이 났느냐"며 추궁했고, 박영희는 "국어가 조선어인 줄 알고 그렇게 썼다"라고 변명했다. 형사들은 여학생을 경찰서로 끌고 가서 고문하고 취조하며 자백을 강요했다. 결국 고문을 이기지 못한 여학생의 입에서 정태진丁泰鎭, 1904~1952이라는 이름이 나오면서 사건은 걷잡을 수 없이 확대된다. 일제 말기의 최대 사건인 '조선어학회사건'이 터진 것이다.

'조선어학회사건'의 직접적인 발단은 1942년 9월 5일 모종의 사건에 연루되어 조선어학회에서 일하던 한글학자 정태진이 경찰의 취조를 받게 되면서 시작된 것으로 전한다. 그러나 사건 관련자들의 증언에 따르면 정태진의 체포 과정에서부터 사건 관련 인물들의 이름이 서로 다를 정도로 다양한 내용이 전한다. 광복 직후인 1945년 10월 10일 〈매일신보〉와 1970년 8월 7일 〈조선일보〉 등의 기사에 따르면 크게 두 가지 설로 정리할 수 있다. 첫 번째 이야기는 앞에 서술한 것과 같은 내용이고, 두 번째 이야기는 대략 다음과 같다.

1942년 8월이었다. 함경북도 함흥영생고등여학교에 다니는 박영옥이라는 여학생이 여름방학에 함흥에서 홍원으로 가는 통학 기차 안에서 친구들과 한국말로 대화를 나누었다. 그때 옆에서 그들의 대화를 듣고 있던 조선인 경찰 야스다가 여학생들을 연행하여 홍원경찰서 유치장에 가두고 고문을 하며 심문했다. 야스다는 여학생들이 나눈 한글과 관련한 대화 내용을 문제 삼았고, 결국 고문을 이기지 못한 박영옥이 "경성에서 사전 편찬을 하고 있는 정태진이 영생여고보 교사로 근무할 때 수업 시간에 여학생들에게 민족주의 감화를 주었다"라고 진술했다. 이후 홍원경찰서 형사들은 사건을 확대하기 시작했다. 그들은 먼저 경성에 있던 정태진을 9월 5일 홍원경찰서로 연행하여 고문하고 취조하면서 "조선어학회가 민족주의단체로 독립운동을 목적으로 하고 있다"는 이유를 내세워 관련자들을 줄줄이 체포했다.

일제는 1937년 3월 모든 관공서에서 일본어의 상용을 강요하고 1938

한글學者들을虐殺한 拷問의元兇警察에被捉

民族文化를冒瀆한永遠의罪人

記憶새로운 語學會事件

嚴罰은當然

한글학자들을 학살한 고문의 원흉 경찰에 피착(붙잡힘)
_민족문화를 모독한 영원의 죄인
_기억 새로운 어학회 사건
_엄벌은 당연
(《자유신문》, 1946. 02. 13.)

년 3월에는 「조선교육령」을 개정하여 이듬해부터 각 학교에서 조선어 과목을 폐지하고 일본어 사용을 강제했다. 그리고 1942년 5월 1일부터 국민총력조선연맹 내에 일본어를 국어로 사용할 것을 적극적으로 강요하는 조직을 설치하고 지방에도 지부를 두었다. 그리고 각 지부에 많은 강습회를 실시하면서 강습회에 참여한 사람들에게는 물자 배급을 했고 참여하지 않은 사람은 경찰서로 호출하여 심문하는 등 혹독하게 다루었다.

그뿐만 아니라 일어 상용 운동을 벌이면서 '가정 국어화'와 '생활 국어화'를 강조하며 조선어 말살에 열을 올리는 등 일제의 압력이 최고조에 달했다. 심지어 학교 안에서 조선어 금지는 수업 시간 외에도 일상적인 대화에도 적용되었고, 학생들에게 '국어(일본어) 상용 카드'를 지급하여, 조선어를 사용하면 그 학생의 카드를 빼앗았다. 그리고 수업이 모두 끝나면 갖고 있는 카드 수를 검사하여 벌금을 내거나 체벌이 가해졌고, 일본어만

사용한 학생에게는 '국어상國語賞'이라는 배지를 달아주는 등 학교에서는 '조선어 사용은 악惡이고, 일본어 사용은 선善'이라는 인식을 심어주기 위해 거의 모든 수단을 동원했다.

비행기나 군함보다 밀정이 현대 전쟁을 좌우한다

일제는 우리말과 우리글을 탄압하고 일본어를 국어라고 강요하면서 '내선일체內鮮一體'를 주장했다. 하지만 당시 일상을 파고들었던 영어에 대한 통제에 나서면서 그들이 주장한 내용을 보면 그 의도를 분명하게 알 수 있다. 1938년 3차 「조선교육령」의 외국어 교육 순위가 영어-독일어-프랑스어-중국어에서 영어와 중국어의 위치가 바뀌어 '중국어-독일어-프랑스어-영어'가 되었다. 그 시기에 영국에 대한 적대적인 분위기가 형성되면서 중국어와 영어에 대한 비중에도 영향을 준 것이다. 심지어 조선총독부는 국가 기간산업인 전조선우편소의 영어 간판을 일제히 떼어버리기로 결정하여 체신 당국은 전국 88개 취급소의 영어 표기를 모두 삭제했다. 그리고 1940년대에 들어서면서 교육 분야에서도 영어 사용을 적극 통제했다.

1940년 8월 3일 〈동아일보〉는 "배영사상 간첩 온상, 영어 구축책을 강구, 순수한 국어(일본어)주의로 돌아가라고"라는 제목으로 "비행기나 군함보다도 한 사람의 밀정이 현대 전쟁을 좌우한다"라고 강조하면서 일상에서 영국과 영어 사용을 적극적으로 배척할 것을 주장한 조선총독부 학무국장의 담화를 다음과 같이 보도했다.

세계에서 가장 우수하고 교묘한 스파이 전술을 가진 곳이 영국이다.

……따라서 배영사상이야말로 스파이 활약의 온상이다. 이번 일본 전국에 영국의 첩보망을 총검거하였는데, 그들의 작전 방침이 지도계급과 상류사회에서 영국을 숭배하는 사람으로 고취하는 것을 제일로 주력하고 있다. 사실 "일본의 지식계급부터 상류사회와 독서인讀書人 사이에 영국 숭배 사상은 가위 뼈골에 사무쳤다"라고 할 수 있는 상태다. 자기 자신도 그 증세를 알아차리지 못하고 마치 유전병자가 그 혈액에 독병이 들어 있는 줄을 모르는 것과 같다. 이것을 깨끗이 청결하여 국민사상을 정화하여서 건전한 국가 건설을 하지 않으면 안 된다. 학자라든지 소위 유한마담들과 혹은 신사들 또는 청년 남녀들 사이에 영국과 미국을 숭배하는 사상이 많은 것이 스파이가 번식하는 온상인 것이 틀림없다. 우리는 작년에 전문학교 입학시험에 영어를 폐지하면서 그 이유는 당시 발표하였다. 그때에 얼마나 암암리에 반대와 방해가 있었던가. 그중에서도 교육계에 상당한 지위에 있는 일부 사람들이라든지 또 일찍이 조선을 지배하고 있던 도쿄 주재 모모 선배가 있었던 것은 나도 대단히 놀랐었고 또 적막寂寞을 느꼈다. 이것은 드디어 일본 사람 피 가운데 들어 있는 병독의 무서운 것에 전율할 공포를 느끼지 않을 수 없었던 것은 그들의 반대가 자기의 조국을 지키는 것과 같았던 까닭이었다. 육군 관계 학교에서 입학시험에 우리와 같이 외국어를 폐지한 것은 깊이 경의를 표하였고, 다른 학교는 아직 말이 아니다. 이런 온 세상에 스파이가 번식하지 않을 수 없고, 자각이 없는 국민은 즐겨 가면서 스파이들의 심부름을 하고 있지 않은가. 또 한 가지 이야기는 도처에서 국어(일본어) 중에 마치 요사이 밥에 돌이 들어 있는 것과 같이 간판이라든지 문서 등에 영어가 섞이는 것은 이것저것을 모르는 사람이 볼 때는 마치 영국과 미국의 식민지라고 생각할지도 모른다. 이것을 배제하고 순수한 국어(일본어)로 돌

아가지 않으면 안 된다. 이것이 사소한 일 같으나 영어를 구축驅逐(몰아서 쫓아냄)함으로써 사상적으로 분리할 수 있는 것이다. 먼저 분리하고 다음으로 독립하고 그런 후 건설하라고 부르짖고 싶다. 이때에 있어서 유식자들은 뼈에 사무친 난치병에 대해 속히 용감하게 건강법을 강구하여야 할 것이다. 건강법이 필요하다면 그 약은 얼마든지 무료로 줄 작정이다.

영어 사용자는 영국과 미국의 스파이다

조선총독부 학무국장은 담화문에서 "문서와 서적은 물론 일상용어까지 깊이 파고 들어간 영어를 일소하는 순정국어(일본어) 운동을 학교를 중심으로 출판언론계의 협력을 얻어 대규모로 전개하겠으며, 이듬해 신학기부터 중등학교 이상에서 영어 과목 폐지를 연구할 계획이다"라고 밝히면서 "영어를 옹호하거나 영어시험 폐지를 반대하는 자들은 영국의 스파이다"라고 강도 높게 비난했다. 여기에는 영국과 영어에 대한 일제의 적대감이 담겨 있었지만, 한편으로는 당시 영어에 대한 관심이 어느 정도였는지를 보여주기도 한다.

이처럼 외국어 순위의 변화나 학교 수업과 입학시험에서 영어 과목의 폐지는 국내 문화 수준의 향상이나 객관적인 세계정세의 변화에 따른 조치가 아니라 일제의 대동아공영권 구상과 밀접한 관련이 있었다. 즉 전시체제에 돌입한 일제의 국면 전환용으로 국체 관념을 심어주기 위한 황국신민화 정책의 일환이었다. 그때까지 영어는 근대 선진 문화의 상징이었고 세계 시장에서 경쟁력을 의미했다. 따라서 학교교육에서 영어 교육을 중시했고, 입학시험에서도 영어가 차지하는 비중이 컸다. 또한 조선총독부

大學과專門校入試에
英語는斷然廢止
明年부터朝鮮에서만實施

英語試驗廢止는全般科의向上을爲한것
本旨에誤解업도록
鹽原 本府學務局長 談話

쌀을두고팔지안는
賣惜買占에鐵槌!
警務、農林兩局長이 農場主商人에最後通牒

「대학과 전문교 입시에 영어는 단연 폐지」
_명년(내년)부터 조선에서만 실시
_영어 시험 폐지는 전반과의 향상을 위한 것
_본지에 오해 없도록, 시오하라 본부학무국장 담화
(《매일신보》, 1939. 07. 15.)

학무국장이 거론했듯이 '조선의 식민 통치와 연관이 있는 도쿄의 고위직 관리'를 연상시키는 관료들부터 일본의 지식인들까지 "영어를 모르면 국제사회에서 고립될 수도 있다"라며 영어시험 폐지는 세계정세에 거스르는 조치라는 이유로 반대했다.

그런데도 1940년대에 들어서면서 제국주의 교육을 책임지고 있는 조선총독부 학무국장이 영어를 사용하는 사람들을 영국의 스파이로 규정하면서 그들의 박멸을 주장하는 등 전쟁을 방불케 하는 표현을 서슴지 않았다. 특히 "지식인과 사회 지도계층 그리고 유한마담 등 상류 계층에 영국을 배척하는 사상을 주입하는 것을 제일의 과제로 삼아야 한다"라고 주장하면서, '영어 사용은 유전 매독환자'라며 사회에서 최악의 암적 존재로 비판한 것은 영국을 배격하는 배영사상과 직접적인 연관이 있었다. 심지어 일제는 "영어 사용은 영국이나 미국의 식민지 국가로 전락한 것이다"라며 자기 나라 말, 즉 일본어에서 영어를 분리하여 국가의 독립과 새로운 건설을 주장할 정도로 그들도 식민 지배가 최악의 상태이며, '자기 나라 말과 글을 지키는 일은 곧 독립의 근간이었고, 다른 나라 말의 침투는 나라가 소멸하는 지름길'이라는 대단히 중요한 사실을 스스로 인정하고 있다.

따라서 일제가 강제 병합 이후 우리말과 우리글을 탄압하고 일본어 교육을 강요하며 식민지 동화정책을 일관되게 시도한 이유 역시 우리 민족과 국가를 말살하고 일본인으로 만드는 것이 궁극적인 목적이었음을 시인한 것이었다. 물론 그들이 주장한 내선일체 역시 생활 수준을 일본인과 동일하게 향상시켜 삶을 윤택하게 만든다는 뜻이 아니라 일본말을 할 줄 아는 한국인을 만들어 일본인이 부리기 좋게 만들기 위한 정책에 불과했다. 이에 조선어학회 관계자들은 "우리말을 지키고 있으면 언젠가는 독립을 쟁취할 수 있다"는 굳은 믿음을 가지고 어려운 조건 속에서도 문맹 퇴치와 우리말과 우리글을 지키는 운동에 지속적으로 관심을 기울였다.

우리말과 우리글에 대한 관심과 연구는 이미 일제가 침략 야욕을 드러낸 1900년을 전후한 시기에 시작되었다. 당시 주시경周時經, 1876~1914을 중심으로 조선어연구회가 결성되어 한글 연구와 보급 운동에 관심을 기울였고, 이후 일제강점기에는 "민족의 혼을 지켜야 한다"라는 민족정신이 더해졌다. 그리고 3·1운동 이후 일제가 이른바 '문화통치'를 내세우자 식민 지배 상황을 타개하고 민족의 활로를 문화 면에서 찾기 위해 우리말을 연구하고 보급하기 위한 단체들이 조직되었고, 곳곳에서 문맹 퇴치 운동과 같은 민중 계몽 운동으로 이어졌다.

우리말 사전 편찬 작업이 시작되다

1921년 12월에 조선어연구회가 창립되어 체계적인 한글 연구가 지속되었고, 1926년에는 음력 9월 29일을 '가갸날'로 지정하여 일반인을 대상으로 한글의 보급 운동에도 적극적인 관심을 기울였다. 이후 '가갸날'은 1928년 '한글날'로 바뀌었고, 1927년 10월에는 연구회에서 잡지 〈한글〉을 창간했다. 그러나 재정난으로 휴간되었다가 1932년 5월에 속간되는 등 어려운 상황을 이겨내며 한글 연구와 함께 우리말과 우리글을 지키고 보급하는 일에 지속적으로 관심을 기울였다.

이하늘과이싸우에
거듭퍼진「한글」의빛
보배로운우리글을끗까지가려보자
우리글퍼진날을해맛도록잊지말자
正音頒布八回甲紀念式
◇가갸날잔치◇

「이 하늘과 이 땅 위에 거듭 퍼진 '한글'의 빛」
_보배로운 우리 글을 끝까지 기려보자, 우리글 퍼진 날을 해 맞도록 잊지 말자
_정음 반포 8회갑(480년) 기념식
(사진: 가갸날 잔칫날)
(《동아일보》, 1926. 11. 06.)

특히 조선어학회는 1929년 이극로李克魯, 1893~1978가 독일에서 유학 생활을 마치고 귀국하면서 탄력을 받았다. 이극로는 1923년 10월부터 베를린 대학에 조선어과를 창설하고 조선어 강사로 3년간 활동하며 한글을 서양 학생들에게 소개했는데, 1923년 겨울학기부터 1926년 여름학기까지 17명이 수강했다. 이극로는 당시 서양 학생들에게 "당신의 나라에는 사전도 없는가"라는 말을 듣고 심하게 부끄러움을 느껴 조국에 돌아가면 모국어를 지키는 운동에 한평생을 바치기로 결심했다. 그리고 1929년 1월 8일 일본을 거쳐 한국으로 돌아오면서 미국을 경유했는데, 서재필·이승만·장덕수張德秀, 1894~1947 등을 만난 자리에서 장덕수가 "장차 귀국하면 무엇을 하려는가"라고 묻자, 이극로는 "나는 '코리언 딕셔너리Korean dictionary(한글 사전)' 만들러 갑니다"라고 답했다는 일화도 전한다.

이극로는 귀국하자마자 조선어 교육 현상을 조사하는 등 한글 연구와 보급에만 전념하기 위해 직업을 갖지 않고 조선어학회에서 활동했다. 조선어학회는 이전부터 사립 교육기관에서 쓰던 한글 교재 보급과 동화책 등 관련 도서를 간행하고 회원들이 전국을 순회하며 한글 보급을 위한 다양한 사업을 추진해왔고, "조선 문화의 쇠퇴와 민족의 낙오는 무엇보다도 조선어문의 불통일에서 기인되었다"라는 자성의 목소리가 커지자 이극로의 노력으로 1929년 10월 각계 지식인 108명이 모여 조선어사전편찬위원회가 결성되어 본격적으로 사전 편찬 작업을 시작했다.

우리말 사전 편찬 작업에 사회적으로 인정받는 100명 이상의 지식인이 지속적으로 참여한 것만으로도 대단한 의미가 있었다. 그들이 참여한 국어사전 편찬은 단순하게 학술적 업적이나 우리 고유문화를 유지하고 보존하는 의미만 있었던 것이 아니라 "일제의 민족문화 말살 정책에 대항하여 민족정신을 신장하고 앙양시켜야 한다"라는 사명감이 있었기에 가능

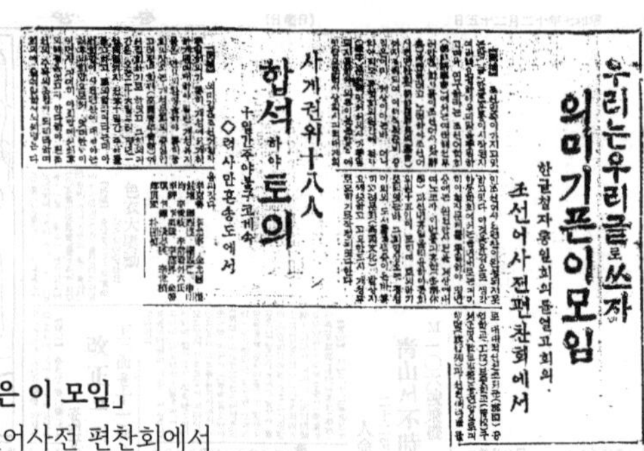

우리는우리글로쓰자
의미기픈이모임
한글철자통일회의를열고회의
조선어사전편찬회에서

사계권위十八人
합석하야토의
十일간주야불구코계속
◇력사만흔송도에서

「우리는 우리글로 쓰자, 의미 깊은 이 모임」
_한글철자 통일회의를 회의, 조선어사전 편찬회에서
_사계 권위 18인 합석하여 토의, 10일간 주야 불구하고 계속, 역사 많은 송도에서
(<중앙일보>, 1932. 12. 25.)

한 일이었다. 그런 점에서 한글 사전 편찬은 독립운동의 뿌리에 해당하는 작업이었다.

사전 편찬 작업에 참여했던 불교학자 김법린은 평소 학생들에게 "우리말의 쇠퇴는 민족의 멸망을 의미한다"라고 강조했고, 사전 편찬을 주도한 이극로는 광복 후인 1947년 자서전 『고투사십년苦鬪四十年』에서 "언어 문제가 곧 민족 문제의 중심이 되는 까닭에 당시 일본 통치하의 조선 민족에게 이 언어가 곧 소멸되리라 보았기 때문이다"라며 위험을 무릅쓰고 사전 편찬에 나선 이유를 밝혔듯이 사전 편찬 작업에 참여한 지식인들은 모두 그 의미의 중요성을 잘 알고 있었다.

일반인도 조선어학회 활동에 관심을 가지고 물심양면의 지원을 아끼지 않았다. 조선어학회 건물이 없다는 사실을 알게 된 정세권鄭世權, 1888~1965은 종로구 화동에 32평 부지를 상당한 금액을 주고 매입하여 1935년 2층 양옥 건물을 완성한 후 조선어학회에 기증했고, 운영 자금도 지원한 것으로 전한다. 정세권은 일제강점기 부동산 개발업자로 북촌과 익선동, 봉익동, 성북동, 혜화동, 창신동, 서대문, 왕십리, 행당동 등 경성 전역에 한옥 대단지를 건설한 인물이었다.

영화 「말모이」로 새롭게 주목받다

1935년 7월 11일 새 건물로 입주한 조선어학회는 이후 많은 일화도 남겼다. 조선어학회 사무실 2층 입구에는 한글로 "일없는 사람은 들어오지 마시고 이야기는 간단히 하시오"라는 문구가 붙어 있었다. 회원들의 결연한 의지를 보여주는 예였다. 그러나 사전 편찬 작업은 시작부터 난관에 부딪혔다. 사전 편찬 사업은 마음만 먹는다고 진행되는 작업이 아니었기 때문이다. 특히 기초 작업이 하나도 되어 있지 않았던 탓에 사전 편찬위원들은 먼저 사전 편찬의 기초가 되는 맞춤법의 통일과 표준어의 사정 및 외래어 표기법 등 국어의 제반 규칙을 연구하여 정리하는 작업부터 시작했다.

경비도 큰 문제였다. 당시 일반인까지 나서서 관혼상제冠婚喪祭 비용을 절약해서 후원하는 등 어려운 상황에서도 관심과 지원이 이어졌고, 사전 편찬위원들은 생업을 위해 신문기자 등 두 가지 이상의 직업을 갖고 일하며 사전 편찬 작업을 진행했다. 이러한 과정을 담은 영화가 2019년 1월에 개봉한 「말모이」다. '말을 모아 만든 것'이라는 뜻의 '말모이'는 오늘날 사전을 의미하는 순우리말이다. 그러나 영화가 모두 사실은 아니다. 사전 편찬을 위해 사투리를 수집하는 과정에서 별도로 중등학생과 초등학교 교원 5천여 명이 참여했고, 1933년에는 지역별로 73명의 위원을 선발해 1935년 1월부터 이듬해 8월까지 충남 아산군과 서울·인천에서 한 번씩 세 차례에 걸쳐 독회를 진행하는 등 원고 작성을 위한 모임이 철저하게 비밀리에 이루어진 것은 아니다. 그리고 영화에서는 사환 김판수가 사전 편찬을 위해 작성된 원고 뭉치를 지금의 서울역 부근 창고에 던지고 피신하다 최후를 맞았지만, 그는 가공인물이다. 다만 광복 후 서울역 부근의 창고에서 기적과 같이 원고 뭉치를 발견한 것은 사실이다.

이외에도 조선어학회 주요 구성원들은 수양동우회修養同友會, 흥업구락부興業俱樂部, 대동단大同團 사건 등 독립운동과 관련한 사건의 연루자들이 많아 늘 일제 관헌의 요시찰 대상으로 이중삼중의 고초를 겪었다. 그러다 1936년 10월 표준어 사정 결과 발표회를 기점으로 상황이 급변한 것으로 전한다. 당시 안창호는 "조선 민족은 선조로부터 계승해온 모든 것을 잊어버리고 결국은 국가까지 잊어버렸다. 다만 조선어만을 보유하는 상태이므로 이것의 보급과 발달에 힘쓰지 않으면 안 된다"라고 축사를 하여 일제 당국을 긴장시켰고, 이후 일제는 학회에서 여는 모든 집회를 금지했다. 또한 1940년대에 전시체제로 전환되면서 한글 교육 폐지와 일본어 사용을 강요하면서 한국어 신문과 서적의 출판 금지, 일본식 성명 강요 등의 조치가 이어지는 등 한글에 대한 무자비한 탄압이 이어졌다.

일제의 감시와 탄압이 심해지자 사전 편찬 관계자들은 밤을 새우는 등 그야말로 피나는 노력을 하며 사전 편찬을 서둘렀다. 그들은 원고를 빼앗기거나 잃어버릴 때를 대비해 두 부씩 작성했고, 작업이 끝난 원고는 대동출판사의 협조로 곧바로 인쇄에 넘기는 등 철저하게 준비했다. 마침내 1942년 4월 원고의 일부를 인쇄소에 넘겨 16만 개에 달하는 우리말 어휘의 뜻풀이가 담긴 『조선말 큰사전』이 인쇄에 들어갔다. 그런데 인쇄가 한창 진행 중이던 1942년 10월 뜻밖의 사건이 발생했다. '조선어학회사건'이 터진 것이다.

사전 편찬 작업을 서둘렀지만

조선어학회사건으로 사전 편찬을 위해 작성된 수십만 장의 자료 카드가 압수당했고 인쇄 작업도 중단되었다. 그뿐만 아니라 일제는 "조선어사전편찬회 발기인들이 민족주의 사상을 지녔다"라는 이유로 조선어학회를 강제 해산시켰고, "조선어학회가 임시정부의 지령을 받아 독립운동을 했다"라고 억지를 부리며 대대적인 탄압에 나섰다. 그 때문에 사건의 발단이 된 정태진의 연행부터 일제가 날조한 조작극이라는 비난을 받았다.

정태진은 미국 유학을 마치고 귀국하여 영생여고보 교사로 근무하다 1941년 6월부터 경성에서 조선어학회 사전편찬위원으로 일했다. 일제 경찰은 정태진을 경성에서 붙잡아 홍원경찰서로 연행하여 혹독한 고문을 자행하며 자백을 강요했다. 결국 고문에 못 이긴 정태진에게 "수업 시간에 민족주의를 고취했고, 조선어학회는 민족주의 단체로 비밀리에 독립운동을 한다"라는 허위자백을 받아내자 홍원경찰서 형사들은 잘하면 큰 공을 세울 수 있겠다는 공명심이 발동했다. 그 무렵 민족주의 단체를 철저히 응징하려는 총독부의 방침과 일치했기 때문이다.

홍원경찰서는 경성에 형사대를 급파하여 조선어학회 사무실을 수색했고, 온갖 방법을 동원해 자신들의 의도대로 사건을 몰고 가며 대대적인 검거 열풍을 일으켰다. 1942년 10월 1일 이극로를 비롯한 조선어학회 회원 11명을 구속하여 함흥과 홍원으로 압송하는 등 다음 해 3월 6일까지 17명의 관계자가 김천·경성·부산·광양 등 그들의 직장이나 거주지에서 붙잡혀 홍원경찰서로 넘겨졌다. 그뿐만 아니라 수사 과정에서 무려 50여 명이 소환되어 조사받았고, 조선어학회 사건으로 29명이 직접 관계자로 구속되었다.

주병훈·안정묵·김건치 등 조선인 형사들은 1년 가까이 구속자는 물론 증인으로 소환된 사람들에게 피의자나 다름없는 가혹한 심문과 학대를 하며 허위자백을 강요했다. 당시 연행된 관계자들의 진술에 따르면 "함흥경찰서와 홍원경찰서에서 차마 사람이 한 행동이라고 할 수 없는 온갖 고문으로 죽기 일보 직전까지 갔다. 고문을 받다 기절하면 다시 깨워서 고문했다. 그러다 혹시 사망하면 자기들의 책임이라 강심제를 놓고, 가끔은 사식도 허락하며 고문과 취조가 이어졌다"고 한다. 정인승鄭寅承, 1897~1986은 당시 일제 경찰이 자행했던 만행을 다음과 같이 기억했다.

> 잔인한 고문에 쾌감을 느끼는, 그리고 그 능숙한 솜씨에 스스로 긍지를 느끼는 그 악랄한 무리들은 선량한 약자들을 마치 잡아다 놓은 쥐를 놀리는 잔인한 고양이와 같이 갖가지 방법으로 이리 차고 저리 차고 엎치고 뒤치고, 공 구르기, 비행기 태우며 냉수 퍼먹이고 빰따귀에 주먹질, 뒤통수에 뭇매질 등 이루 말할 수 없는 갖가지의 못된 것을 마음껏 하는 것이 그들의 상습이었다. 우리로서는 평생에 상상도 못 했던 인간 지옥이 실제로 있음을 처음 알았다. 하늘에 부르짖고 두드려도 하소연할 데가 없는 곳이 거기 있음을 처음 알았다. 이리하여 만 1년이 되니까 일행의 몸과 증거물들이 모두 함께 함흥형무소로 옮겨져 갔다.

일제 경찰은 잔혹한 고문만이 아니라 그들이 할 수 있는 모든 수단을 동원하여 보복 행위까지 했다. 조선어학회 사무실을 기증했던 정세권은 체포되어 보름 동안 고문을 당했는데, 이후 그는 건축 면허를 박탈당했고 뚝섬에 있는 땅 3만 5000평도 빼앗겼다.

집요하게 사건을 파헤치다

형사들은 "조선어학회는 국체 변혁을 목적으로 하는 결사체다"라고 추궁하며 죄를 꾸미려고 억지를 부렸다. 그들은 "사전을 편찬하는 목적은 어디 있느냐", "조선어사전 편찬은 장래 조선 독립을 목적으로 하는 것이 아니냐", "일본말을 사용하는 시대에 한글을 연구·보급하는 것은 조선 문화의 향상과 민중에게 민족의식을 높여 기회를 보아 조선의 독립을 꾀하는 것이 아니냐"라고 물고 늘어지면서 "조선어학회는 민족정신을 고취하여 조선 독립을 쟁취하려는 비밀결사로, 조선어사전 편찬은 중국에 있는 임시정부의 지령에 의한 것이었다"라는 자백을 강요했다.

형사들은 조선어사전편찬회 지침서에 있는 '조선 민족의 갱생'이라는 문구와 사전 원고에 있는 태극기와 백두산 그리고 단군이라는 낱말도 독립운동과 연관이 있다고 따지며 시비를 걸었다. 심지어 "경성에 관한 풀이가 어째서 도쿄에 관한 풀이보다 길게 되어 있느냐"며 문제 삼았고, 이극로가 계획했던 양사원養士院은 독립투사 양성기관이 아니냐고 억지를 부렸다.

조선어학회 관계자들은 혹독한 고문에도 불구하고 형사들의 추궁을 부인했다. 그러나 검거 대상이었던 권덕규權悳奎, 1890~1950와 안호상安浩相, 1902~1999이 신병으로 구속되지 않은 것을 제외하고 사전 편찬에 직접 가담했거나 재정적 보조를 한 사람과 기타 협력한 사람들까지 33명을 모두 치안유지법의 내란죄를 적용하여 1944년 10월 함흥형무소로 이송했다.

함흥형무소는 일제강점기에 혁명 투사들을 수감한 형무소로 홍원·청진과 함께 가장 북쪽에 있었다. 그 무렵 함흥형무소에는 1천여 명이 독립운동을 했다는 혐의로 수감되어 있었던 것으로 전한다. 그들은 함흥형무소로 오기 전에 이미 심한 고문을 받아 건강이 악화되어 있었고, 겨울 추위가 매서웠던 함경도에서도 더욱 혹독한 형무소의 추위에 심신이 병들어갔다. 그뿐만 아니라 전세가 불리해지면서 식량난이 갈수록 심해지자 형무소 식사는 더 형편이 없었고, 형무소에서는 이전보다 더 심한 고문이 이어졌다.

그러한 상황에서 추위와 영양실조 그리고 고문으로 매일 사망자가 발생하는 등 감옥 생활은 그야말로 생지옥이었다. 당시 사망자를 운반하는 청소부들은 달그락거리는 소리가 나는 나막신을 신고 일했는데, 조선어학회사건으로 이곳에 갇혀 있던 이희승李熙昇, 1896~1989은 훗날 『조선어학회사건 회상록』에서 "이 나막신 소리가 들리는 때는 소름이 쪽쪽 끼쳐 오를 지경이었다"라고 기억했다.

함흥형무소에 수감된 조선어학회 관련자들은 재판을 기다리며 반복되는 고문도 견뎌야 했다. 다른 사람과 진술이 엇갈린다며 몽둥이나 죽도 등으로 두들겨 맞거나 옷을 벗겨 엎드리게 한 후 보리타작하듯 마구 때리는 난장질은 기본이었고, 물 먹이기, 공중에 매달고 몽둥이로 때리기, 비행기 태우기, 메어 차기, 불로 지지기, 개처럼 사지로 서기, 얼굴에 먹으로 악마 그리기, 동지끼리 서로 빰 때리게 하기 등 온갖 방법을 동원해 참을 수 없는 고통과 모욕감을 주며 자백을 강요했다.

당시 피해자를 의자에 묶어놓고 얼굴을 뒤로 젖혀 콧구멍으로 물을 부어 넣는 고문을 당한 이은상李殷相, 1903~1982은 "보통 기가 막힌다는 말을 쓰지만, 물이 식도뿐만 아니라 기도로 들어가 폐로 흐르게 하는 등 정말 문자 그대로 기가 막히는 일이었다"라고 술회했다. 또 안재홍安在鴻, 1891~1965과 김도연金度演, 1894~1967을 서로 마주 보게 세운 다음 한 차례씩 빰을 때리게 했고, 이에 안재홍은 "다른 것은 다하겠으나 이것만은 못 하겠소. 아무리 중대한 피의자라고 하더라도 동지간에 우정은 깨질 수 없소"라며 거부했다는 일화도 전한다.

심지어 조선어학회사건을 변론했던 이인李仁 변호사는 엄지손가락을 뒤로 잡아 젖히는 고문을 당해 엄지와 검지 사이가 찢어져서 손가락을 제대로 펼 수 없게 되었고, 장현식張鉉植, 1896~1950은 혀에 대못을 박는 만행을 당해 평생 말을 더듬어야 했다. 훗날 그들의 출옥 광경을 목격한 이근엽은 "한 분은 들것에 실려 나오고, 한 분은 다리에 상처를 입고 쩔뚝거리며 나왔는데 그 모습이 너무 처참했다"라고 회상했다.

밥 먹는 것도 독립운동이냐

조선어학회 관계자들은 내란죄로 재판을 받아 16명이 기소되었고, 나머지 12명은 기소유예로 석방되었다. 그러나 기소된 16명 가운데 이윤재李允宰, 1888~1943가 옥중에서 고문으로 1943년 12월 8일 사망했고, 몇 달 후인 1944년 2월 22일 한징韓澄, 1886~1944 역시 고문으로 뒤이어 세상을 떠났다. 그리고 장지영張志暎, 1887~1976과 정열모鄭烈模, 1895~1968는 공소시효 소멸로 석방되어 12명이 본심에 회부되었는데, 치안유지법의 내란죄를 적용한 그들의 기소장에는 조선어학회를 민족운동 단체로 규정하고 기소된 관련자들이 독립운동에 참여한 것을 기정사실화했다. 당시 재판에서 조선어학회 관계자들의 죄에 대해 "그 뿌리를 20년이 더 지난 1919년 3·1운동에서 시작하여 10여 년이 넘게 문화운동을 내세워 독립운동을 해왔다"라며 다음과 같이 주장했다.

> 조선어학회는 대정大正 8년 만세소요사건(1919년 3·1운동)의 실패에 비추어, 조선의 독립을 장래에 기약하는 데는 문화운동에 의하여 민족정신의 환기와 실력 양성을 가장 우선적 임무로 삼아서 대두된 소위 실력 양성 운동이 그 출발의 봉오리였다. 그러나 용두사미에 그쳐서 그 본령

을 충분히 발휘하지 못하더니, 그 뒤를 받들어 소화 6년(1931) 이래로, 피고인 이극로를 중심으로 하여…… 겉으로 문화운동의 가면을 쓰고 조선 독립을 목적한 실력 양성 단체로서, 본 건이 검거되기까지 10여 년이나 오랜 기간 조선 민족에 대하여 조선의 어문운동을 전개하여 온 것이니…… 그 마음속에 파고들어 조선어문에 대한 새로운 관심을 일으키고, 여러 해를 거듭해 내려오며 편협한 민족 관념을 북돋아서 민족문화의 향상, 민족의식의 앙양 등 그 기도하는 바 조선 독립을 위한 실력 신장의 수단을 다하지 아니한 바가 없다.

이처럼 모든 것을 독립운동에 끼워 맞추려는 일제의 억지에 대해 변호를 맡았던 이인 변호사는 재판장에서 "밥 먹는 것도 독립운동이냐"고 따졌다. 그러자 조선어학회사건의 조작 책임자였던 함흥 검사국 차석검사 아오야기 고로는 "밥 먹고 기운 차리면 독립운동을 하겠지"라고 조롱까지 했다.

조선어학회사건의 재판은 1944년 12월 21일부터 1945년 1월 16일까지 9회에 걸쳐 함흥재판소에서 진행되었고, 니시다 쇼고가 주심으로 최종 선고를 했다. 이극로 징역 6년, 최현배崔鉉培, 1894~1970 징역 4년, 이희승 징역 2년 6개월, 정인승과 정태진 징역 2년 그리고 김법린·이중화·이우식·김양수·김도연·이인은 징역 2년에 집행유예 4년 판결을 받았다. 사건을 확대하기 위해 혈안이 되었던 일제의 조작으로 집행유예로 풀려난 7명도 이미 2년여의 수감 생활을 하는 등 조선어학회사건 관련자들은 모두 중형을 선고받았다.

그러나 대못을 혀에 박히는 고문을 당했던 스물일곱 살의 청년 장현식은 무죄를 선고받는 등 재판은 일제의 의도대로 마무리되지 못했다. 특히 사건에 대한 기억이 일치하지 않을 정도로 급작스럽게 많은 사람이 전국 각지에서 연행되었고, 모진 고문으로 자백을 강요당했음에도 일제와 타협을 시도한 밀고자나 배신자가 한 명도 나오지 않았다는 점도 주목할 만하다. 그런 이유로 조선어학회 관계자들은 여전히 그들에게 눈엣가시였고, 심지어 재판장까지 선고 직후 이인 변호사에게 "당신에게 이 정도는 약과다. 그동안 무료 변론한다고 쫓아다니며 얼마나 귀찮게 굴었느냐"고 대놓고 힐난했다는 이야기도 전한다.

광복을 맞아 모두가 풀려나기는 했지만

실형을 선고받은 다섯 명 가운데 정태진은 복역을 마치는 것이 오히려 재심을 받는 것보다 빠르다고 판단하여 2년의 복역을 마치고 1945년 7월 1일 출옥했다. 그리고 이극로·최현배·이희승·정인승 등 네 명은 판결에 불복하여 재심을 청구했다. 그러나 같은 해 8월 13일 자로 기각되어 계속 감옥 생활을 하게 되었으나 이틀 뒤인 8월 15일 옥중에서 광복을 맞았고, 8월 17일 함흥형무소에서 풀려났다. 이희승은 훗날 함흥형무소 생활을 소재로 쓴 「칠불당七佛堂」은 "처참한 수감 생활을 이희승 특유의 유머 감각으로 표현한 반어적인 느낌을 주는 살아 있는 수필"이라는 주목을 받았다. 여기서 '칠불七佛'은 이희승 자신을 포함한 일곱 명의 수감자를 부처님에 비유한 것이다. 그리고 광복 후 옥고를 치른 사람들이 모여 '10·1회'를 조직하여 조선어학회사건의 의미를 기리며 그 정신을 이어갔다.

그러나 광복이 되었다고 조선어학회사건이 모두 마무리된 것은 아니었다. 무엇보다도 그들이 그토록 지키려고 했던 사전 편찬 원고를 찾는 일이 급선무였다. 함흥에서 석방된 이극로 등은 서울에 도착하여 동지들과 함

쉽게 익혀 날로 씀에 편리한 우리글

―오늘은 한글반포 五百周年記念

世界文字史上에 金字塔

우리 한글의 거러온길

朝鮮語辭典編纂經過

金炳濟

朝鮮語學會의 苦鬪史

李克魯

最大의 遺産

先親과 한글

周時經先生의 追慕

한글의 由來

「쉽게 익혀 날로 씀에 편리한 우리글」
_오늘은 한글 반포 500주년 기념
_세계 문자사상에 금자탑, 우리 한글이 걸어온 길
_조선어학회의 고투사
_조선어사전 경위
_주시경 선생의 추모
(《자유신문》, 1946. 10. 09.)

께 가장 먼저 원고를 찾기 위해 백방으로 노력했다. 그러나 원고의 행방을 짐작조차 할 수 없어 막막해하던 중 서울역 인근의 창고에서 원고가 발견되었다. 조선어학회사건의 재판 증거물로 홍원과 함흥으로 옮겨 다니다가 상고심 재판의 증거물로 경성고등법원으로 이송되던 중 일제가 패망하면서 원고 뭉치를 그대로 경성역 부근의 창고에 방치한 채 물러갔던 것이다. 그 원고 뭉치는 갈 곳이 없어진 화물들과 함께 창고에 쌓여 있다가 1945년 9월 8일 서울역 조선통운 창고를 점검하던 역장이 수취인이 고등법원으로 된 가방을 발견하면서 되찾게 되었다.

다행히 원고를 찾아 사전 편찬 작업을 이어갈 수 있게 되었으나 1950년 한국전쟁이 발발하여 사전 편찬 작업이 중단되었고, 관계자들이 피난을 가게 되면서 원고는 다시 수난을 겪었다. 그리고 이른바 '한글 파동'으로 사회적인 논란에 휩싸이면서 사전 편찬 작업은 다시 중단될 위기를 맞았다.

1949년 10월 이승만 대통령은 담화를 통해 "정부 수립 이후 써오던 통일안을 버리고 한글을 소리 나는 대로 적자"고 발표했다. 이에 한글학자 등 지식인들은 "한글의 사용에 심각한 문제를 야기한다"는 이유를 들어 반대했으나 전쟁이 발발하여 논란이 수면 아래로 가라앉는 듯했다. 그런데 전쟁이 아직 끝나지 않은 1953년 3월 27일 이승만은 임시 수도 부산에서 "3개월 이내에 현행 한글 맞춤법을 버리고 구한말 성경 맞춤법으로 돌아가자"라는 「한글 간소화 특별담화」를 다시 발표했다. 그리고 한 달 후인 4월 27일에는 "한글 표기가 읽기에 힘이 들고 쓰기에 복잡하니 표준말 중에서 이미 쓰이지 않거나 말이 바뀐 것은 변한 대로 적는다"라는 내용을 골자로 하는 「한글 표기 간소화에 대한 훈령」을 공포했다.

발음 나는 대로 쓴다고 해서 「한글 간소화법」이라고도 했던 이 법안은 한글 사용에 대한 어려움을 해소하려는 의도에서 제정되었다. 그러나 한글학자 등 문화계 인사들이 적극 반대하고 나서면서 논란이 커졌음에도 4월에 국무회의에서 정부 문서와 교과서만이라도 옛 맞춤법을 사용할 것을 일방적으로 결의했고, 7월 3일에는 복잡한 받침을 열 개만 남겨 놓고 '앉았다'를 '안잣다', '좋지 않다'를 '조치 안다', '믿다'를 '밋다', '길이'를 '기리', '높이'를 '노피' 등 소리 나는 대로 수정하자고 했다.

하지만 이것은 "한국어 정서에 대한 깊은 이해가 없이 글 쓰는 이의 편의만을 중시한 표기법이다"라는 비판을 받았으며, 이승만 대통령이 1912년 미국으로 건너가 오랜 미국 생활로 인해 수십 년간 한글을 제대로 접하지 못했고, 맞춤법 개정 이전의 성서로 한글을 익힌 그가 신문이나 공문서 읽는 게 고역이었기 때문에 나온 발상으로 "광복 후 사용하기 시작한 한글 표기로 불편을 겪었던 이 대통령의 고집 때문이다"라는 말까지 돌았다.

사전 편찬이 다시 중단될 위기에 처하다

"한글 맞춤법이 지나치게 복잡하여 배우기 어렵다"라고 지적하는 학자들도 있었지만, 찬성보다 반대 여론이 압도적이었다. 그 이유는 다음과 같았다. 첫째, 당시 사용하던 한글 맞춤법에 문제가 있다는 것을 인정한다고 해도, 이를 개선하려는 노력 대신 불완전하기는 마찬가지였던 개화기의 맞춤법으로 돌아가자는 주장은 불합리하다. 둘째, 한 나라의 국어를 전면 개선하는 데 3개월이라는 기간으로 못 박은 것은 누가 보아도 무리한 요구로, 철자법 수정이 필요하다면 반드시 신중한 연구를 거쳐서 결정해야 한다. 셋째, 대통령의 한마디에 무조건 맹종과 충성심을 보이기 위해 한글 간소화를 적극 추진하려는 관료와 일부 학자들의 행태 등이 비난받았다.

한글학회와 대한교육협회 등 관련 단체들도 신문에 성명서를 발표하는 등 공개적으로 반대했다. 그러나 이승만은 의지를 꺾지 않았고, 일부 관료들이 적극 옹호하며 그의 지시에 따랐다. 심지어 "한글학회의 큰사전 편찬 사업을 지원하던 미국 록펠러 재단의 물자를 차단하고 유네스코의 한글학회 사업 5개년 계획 원조를 외면하는 등 한글사전 편찬 작업을 탄압했다"는 이야기까지 돌았다.

문화계 인사들이 반발하며 유행어와 일화도 많이 만들어냈다. 1954년 1월 1일부터 〈서울신문〉에 연재되어 사회적으로 엄청난 논란을 불러일으켰던 소설 「자유부인」에도 불똥이 튀었다. 서울대 법대 황산덕 교수는 "문화의 적, 문학 파괴자, 중공군 50만 명에 해당하는 조국의 적이다"라는 극단적인 표현까지 동원하며 「자유부인」을 공개적으로 비난했고, 지식인들도 「자유부인」은 '미풍양속을 해치는 반사회적인 소설'이라며 작가 정비석을 고발하는 등 거세게 비판했다. 그런데 한글 파동으로 논란이 일어났을 때 「자유부인」 원고에서 주인공인 한글학자이자 대학 국문과 교수 장대연이 국회 공청회에 나가 "한글 간소화 방안은 언어의 학살 행위다"라고 비난하는 등 맹렬하게 반대 활동을 벌이는 대목을 서울신문사 임근수 상무가 작가에게 알리지도 않고 삭제해버렸다. 뒤늦게 그 사실을 알게 된 정비석은 임근수에게 "왜 소설 내용 일부를 맘대로 삭제하는 거요"라고 따졌고, 임근수가 "아, 그 문제는 정형이 이해해 줘야겠소. 문교부에서 이럴 수 있느냐? 정부 시책에 정말 반대하는 거냐고 하도 강력하게 압력을 넣어서…… 이건 내 목이 걸린 문제요"라며 사정하다시피 해명한 일도 있었다.

한글 파동으로 주무 부서였던 문교부도 곤혹스럽기는 마찬가지였다. 특히 조선어학회사건으로 옥고를 치르며 거의 죽기 일보 직전까지 갔던 김법린이 문교 행정의 최고 책임자인 문교부 장관으로 있었고, 4년 형을 받았던 최현배는 문교부 편수국장으로 있었다. 당시 최현배는 사표를 제출하며 반발했고, 김법린 역시 반대의 뜻을 분명하게 하며 해결 방법을 모색했으나 결국 1954년 4월 사직서를 제출했다. 그런데도 7월 3일 「한글 간소화법」이 공포되었다.

하지만 반대가 심해 시행되지 못할 정도로 논란은 여전히 가라앉지 않았다. 결국 해를 넘겨 1955년 9월 19일 이승만이 "더 이상 문제 삼지 않고, 국민의 뜻에 따르겠다"라는 요지의 담화를 발표하면서 1년 이상 표류하던 법안이 공식 폐지되고 한글 파동이 종료되었다. 그리고 한글 파동의 종료로 전면 수정 작업을 하지 않으면 중단될 뻔했던 우리말사전 편찬 작업이 속개되어 1957년 10월 『우리말큰사전』이 완성되었다. 마침내 마치한 편의 드라마를 펼치듯 숱한 우여곡절을 겪으며 28년에 걸친 대장정이 막을 내린 것이다.

여전히 아물지 않은 상처를 가슴에 묻고

『우리말큰사전』은 일제가 그토록 말살하려고 기를 쓰던 우리말을 목숨을 걸고 지킨 한글학회 관계자들의 노력으로 2만 6,500여 장이나 되는 엄청난 분량의 원고가 있었기에 완성할 수 있었다. 『우리말큰사전』은 일제강점기와 광복 그리고 한국전쟁 등 격동의 시기를 극복하고 우리의 지식을 담은 사전은 물론, 번듯한 백과사전 하나 없던 시절에 국민의 편익까지 고려하여 대작업 끝에 탄생한 첫 종합사전이었다. 2014년 8월 29일 서울시는 이러한 의미를 담아 조선어학회사건 관계자 33인의 뜻을 기리고 기념하는 '조선어학회 한말글 수호 기념탑'을 종로구 세종로 공원에 세웠다.

그러나 모든 게 해피엔딩은 아니었다. 특히 먼저 세상을 떠난 사람들과 그 가족들에게는 더 큰 아픔과 아쉬움이 가슴에 응어리로 남았다. 가장 먼저 체포되어 조선어학회사건의 발단이 되었던 정태진은 형기를 마치고 나온 후 광복이 되자 조선어학회로 돌아가 다시 사전 편찬 작업을 시작했다. 미국에 유학하여 영어를 할 줄 알았던 그는 미군정과 정부가 들어선 후 고위직을 제안받았으나 모두 거절하고 사전 편찬에만 집중했다. 한국전쟁이 발발했을 때도 1·4후퇴로 부산으로 피난 갔다가 전쟁이 끝나지 않은 1952년 서울로 돌아와 다시 사전 편찬 작업에 전념했다. 그러나 그해 11월 식량을 구하기 위해 고향 파주에 갔다가 트럭이 전복되어 현장에서 사망하고 말았다.

광복 이듬해인 1946년 10월 20일 새벽 1시경 경기도 광주경찰서가 괴한들에게 습격당하는 사건이 발생했다. 신문에는 이 사건을 폭동으로 보도하면서 "경찰 1명이 사망하고, 4명이 중상을 입었으며…… 경찰서가 불에 타고 총 50정과 탄환 약 600발을 탈취한 것을 자백했다"라는 기사가 실렸다. 이 사건은 이원갑과 박동규가 주범으로 체포되었고, 14명의 동료가 함께 행동한 것으로 드러났다. 그런데 그들이 경찰서를 계획적으로 습격한 것은 사실이지만, 그 내용은 간단치가 않았다. 사건의 주범 중 한 사람으로 지목된 이원갑은 스물다섯 살의 청년으로 조선어학회사건으로 함

父子二代에 苛酷한 試鍊

故李允宰先生의 令息이 死刑囚로 法廷에

語學會事件때 拷問刑事 廣州署勤務로 因한 犯罪

李克魯氏特別辯論

「부자 2대에 가혹한 시련」
_고 이윤재 선생의 영식이 사형인으로 법정에
_어학회 사건 때 고문 형사, 광주서 근무로 인한 범죄, 이극로 씨 특별 변론
(《자유신문》, 1947. 06. 12.)

홍형무소에서 수감 중 고문으로 쉰다섯의 나이에 사망한 이윤재의 아들이었고, 사망한 경찰은 이윤재의 고문에 참여한 조선인 형사 야스다, 즉 안정묵이었다.

모진 고문으로 아버지를 잃은 이원갑은 광복 후 당시 고문에 참여했던 안정묵이 경기도 광주경찰서에 근무하고 있다는 사실을 알게 되자 동료들과 함께 경찰서를 습격했다. 체포된 이원갑과 그를 도운 동료들은 포고령 제2호 위반과 강도살인, 상해 등의 죄명으로 재판받았다. 그런데 사건이 민감했기 때문인지 당시는 미군정 시기였음에도 이원갑 등은 군사재판을 받지 않고 일반 민정재판을 받았다.

재판에서 검사는 주모자 이원갑과 박동규에게 사형을 그리고 동료들에게는 징역 15년 등 중형을 구형했다. 당시 이원갑을 위해 조선어학회 간사장 이극로가 1947년 6월 10일 2회 공판에 나와 특별 변론을 하면서 "일제시대에 고 이윤재 선생을 고문한 형사가 광주경찰서에 근무하고 있었다 하니 아버지의 원수를 갚는다는 뜻을 어느 아들이 안 품겠습니까"라고 증언했다. 이러한 정황이 인정되었는지 1947년 6월 24일 1심 판결에서 이원갑과 박동규에게 징역 12년을 선고했고, 동료들에게는 12년에서 3년 형을 선고했다.

그날 재판이 끝나자 피고인 중 한 사람인 박호근은 판결이 부당하다고 흥분하며 주변의 책상 위에 있던 잉크병을 퇴정하는 검찰관에게 던지는 소란이 일어났으나 큰 피해는 없었다. 신문에서는 재판 결과를 보도하며 "……애국지사 아들의 형량을 감형한 일은 매우 잘한 일이라 하겠다"라고 기사를 마무리했다. 이후 이원갑은 수감되어 복역하다가 한국전쟁 중에 석방되어 월북한 것으로 전한다.

밀고자에서 밀정 그리고 이중 첩자까지, 또 다른 적과 싸우다

독립운동에서 밀정은 또 다른 무기이자 강적이었다

독립군은 무장투쟁을 벌이며 일찍부터 밀정을 다양하게 활용했다. 특히 해외에서는 밀정들이 더욱 활발하게 움직였고, 그들은 기본적으로 일본 영사관이나 군부대를 정찰하여 정보를 수집했다.

1921년 3월 16일 〈조선일보〉에는 "노령의 헤이룽장성에서 조선독립단 군정서 총재 서일徐一, 1881~1921은 간도 지역 정찰과 각 곳의 정보 수집을 위해 밀정을 고용하여 중국인이나 농부 또는 행상으로 변장시켜 활동케 했고, 때로는 중국인 부인으로 변장시켜 일본 군대의 동정을 살폈다"라는 기사도 보인다. 그리고 1923년 2월 22일 〈조선일보〉에는 "대한독립군 지부에서는 중국인을 밀정으로 고용하여 국내에 파견하여 일제 경찰의 경비 상황을 조사시켰다"라는 기사가 실렸다.

이러한 기사를 보면, 독립군이 국내까지 밀정을 파견했고, 일제의 의심과 통제를 피하기 위해 중국인으로 변장하거나 중국인을 직접 고용했다는 사실을 확인할 수 있다. 그러나 밀정은 성격상 이름과 활동이 공개되지 않아 구체적인 내용은 알 수 없다.

또한 거의 성공 단계까지 갔던 작전이 물거품이 되는 등 독립운동 단체들의 활동이 커다란 벽에 부딪히고, 독립운동가들이 체포되는 과정을 보면 밀고자들이 많았던 것도 알 수 있다. 밀고는 현상금에 대한 욕심에서부터 출세욕까지 다양한 목적에서 이루어졌고, 일제에 빌붙어 전문적으로 밀정 노릇을 하는 자들까지 생겨났다. 그뿐만 아니라 일제는 독립운동을 뿌리 뽑기 위해 비밀리에 밀정을 양성하여 관리하기도 했다. 그러나 밀정은 상당히 은밀하게 운영되었고, 철저하게 신분을 감추고 활동했기 때문에 좀처럼 정체가 드러나지 않았다. 현재까지 독립운동과 관련한 사건·사고에서 '누가 밀정이었나?'에 대한 논란이 끊이지 않는 이유도 여기에 있다.

일제가 처음으로 밀정을 활용한 시기는 구한말로 거슬러 올라간다. 당시 의병 토벌에 나섰던 일본군은 월등한 무기와 훈련된 병력을 갖추고도 말이 잘 통하지 않고 지리에도 익숙하지 않아 상황 판단과 작전 수행에 어려움을 겪었다. 일본군은 이러한 어려움을 해결하기 위해 조선인 밀정을 대거 고용했다.

특히 3·1운동 이후 사이토 총독이 신문이나 잡지 등 문화지 창간과 자치제를 허가하는 등 겉으로는 문화정치를 표방하면서 실제로는 경찰 중심의 정보정치를 더욱 강화하는 과정에서 정보를 담당하는 고등계 형사와 밀정을 대거 충원했다. 그 후 밀정은 점차 조직화되었고 체계적으로 운영되었다. 1920년대에 들어서면서 국내는 물론 만주를 비롯한 중국과 러시아 연해주 등 해외로 망명한 독립운동가들과 한인 사회의 동태를 파악하고 그들을 탄압하기 위해 밀정을 적극 활용했다.

1900년대 이전부터 활동했던 배정자裵貞子, 1870~1952는 일제의 대표적인 밀정이었다. 그는 일본에서 이토 히로부미의 양녀가 되어 철저한 정보원 교육을 받았고, 1894년 동학농민혁명 때 밀정 노릇을 한 것을 시작으로 고종에게 접근하여 고급 정보를 빼내 일제에 제공하며 국내에서 활동하다가 1910년대에는 하얼빈 주재 일본 총영사관 소속으로 활동했다. 1920년대에는 만주 지역에 설립한 첩보 단체 만주보민회滿洲保民會에 가입하여 활동했고, 시베리아·만주·상하이를 비롯해 중국 본토를 왕래하며 독립운동가들의 체포에 참여하는 등 일제의 고급 밀정으로 활동했다.

밀정으로 인해 큰 피해를 입었던 독립군은 수시로 밀정을 색출하여 처벌에 나섰다. 1922년 12월 23일 〈조선일보〉와 1923년 1월 3일 〈동아일보〉에는 "간도 지역 펑톈성 퉁화현에 사는 김화룡이 펑톈 일본 영사관과 비밀 연락을 취하며 한인 거주 지역의 동정이나 삼원포의 신흥무관학교 내정을 탐지하여 일본 군대에 보고하는 등 밀정 노릇을 했는데, 그는 겉으로는 독립군과 인연을 맺고 편의를 도와주는 척하면서 일본군이 수색 작전을 벌일 때 선두에서 활동하여 독립군에게 막대한 피해를 입히는 등 독립운동 단체에 극심한 폐해를 끼쳐오다가 대한의용군에서 김화룡과 기타 밀정들을 전부 일망타진하였다더라"라는 기사가 실렸다.

그리고 1924년 9월 29일 〈조선일보〉에는 다수의 밀정을 살해한 광복군 양승우楊承雨, 1891~1926와 한동진韓東振의 기사가 실렸는데, 그들은 1918년 국경을 넘어 중국 류허현으로 가서 독립군이 되기 위해 군사 교육을 받은 후 이듬해인 1919년 3·1운동이 일어나자 부하 수십 명을 거느리고 국내로 들어와 평안남북도를 다니며 군자금 모금과 독립단원을 모집하고, 한편으로는 "의주에서 친일파인 보민회장保民會長 오모吳某를 사살하고 평안남도 대동군 전촌주재소를 습격하여 일제 경찰 3명을 사살하고 방화하였으며, 이후에도 서북 지방 각지를 왕래하면서 밀정과 일제 경찰을 살해하는 등 일제 경찰, 친일파, 밀정을 처단하는 활동에 적극 나섰다. 그러나 1924년 한동진과 함께 일본 영사관 경찰에 체포되고 말았다. 신문에서는 "재판에서 극형을 면하지 못할 것으로 예상됨에도 태연했다"라고 보도할 정도로 그들은 당당했는데, 그만큼 밀정의 처단은 독립군에게 중요한 사명이었다.

해외에서 밀정들을 더욱 치밀하게 이용하다

일제는 해외에서 특수한 임무를 수행하는 조선인 특무 밀정을 고용해서 활용했는데, 그 이유는 상황에 따라 무장한 독립운동가들을 상대해야 했기 때문에 생명의 위협을 받기도 했고, 일제의 관헌만으로 감당하기에는 관할 지역이 대단히 넓었으며, 일제의 관헌을 직접 파견할 경우 해당 지역 국가들과 외교적으로 분쟁이 일어날 가능성이 있었기 때문이다.

하얼빈에 거주하는 한인들의 동태를 파악하던 일본 총영사관의 영사들이 본국 외무대신에게 정탐비를 대폭 인상해줄 것을 요청하자 외무대신은 현지 공관의 요청대로 승인했는데, 정탐비는 주로 조선인 밀정을 고용하는 데 사용했다고 한다.

일제가 해외에서 활용한 밀정의 임무는 상황과 지역에 따라 다양했고 상당한 효과를 보았다. 동북항일련군 제2군사의 통계에 따르면, 1930년 6월에서 1931년 2월 사이에 2,300여 명의 반일 투사와 민중이 체포되었는데, 그중 800여 명은 일제 경찰에 의해 체포되었다. 이처럼 1930년 만주사변 직전 일본 총영사관 소속 경찰들은 롱징춘 사건을 조작했는데 일제는 이러한 일들에 밀정을 적극 활용했다.

최근에는 해외 특무 조직 등의 활동에 관한 연구로 밀정의 실체가 점차 드러나고 있는데, 독립운동사를 전문적으로 연구한 김주용 교수는 "일제 강점기 독립운동가들은 어쩌면 일제의 감시와 탄압보다 밀정이나 친일파의 눈초리를 벗어나는 것이 더 어려웠을 것이다"라고 평가한다. 그 정도로 항일투쟁에서 일제의 특무 조직과 그 휘하에서 활동한 특무 밀정은 독립운동가들에게는 또 하나의 적이었다.

해외에서 활동한 밀정은 해당 지역의 영사관이나 경찰 또는 헌병대나 토벌대 등의 조직에 소속되어 다양한 임무를 수행했다. 그들은 일제의 침략 활동을 지원하기 위해 항일 지하활동뿐만 아니라 한인들이 거주하는 지역의 민심과 동태를 파악하고 독립운동 관련 정보를 수집하여 상부에 수시로 보고했다. 그리고 때로는 직접 토벌 작전에 참여해 항일 조직의 진압에 나섰고, 항일 투사를 귀순시키는 임무도 수행했다. 따라서 밀정의 임무를 간단하게 설명하기는 쉽지 않지만, 이제까지 밝혀진 밀정의 임무는 기본적으로 다음과 같이 정리할 수 있다.

첫째, 일반적으로 밀정은 사회적인 지위와 직업을 내세워 주변에서 일어나는 일들을 자연스럽게 관찰하고 감시했다. 그리고 행적이 수상한 사람이나 의심이 가는 일이 발생하면 특무반 책임자에게 보고하여 조사받게 했고, 군중 속에 숨어서 일제에 반감을 조성하는 사람들과 반일 여론 등 민심의 동태를 살피고 정보를 수집하여 수시로 보고했다.

둘째, 지역의 군사 행동을 지원하기 위한 기밀 활동에 투입되었고, 평소에는 공장·철로·우정국 등 주요 기간시설은 물론, 지역의 식당·여관·상점·신발매점·신문사·잡화점 등을 대상으로 수시로 특이사항을 파악해서 보고했다. 예를 들면 외지에서 수상한 사람이 들어오면 숙박 사항 등을 탐지해서 보고했고, 우체국에 밀정을 파견하여 헌병의 지시에 따라 매일 전신과 우편물을 검열하고 수상한 물품이나 전보 등을 보고하는 등 정보를 캐내는 데 주력하는가 하면, 철도를 이용하여 왕래하는 독립운동가들을 색출하기 위해 철도 이용객의 검문·검색과 체포에도 참여했다.

셋째, 요시찰 인물의 감시뿐만 아니라 한인 사이의 알력을 조성하는 등 혼란을 일으키는 임무를 수행했고, 외곽 단체를 조직하여 일제에 유리한 여론을 조성하는 등 첩보와 교란 작전도 수행했다. 예를 들면 '선전원宣戰員'이라는 정보망을 구축하여 시국을 선전했으며, 대동아공영권 확립과 만주국의 건국이념인 '왕도낙토王道樂土 오족협화五族協和'의 정신을 고취했고, 일반인이 단파수신기로 외부 방송을 자유롭게 듣지 못하게 감시하기도 했다.

독립운동 조직을 사분오열시키다

밀정은 전쟁 기간에 적국의 간첩이나 밀정이 잠복하여 정보를 수집하고 유언비어를 살포하여 후방을 교란하는 것을 사전에 방지하기 위한 활동에 투입되는 등 전쟁과 관련한 직접적인 임무도 수행했다. 밀정을 사냥꾼이나 약초를 캐는 사람으로 위장시켜 산림 지역에 파견하여 항일부대의 활동이나 소련에서 파견한 공작원 등에 대한 정보를 수집하는 등 비밀 거점을 설치한 후 특무 밀정에게 임무를 하달한 뒤 첩보 활동에 투입한 것도 그 예였다. 그리고 중국과 소련 등 적대국에 파견되어 첩보 활동을 벌이는 과정에서 항일조직 내부에 침투하여 조직을 와해시키고 책동과 귀순을 최종 목적으로 활동했고, 성공하면 귀순한 자들을 선별하여 다시 밀정으로 활용했다.

1923년 2월 20일 〈조선일보〉에는 "북간도 웡성라지瓮聲砬子에서 송길석·이대윤·임시무 등 세 명은 조선의 독립을 위해 가장 헌신적으로 활동하는 의국 지사인 척 행동하면서 일제의 밀정 노릇을 했는데, 독립군에

공이 많은 홍룡운이 중국 순경에게 붙잡혀 구류를 살게 되자 일제 경찰에 이를 밀고한 후 자신들이 나서서 황룡운을 일제 경찰에 넘길 수 있도록 해보겠다고 보고하고 중국 관헌과 접촉을 시도했다. 그러나 거절당하자 다시 중국 관헌에 가서 자신들이 보증을 서고 보석시킨 후 일본 경관에게 밀고했다. 이 사실도 모르고 황룡운은 세 사람에게 고맙다며 술자리까지 마련해 극진하게 대접했는데, 일제 경찰이 그 자리에 나타나 황룡운을 체포하여 룽징춘 일본 영사관으로 데려갔다. 이후 황룡운의 생사는 아직 모른다"라는 기사도 보인다.

만주사변을 전후한 시기에 동만 지역에서 활동한 일제의 특무 조직과 밀정은 일본 제국주의가 대륙 침략을 확장하고 안정적인 식민 통치 기반을 구축하기 위한 수단으로도 활용되었다. 일제가 동만 지역의 항일 무장부대와 혁명 군중을 상대로 무차별적인 무장 토벌을 감행하면서 일본 헌병대와 경찰서 소속 특무와 밀정을 동원한 것이 그 예였다. 그들은 일제의 헌병대와 경찰 기구가 중국 동북 각지에 설립된 후 여러 민족의 언행 감시에서부터 지역에서 중국 군벌의 고위층 간부들이 일제에 대해 어떤 생각과 태도를 지니고 있는지, 그리고 동북 지역의 광산·삼림 등 자연자원부터 금융 등 경제적 자원과 동북 지역 주민의 사상·문화의 흐름과 변화까지 정보를 수집했다. 이외에도 일제는 한인은 물론 몽골인이나 만주족 등 여러 민족과 내통하는 밀정을 심어두고 그들을 통해 정보 수집을 하면서 각 민족끼리 서로 감시하게 만들고 알력을 조성하는 등 민족 간 분열 책동을 벌였다.

또한 한인들의 거주 지역에서는 중국이나 러시아 자치단체에서 한인에 대한 정책과 독립운동 관련 정보를 수집하고 독립운동가들의 수색과 체포 과정에도 밀정이 동원되었다. 특히 만주사변 후 만주국이 건립되면서 일제의 밀정은 관동군의 침략 활동을 지원하기 위해 항일 지하활동과 민심의 동태를 살피고 정보를 수집하여 토벌대 사령관에게 보고했고, 때로는 토벌대에 참여하여 항일조직의 진압에도 직접 나서면서 항일 투사를 귀순시키는 임무를 함께 수행했다. 토벌 작전 이후에는 이른바 '사상 대책'에 따라 항일무장 조직을 해체하는 임무를 수행했다. 이는 군사적 타격을 입은 항일무장투쟁 단체에 이중의 타격을 가하려는 조치였다.

일제가 항일 무장부대의 박멸에 궁극적인 목적을 두고 활용한 밀정으로 인해 각종 모략으로 독립운동 조직이 사분오열되기도 했고, 성공 단계에 이른 무장투쟁 계획이 실패로 돌아가는가 하면, 많은 독립운동가와 군중이 목숨을 잃었다. 특히 "만주국 경무청 특무과와 지방 소속 특무과 구성원들은 대부분이 악질 친일 분자였고, 이들은 모두 두 손에 혁명 투사와 군중의 피가 가득 묻은 회자수劊子手(군대에서 사형을 집행하던 사람)였다"라고 비난받을 정도였다.

정치적 특권과 보상으로 활동을 독려하다

밀정의 대우는 모두 같지 않았지만, 일제는 더 많은 정보를 획득하기 위해 그들에게 정치적 특권이나 보상을 주면서 활동을 독려했다. 특히 특수 임무를 수행하는 등, 이른바 인정받는 밀정일수록 조건이 좋았다. 예를 들면, 1941년 10월 신문사 지사에서 배달을 책임진 밀정에게 지급된 활동비가 한 달에 32원이었는데, 당시 소 한 마리 값은 30원이었다.

또 일제는 밀정을 선발할 때 대상자를 선별하여 회유하는 등 각별한 신경을 썼다. 선정 기준은 기본적으로 첫째, 일본인에 대해 의뢰감이 있는 자로, 헌병을 감은덕지하게 생각하며 지혜가 있고 언행이 견정한 자, 둘째, 독립운동에 참여했다가 일본 헌병대에 체포된 후 의지가 견정하지 못하여 변절한 자 가운데 외국어에 능숙한 자, 셋째, 직업의 유무를 막론하고 밀정의 임무를 수행할 수 있고 쉽게 공제할 수 있는 자 등이었다.

일단 밀정으로 선정되면 반드시 신분의 비밀을 유지했고, 밀정을 관리하는 주임이나 반장 등 직속상관을 단독으로 비밀리에 만나 보고하고 지시받았다. 밀정과 직속상관의 연락 거점은 서점·학교·식당 등 불특정 다수의 대중이 모이는 의심을 받지 않는 장소, 또는 사안에 따라서 일제의 기관이나 회사 같은 특정 장소 등 밀정의 임무에 따라 달랐다. 따라서 직속상관 등 극소수 이외에는 누가 밀정인지 알 수 없었고 밀정들끼리도 서로를 몰랐다. 이렇게 관리되는 밀정은 "훈춘현에서 관리한 밀정만 해도 280여 명"이나 될 정도로 대단히 많았다. 특히 만주에서는 일찍부터 학력 수준과 관계없이 다양한 이유로 밀정이 대거 양산되었고, 스스로 밀정이 되기 위해 만주로 가는 자들도 있었다.

만주는 일찍부터 의병의 잔여 세력이 이전하여 항일운동가에게 '저항의 땅'으로 주목을 받았다. 그곳에서 망명한 지도자들이 명동학교와 신흥학교 등 교육기관을 설립하고 애국계몽운동을 실천에 옮겼고, 한편으로는 만주에 독립군 기지화를 시도했다. 이에 독립군이 되기 위해 만주로 가는 젊은이의 발길이 이어졌다.

또한 민중에게 만주는 '배부른 땅'으로 주목받았다. 특히 19세기 후반부터 고향을 등지고 만주로의 이주가 시작되었고, 강제 합병과 3·1운동 이후에는 일제의 침탈에 못 견뎌 대거 이주가 이루어졌다. 일제강점기에 만주로 이주한 지린성 내 조선족을 대상으로 이주 이유를 조사한 자료에는 "배를 곯아서 이주했다. 간도는 쌀밥은 못 먹어도 강냉이는 실컷 먹을 수 있는 배부른 땅으로, 적어도 조선에서 지낼 때보다는 배불리 먹을 수 있었다"라는 기록도 보인다. 이주민은 생활 기반을 마련하기 위해 황무지를 개간하는 등 숱한 악조건을 이겨내며 죽을 고생을 다해 생활 터전을 일구면서도 교육에 적극적인 관심을 기울였고, 한편으로는 독립운동을 지원했다. 간도 지역에는 이미 1910년대에 독립운동 단체가 결성되어 군자금 모금과 무기를 구입하는 등 독립운동 기반을 다져나갈 정도였다. 이후 1930년대에는 만주 지역에 100만 명이 거주할 정도로 많은 조선인이 터를 잡고 살았고, 조선인 거류민회연합회도 활동했다.

만주는 사람들에게 큰돈을 벌거나 출세의 기회를 잡을 수 있는 땅으로도 주목받았다. 1916년 1월 22일 〈매일신보〉에는 "평안남도 경무부의 헌병 보조원과 순사보 모집에 정원의 6~7배가 지원하는 기현상이 발생했는데, 그 이유는 '일제가 만주 일대에 헌병과 순사를 파견한다는 풍설을 듣고 이 기회에 만주에 가서 한번 성공해 보겠다'는 기대감도 큰 영향을 미쳤다"는 기사도 보인다.

1920년대 이후에는 일제의 식민 지배가 공고화되기 시작했고, 한편으로 국내에서 취업난이 심해지자 경찰이나 군인으로 성공하겠다는 야망(?)을 품고 만주국으로 가서 순사 시험을 보거나 군인에 지원하는 사람도 많았다. 하지만 소수만이 순사나 군인이 될 수 있었고, 대부분은 일제에 협조하는 보조적인 역할을 하면서 독립운동가들을 고문하여 정보를 캐내는 비밀경찰이나 밀정이 되었다.

기회의 땅 만주에서 밀정이 양산되다

1930년대에는 일제가 만주국을 건설하면서 통치 전략 차원에서 조선인의 이주를 장려했다. 당시 만주국은 신생국이었고, 일등 국민은 일본인이었으나 현지인이었던 만주인은 삼등 공민이었다. 반면 일제는 만주인보다 일본말을 능숙하게 사용하고 일찍이 황국신민화 교육을 받은 조선인 관리들을 '이등 공민'이라고 칭하며 자신들의 침략 정책에 적극 활용했다. 따라서 만주로 가면 '조선인도 차별받지 않고 입신출세할 수 있다'라는 기대감이 생겨났고, 여기에 1930년대의 경제공황으로 취직난이 더욱 심해지자 만주는 새로운 기회의 땅으로 주목받았다. 그러나 만주로 이주한다고 성공이 보장되는 것은 아니었고, 만주의 눈보라와 떼강도 그리고 술과 아편 등 또 다른 유혹과 위험이 공존했다. 따라서 일제에 협조하여 출세의 기회를 엿보던 사람 중에는 밀정 노릇을 하며 공을 세우려는 자들도 많았다.

만주에서 일제의 밀정으로 활동했던 김영수도 그런 자였다. 그는 국경지대인 함경북도 회령군이 본적지라고 하는데, 성장기에 대해서는 알 수 없다. 다만 그는 1932년 20대 중반에 훈춘에서 일본어 교사로 재직했고, 1934년에는 〈신경일보〉의 도문지국 기자 겸 간도 지구 치안유지회 선무원으로 일제의 선무 공작에 종사했다. 같은 해 관동군 헌병대의 밀정 조직인 간도협조회가 출범하자 발기인으로 가담한 후 본부에서 통역계 주임으로 근무했고, 1935년부터는 간도협조회 본부 서무장을 겸했다. 이후 뤄쯔거우 공작대 정보원으로도 활동했던 그는 중국 측 기록에 따르면 "일제의 밀정으로 일하면서 1934년 말부터 1935년까지 약 60명의 독립운동가를 체포해 투항시켰다"고 한다. 이후에도 그는 적극적인 밀정 활동으로 공을 인정받았고, 1936년 7월 10일에는 일본 정부로부터 훈로갑勳勞甲을 받았으며, 매달 60원의 수당금과 일본군 헌병 상등병에 준하는 대우를 받았다. 그는 태평양 전쟁이 끝난 후인 1946년 중국 연변 별동대에 체포되어 처형되었다.

독립운동을 하다가 변절하여 일제에 정보를 팔았던 밀정도 있었다. 그들은 철저하게 신분을 위장하여 활동했고 심지어 독립운동과 밀정의 역할을 모두 수행한 이중 첩자 등 기회주의자이기도 했다. 그래서 끝까지 신분이 발각되지 않거나 심증은 있으나 물증이 부족해 밀정에 대한 논란이 현재까지 이어지는 사람도 있다. 2015년 개봉한 영화 「암살」에서 대한민국 임시정부 경무국 대장으로 행세하면서 일제 경찰의 밀정 노릇을 하여 주목을 받았던 이정재가 연기한 염석진과 2016년 개봉한 영화 「밀정」에서 송강호가 연기한 조선인 출신 일제 경찰 이정출은 무장독립운동 단체인 의열단의 뒤를 캐라는 특명을 받고 의도적으로 의열단에 접근한 밀정으로, 두 사람 모두 실존 인물을 모델로 하고 있다.

특히 황옥黃鈺, 1885~?을 모델로 한 이정출은 현재까지 많은 연구 논문이 나왔지만, 그의 밀정 행위에 대한 논란이 이어지고 있는 대표적 인물이다. '황만동'으로도 불렸던 황옥은 식민지의 청년 지식인이자 조선인으로는 오르기 쉽지 않았던 중간 간부까지 승진했던 일제의 관리였고, 1920년대 초기 사회주의 운동사와 의열단 투쟁에서 민족운동가들과 함께 등장하는 대단히 이례적인 인물이었다.

재판에서 스스로 밀정이라고 주장했지만

황옥은 1885년 지금의 문경시 산북면 대하리에서 태어났다. 그의 집안은 지역에 근대식 학교를 설립하여 운영할 정도로 경제적 기반과 의식이 있었고, 다수의 독립운동가를 배출한 것으로 전한다. 황옥 역시 근대식 교육을 받는 등 일찍 의식이 깨었고, 공기관의 서기로 근무하면서 독립운동과 인연이 이어졌다고 한다. 그는 상하이로 가서 독립운동가들과 교류하며 독립운동을 지원하는 활동을 했으나 일제의 밀정이라는 의심을 받다가 결국 3·1운동 직후 국내로 다시 들어왔다. 이듬해인 1920년 3월 경기도 경찰부 직속 경부로 특채되어 1923년 3월 의열단의 대규모 국내 폭탄 반입에 가담할 때까지 고등경찰로 근무했다.

당시 황옥은 경기도 경찰부의 사상범 취체取締를 전담하는 비밀경찰로, 국내는 물론 중국·만주·러시아에서 활동하는 민족운동가들을 지원하면서 그들에게서 정보를 수집하는 등 정탐 활동을 한 것으로 전한다. 예를 들면 "일제의 경찰로 근무한 황옥이 의도적으로 민족운동가들과 접촉하며 국경 통과 여행증을 비롯해 여비를 지원하거나 폭탄 등 무기의 반입을 돕는 방식으로 편의를 봐주고 그 대가로 정보를 수집하는 밀정으로 활동했다"라는 이유로 의심을 받았다.

특히 그는 1920년부터 경기도 경찰부에서 경부(경감급)로 근무할 때 의도적으로 의열단 단원 김시현金始顯, 1883~1966에게 접근하여 독립운동에 헌신하기로 결의했고, 1923년 종로경찰서에 폭탄을 던진 범인을 검거하기 위해 중국으로 출장을 떠나 톈진에 도착한 그는 의열단 단장 김원봉과 만나 항일 독립운동에 가담할 것을 서약했다. 이후 조선총독부 등 일제의 식민통치기관 파괴와 주요 요인 및 친일파 암살 등의 지령을 받고, 김원봉으로부터 폭탄 36개와 권총 5정을 받아 권동산·김시현·김재진 등과 함께 단둥과 신의주를 거쳐 경성으로 무기를 들여오는 데 성공했다.

의열단은 황옥과 김시현 등이 밀반입한 무기로 조선총독부·동양척식주식회사·매일신보사 등 주요 일제 침략 기관, 총독부 고관, 친일 인사 등을 동시에 테러하려는 제2차 국내 거사를 준비했다. 그런데 누군가의 밀고로 계획은 실행에 옮기지 못했고, 김원봉과 김지섭 등 극소수는 탈출에 성공했으나 황옥을 비롯해 김시현·김진기·조동근·홍종우·홍종무·유석현 등은 체포되고 말았다. 그때가 1923년 3월 15일이었다. 이는 의열단이 국내에서 무장투쟁을 계획했던 두 번째 거사로, 일제의 침탈 기관 파괴와 친일 인사를 암살하기 위해 무기를 국내로 반입하는 것을 돕다가 발각되었다고 해서 '의열단의 제2차 국내 거사 계획' 또는 일제 경찰 황옥이 밀정으로 참여했다고 해서 '황옥 경부 사건'이라고도 한다.

이 사건은 관련자들이 체포되면서부터 밀정에 대한 논란이 불거져 또 다른 주목을 받았다. 당시 신문에서는 총독부 경무국 발표와 함께 사건

義烈團公判
法廷에선金始顯
자초지종을선々하게대답
황옥의관계는싸고도는듯
돈의出處는
情況觀察次로
判官에게一矢
極東革命大會는
確實한入團은
劉錫鉉無關
爆彈에對한問答
餘地업는傍聽席
黃鈺과握手
二十個는新義州
爆彈에對하야絕望
黃鈺이가 敵인줄안것은 경성서맛나본후
黃鈺과同志가
말도助力이다

「의열단 공판, 법정에 선 김시현」
_자초지종을 선선하게 대답, 황옥의 관계는 싸고도는 듯
_황옥과 동지가 된 줄로 피고는 믿었노라
_황옥이가 적인 줄 안 것은 경성에서 만나본 후(사진: 의열단 공판, ×표는 황옥)
(<동아일보>, 1923. 08. 08.)

을 연일 대서특필하면서 황옥에 대해서 "친일파를 자처하고 은밀하게 독립운동을 하였다고 하나 황옥의 행동은 가장 의심할 점이다"라며 강한 의문을 제기하는 등 황옥에 대한 온갖 추측성 기사와 설이 난무했다. 그리고 황옥은 법정에서 "자신이 일제 경찰의 지시를 받고 의열단에 프락치로 잠입했다. ……경찰로서 임무를 완수하기 위해 노력했고, 대대적인 성공을 거두면 장차 경사까지 시켜줄 것이라 굳게 믿었다. ……눈물을 머금고 자신은 죄가 없다"라고 변명했고, 재판 과정에서 증인으로 나선 경기도 경찰부장 시로가미 유키치도 "황옥이 자신의 재가를 받은 작전에 따라 활동했다"라고 증언하여 의열단을 일망타진하기 위해 일제 경찰이 황옥을 의열단에 가담한 것을 일정 부분 인정하기도 했다.

그로 인해 황옥은 배신자라는 비난을 받았고, 이 사건의 변호를 맡은 변호사는 "범인을 체포하기 위해 일부러 경관을 공산당에 가입케 하여 희생적 정신을 가지고 사람들을 속이며 잡으려는 것은 정치 도덕상 가만히 볼 수 없는 터이라고 대갈하면서, 사건의 진실을 밝히기 위해 전현직 경찰부장을 증인으로 심문해줄 것을 법정에 요구했다. ……변호사는 한결같이 조선총독부의 스파이 정책이라고 비난했다"고 한다.

재판 이후에도 의문이 꼬리를 물고 이어지다

황옥이 밀정이 아닐 가능성에 주목하는 견해도 있다. 1924년 김지섭金祉燮, 1884~1928이 도쿄 황궁 폭탄 투척에 사용한 폭탄을 황옥이 총독부 물건이라는 소인을 붙여 세관을 통과시킨 것으로 전하며, 제2차 폭파 계획에서 대규모 폭탄의 국내 반입도 황옥이 주모자로 가담하여 성공하는 데 중요한 역할을 했다. 그리고 광복 후 김원봉과 김시현은 황옥이 의열단원이라고 증언했다.

반면 김재진은 재판 이후 그의 흔적을 찾아볼 수 없을 정도로 사라져버렸다. 유석현劉錫鉉, 1900~1987은 1983년 〈중앙일보〉에 기고한 회고록에서 김재진은 가명이고 권태일이 본명이라고 주장하며, 그를 일제에 밀고했던 밀정으로 지목했다. 또한 일제 경찰은 "황옥이 폭탄 운반에 적극 협조했고, 경성에 도착한 후 경찰부장에게 보고하지 않았으며, 사건이 발각된 뒤 중요 범인을 도주시키려고 하는 등 황옥이 독립운동가로 변심했다"라는 등의 이유로 황옥을 의열단의 밀정으로 판단했다. 그런데도 황옥을 일제의 밀정으로 보는 이유는 대략 다음과 같았다.

그동안 종로경찰서 폭탄 투척 등 수차례에 걸친 무장투쟁이 국내에서 발생하여 골치를 앓고 있던 일제는 그 배후로 의열단을 지목했고, 어떻게 해서든지 주모자를 체포하기 위해 고심하던 끝에 유능한 수사관을 의열단의 본거지인 베이징에 밀파하기로 했다. 그리고 적임자를 물색하는 과정에서 경쟁자들을 물리치고 황옥이 선정되었다. 이후 황옥은 사업가로 위장하여 의도적으로 의열단 관계자들에게 접촉을 시도했고, 그 과정에서 김시현과 김원봉을 만나 독립운동에 투신하겠다고 거짓으로 결의했다.

그러나 황옥이 밀정으로 활동한 사실은 일제 경찰 내부에서도 모를 정도로 극비리에 진행되었기 때문에 그가 체포되어 재판을 받게 되자 "황옥이 죄를 면하기 위해 거짓으로 일제 경찰의 작전에 투입된 밀정이었다고 주장하고 있다"라고 비난했다. 반면 일경에서도 최소한 핵심 지도부 이상은 황옥이 밀정이었다는 사실을 알고 있었다고 보는 견해도 있다. 그럼에도 이를 부인한 이유는 "황옥 사건으로 경무국장·경찰부장·고등경찰과장이 사표를 내는 등 혼란과 충격에 빠질 정도로 경찰 수뇌부의 상황이

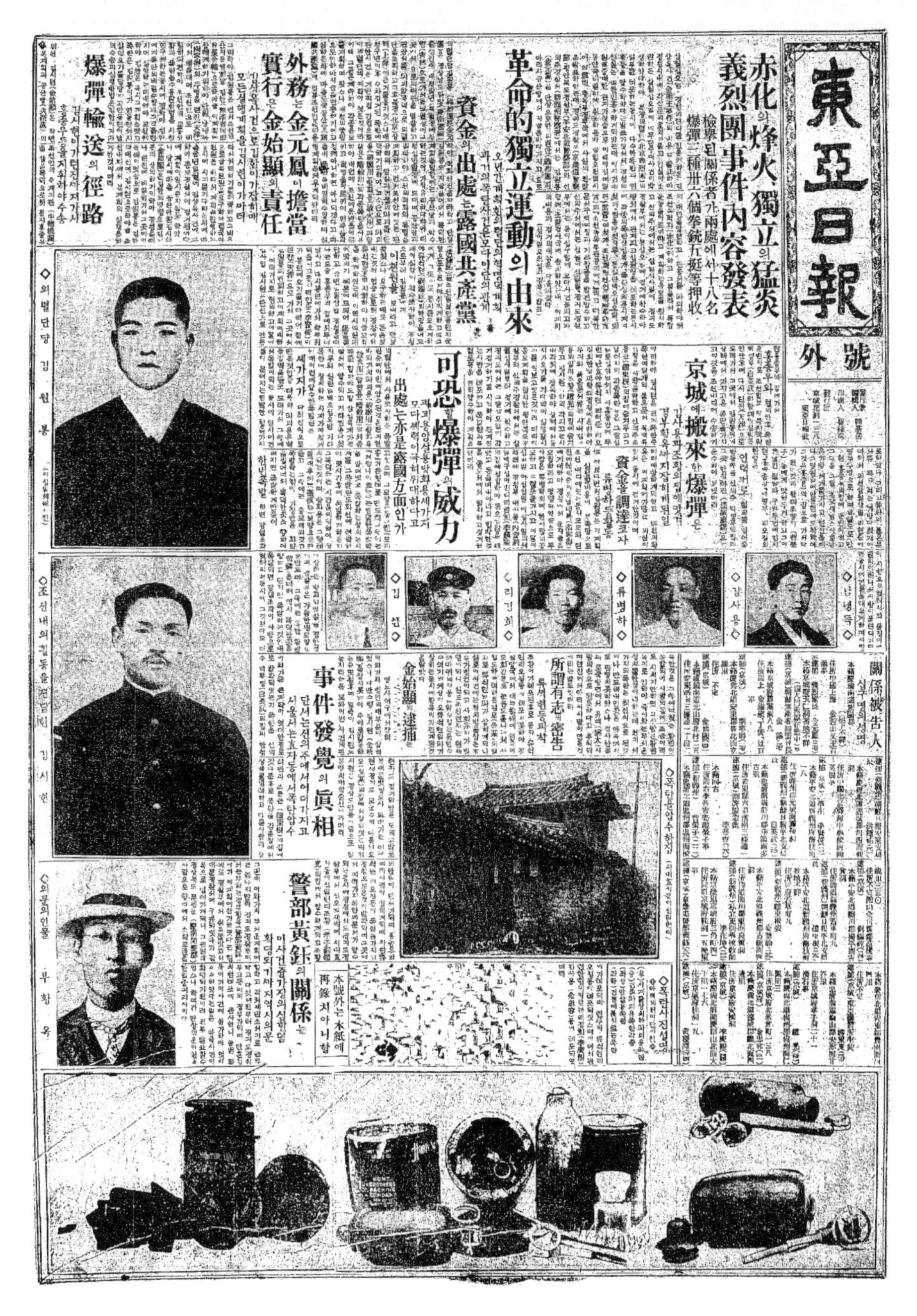

東亞日報 外號

赤化의烽火 獨立의猛炎 義烈團事件內容發表

檢擧된關係者가兩處에서十八名 爆彈三種卅六個拳銃五挺等押收

革命的獨立運動의由來

資金의出處는露國共産黨

外務는金元鳳이擔當 實行은金始顯의責任

爆彈輸送의徑路

京城에搬來한爆彈은

可恐할爆彈의威力

出處는亦是露國方面인가

資金을調達코자

所謂有志의密告

金始顯의逮捕

事件發覺의眞相

警部黃鈺의關係는

關係被告人

本號外는本紙에再錄치아니함

◇의렬단장 김원봉

◇조선내의활동을전담한 김시현

◇의문의인물 황옥

◇남영득 ◇김사용 ◇류병하 ◇리인희 ◇김한

「적화의 봉화, 독립의 맹염, 의열단 사건 내용 발표」

_검거된 관계자가 양처에서 18명 폭탄 3종 36개, 권총 5정 등 압수

_혁명적 독립운동의 유래

_외무는 김원봉이 담당, 실행은 김시현의 책임

_가공할 폭탄의 위력…

_경부 황옥의 관계는 이 사건 중 가장 의심할 점, 확정되기까지 역시 의문

(사진: 왼쪽 위에서부터 의열단장 김원봉, 조선 내의 활동을 전담한 김시현, 의문의 인물 황옥, 가운데 오른쪽부터 남영득, 김사용, 류병하, 이인희, 김한, 가운데 집은 폭탄을 압수한 집, 맨 아래는 폭탄 사진)

(<동아일보> 호외, 1923. 04. 12.)

在外共産黨과連結하야 大官暗殺, 建造物爆破計畫

警察部의黃鈺警部도 加參하야聯絡同志와 朝鮮全道를赤化코져爆彈拳銃密輸入經路

義烈團事件內容顚末

眞相은姑히猶豫

黃警部의參加經緯

爆彈의威力은如斯

逮捕하던刹那의苦心

「재외 공산당과 연결하여 대관 암살, 건조물 폭파 계획」
_경찰부의 황옥 경부도 가참(참가)하여 연락 동지와 조선 전도를
적화코자 폭탄 권총 밀수입 경로, 의열단 사건 내용 전말
_황 경부의 참가 경위, 의열단에 참가한 것이 사실, 어떤 생각으로 참가함인가
_체포하던 찰나의 고심, 정말 형언할 수가 없다고 해
(사진: 위 오른쪽 시계장치 폭탄, 위 왼쪽 자동권총, 아래 오른쪽 암살용 폭탄, 아래 왼쪽 파괴용 폭탄, 가운데 사진 의열단에 참가한 황 경부)
(<매일신보>, 1923. 04. 13.)

심각하게 돌아가자 경기도 경찰부는 황옥에 대해 집요한 협박과 회유를 하며 경찰 조직 보호의 방패막이로 이용했다"고 해석하고 있다.

그뿐만 아니라 황옥은 재판에서 죄가 인정되어 1924년 10년 형을 선고 받았지만, 복역 중인 1925년 12월 16일 심한 위장병 증세로 형집행정지로 석방되어 자택에서 요양 치료했고, 1928년 5월 30일 재수감되었다가

1929년 2월 다시 가출옥하는 등 세 차례에 걸쳐 은사恩赦와 감형 조치로 징역 4년 2개월 18일로 감형되었고, 1929년 2월 14일 형기를 8개월 15일 남겨두고 출옥한 것 등도 의심을 받았다.

황옥은 출옥 후 광복이 될 때까지의 행적이 뚜렷하지 않지만, 광복 후 여러 문헌에서 그를 독립운동가로 표기하기도 했다. 실제로 그는 광복 후 반민특위와 조선독립운동사 편찬발기인회에서 활동했고, 김태석金泰錫, 1882-?을 반민특위에 고발하기도 했다.

일제강점기에는 밀정으로 의심받는 조선인 일제 경찰도 많았지만, 실제로 일제에 충성을 보여주기 위해 밀정으로 적극 활동하며 의열단과 독립운동 단체를 괴롭힌 조선인 형사도 많았다. 특히 김태석은 대표적인 인물이었다. 1920년 2월 15일 〈독립신문〉 1면에는 "칠가살七可殺로, 고등 정탐, 혹은 그냥 형사로 우리 독립운동의 비밀을 적에게 밀고하거나 우리 지사를 체포하며 동포를 구타하는 추잡한 무리이니 선우갑·김태석·김극일과 같은 흉적이다"라며 반드시 처단해야 할 일곱 명의 일제 앞잡이에 김태석을 포함할 정도로 그는 악명 높은 친일 경찰이었다. 특히 그는 일제의 고급 밀정으로 일본인 경찰보다도 몇 배 더 혹독한 고문과 취조를 하여 '고문왕'이라고도 불렸다.

실제로 밀정이었나

광복 후 김태석이 고발당한 것은 당연한 일이었지만, 황옥이 그를 일제에 충성을 바친 악질 형사로 고발한 것을 어떻게 해석할 것인가라는 점이 문제였다. 즉 황옥이 진짜 의열단원이었는지 아니면 일제 경찰의 프락치였다는 사실을 은폐하기 위한 행동이었는지, 또는 양쪽에 모두 관계한 기회주의자이거나 이중간첩이었는지가 문제였다. 그러나 그는 1950년 한국전쟁 때 납북되어 이후 생사는 물론, 일제강점기의 행적에 대해서도 더 이상은 확인할 수 없다.

황옥은 자신과 관련한 기록을 직접 남기지 않았다. 다만 신문 자료와 일제의 첩보 자료 그리고 재판 관련 기록이 남아 있을 뿐이다. 따라서 황옥에 대한 평가에 한계가 있는 것은 사실이지만, 학계에서는 "당시의 정황을 고려할 때 황옥이 고려공산당의 내정과 극동인민대표대회의 내용을 정탐하기 위한 일제의 주구 역할을 했다"라는 견해가 지배적이다. 즉 당시 의열단의 거사가 실패로 끝난 것은 "황옥의 간계奸計 때문으로, 황옥이 공을 세우기 위해 의열단에 접근해 무기의 국내 반입을 돕는 척하며 일제의 밀정 역할을 했다"라는 것이 정설이다. 특히 학계에서는 이 사건을 일제가 의열단 활동을 저지하기 위해 벌인 대표적인 공작 가운데 하나로 꼽는다.

한편 일제강점기 밀정의 최후와 관련한 문제도 주목된다. 광복을 전후해서 일제가 패망할 것이라는 인식이 생겨나면서 일부 밀정들은 자신의 죄상을 감추기 위해 소속기관에서 나와 신분 세탁을 시도했다. 예를 들면 중국이나 우리나라에서 활동한 조선인 밀정은 대부분 활동하던 지역에서 벗어나 다시 우리나라로 들어오거나 중국 등으로 이동했고, 우리나라로 이동한 특무와 밀정들은 당시 국내외 정세로 인한 혼란을 틈타 신분 세탁에 성공하여 죗값을 치르지 않은 자가 적지 않았다. 이 때문에 그들에 대한 논란이 현재까지 이어지고 있다.

논문과 도서

강영심, 「어윤희의 생애와 독립운동」, 『한국문화연구』 통권 17호, 이화여자대학교 한국문화연구원, 2009.

김병기, 「신흥무관학교와 만주독립군」, 『사학지』 43권, 단국사학회, 2011.

김 양, 「우병렬과 이진룡의 의병운동과 항일독립운동 재조명」, 『의암학연구』 4권, 한국의암학회, 2007.

김영범, 「1920년 서울, '암살단'의 결성과 의열투쟁 기획-미국 의원단 내한 계기 항일의거의 신고찰」, 『한국민족운동사연구』 (79), 한국민족운동사학회, 2014.

김일수, 「3.1운동 전후 독립에 대한 인식과 독립운동-대구를 중심으로」, 『한국사학사학보』 (38), 한국사학사학회, 2018.

김의환, 「장진홍의 생애와 그의 의열투쟁」, 『대구사학』 13권, 1977.

김은지, 「대한민국 임시정부의 제2차 독립시위운동」, 『한국독립운동사연구』 통권 44호, 한국독립운동사연구소, 2013.

김주용, 『만주지역 친일단체: 친일, 비겁한 변명』, 역사공간, 2014.

김욱동, 「박노영 『중국인의 기회』: 이민 자서전의 가능성과 한계」, 『외국문학연구』 (32), 한국외국어대학교 외국문학연구소, 2008.

김진섭, 『일제강점기 입학시험 풍경』, 지성사, 2021.

독립운동사편찬위원회, 『독립운동사』, 1965-1969.

박 환, 「참의부 특파원 이수흥의 의열투쟁과 군자금 모집:제2의 안중근을 꿈꾸며」, 『한국민족운동사연구』 (65), 한국민족운동사학회, 2010.

반병률, 「간도 15만원 사건의 재해석」, 『역사문화연구』 제12집, 한국외국어대학교역사문화연구소, 2000.

신근영, 「1920년대 마술의 유행과 그 여파」, 『공연문화연구』 (35), 한국공연문화학회, 2017.

안외순, 「묵암 이종일과 동학, 천도교 그리고 3.1독립만세운동의 연속성」, 『동학학보』 (57), 동학학회, 2020.

오일환, 「이진룡의 항일투쟁 연구」, 『민족사상』 (2), 한국민족사상학회, 2018.

이동근, 「1910년대 '기생'의 존재양상과 3.1운동」, 『한국민족운동사연구』 (74), 한국민족운동사학회, 2013.

이성아, 『김상옥 이야기, 경성을 쏘다』, 북멘토, 2014.

이성우, 「경북지역 의병 참여자들의 의병전쟁 이후의 활동, 1910-1920년대 초 국내 독립운동 단체를 중심으로」, 『국학연구』 제37집, 한국국학진흥원, 2018.

______, 「창랑 장진홍의 생애와 조선은행 대구지점 폭파의거」, 『한국독립운동사연구』 (57), 한국독립운동사연구소, 2017.

이정은, 「함경북도 명천의 독립만세시위와 동풍신에 관한 연구」, 『유관순 연구』 통권 제27호, 백석대학교 유관순연구소, 2021.

임형진, 「묵암 이종일과 3.1운동」, 『한민족연구』 (8), 한민족학회, 2009.

장 신, 「조선어학회 사건의 발단과 민족서사의 탄생」, 『한국독립운동사연구』 (53), 한국독립운동사연구소, 2016.

정제우, 「이진룡 의병장의 항일무장투쟁」, 『한국독립운동사연구』 (8), 1994.

______, 「의암 류인석과 황해도 의병의 구국운동-이진룡 의병장 중심」, 『의암학연구』 16권, 한국의암학회, 2017.

______, 「한말 황해도지역 의병의 항전」, 『한국독립운동사연구』 (7), 1993.

황용건, 「항일투쟁기 황옥의 양면적 행적 연구」, 『안동사학』 (13), 안동사학회, 2009.

황인규, 「중앙학교 박민오의 독립운동」, 『대각사상』, (30), 대각사상연구원, 2018.

신문

〈경향신문〉 〈동아일보〉 〈매일신보〉 〈조선일보〉 〈중외일보〉 〈한국일보〉 외

사전

두산백과사전

친일인명사전, 민족문제연구소

한국민족문화대백과사전

한국향토문화전자대사전